ZHISHICHANQUAN
SIFA BAOHU QIANYAN

上海知识产权法院／组织编写

王秋良／主编

知识产权司法保护前沿

（第Ⅰ辑）

知识产权出版社

全国百佳图书出版单位

图书在版编目（CIP）数据

知识产权司法保护前沿. 第Ⅰ辑/王秋良主编. —北京：知识产权出版社，2017.6
ISBN 978 - 7 - 5130 - 4813 - 2

Ⅰ.①知… Ⅱ.①王… Ⅲ.①知识产权保护—研究—中国 Ⅳ.①D923.404

中国版本图书馆 CIP 数据核字（2017）第 053838 号

内容提要

本书包含理论前沿、精品案例两大部分。理论前沿部分汇集了上海知识产权法院若干重点调研课题成果和上海知识产权法院法官围绕司法实践撰写的具有较高学术性、实用性的应用法学研究文章，内容涵盖知识产权审判前沿问题和疑难问题研究、审判实务经验总结、知识产权司法保护、专业化审判机制改革等。精品案例部分选自上海知识产权法院具有典型性、代表性、新颖性和可参考性的生效案件，能够为解决疑难法律问题提供参考，并且较好地体现法律效果与社会效果的统一。

责任编辑：卢海鹰　　　　　　　　　　　责任校对：谷　洋

执行编辑：王玉茂　可　为　王瑞璞　　　责任出版：刘译文

知识产权司法保护前沿（第Ⅰ辑）
上海知识产权法院　组织编写
王秋良　主编

出版发行：知识产权出版社 有限责任公司	网　　址：http：//www.ipph.cn
社　　址：北京市海淀区西外太平庄 55 号	邮　　编：100081
责编电话：010 - 82000860 转 8122	责编邮箱：lueagle@126.com
发行电话：010 - 82000860 转 8101/8102	发行传真：010 - 82000893/82005070/82000270
印　　刷：北京科信印刷有限公司	经　　销：各大网上书店、新华书店及相关专业书店
开　　本：720mm×1000mm　1/16	
版　　次：2017 年 6 月第 1 版	印　　张：19
字　　数：353 千字	印　　次：2017 年 6 月第 1 次印刷
	定　　价：60.00 元

ISBN 978-7-5130-4813-2

编 委 会

序
PREFACE

由王秋良同志主编的《知识产权司法保护前沿》一书与大家见面了。

习近平总书记指出，"创新是引领发展的第一动力。抓创新就是抓发展，谋创新就是谋未来。适应和引领我国经济发展新常态，关键是要依靠科技创新转换发展动力。"当前，我国正在大力实施创新驱动发展战略，先后出台的《中共中央 国务院关于深化体制机制改革加快实施创新驱动发展战略的若干意见》和《国家创新驱动发展战略纲要》，明确提出了要加快建设知识产权强国。知识产权保护事关创新驱动发展战略实施，事关经济社会文化发展繁荣，事关党和国家工作大局。实行严格的知识产权保护制度，充分发挥司法在知识产权保护中的主导作用，有助于推动创新活力竞相迸发、创新成果转化运用，有助于激励和保护大众创业、万众创新，有助于深入推进我国供给侧结构性改革，有助于推动实施创新驱动发展战略和上海加快建设具有全球影响力的科技创新中心。

建立知识产权法院，是党的十八届三中全会作出的重大决策部署。2014年12月28日，根据《全国人民代表大会常务委员会关于在北京、上海、广州设立知识产权法院的决定》，上海知识产权法院正式挂牌成立。知识产权法院的建立，是人民法院贯彻落实党中央的决策部署、全面深化司法体制改革的重要内容，是我国积极回应国际、国内知识产权司法保护需求的重要举措，是我国实施创新驱动发展战略的内在要求和体制保障。

两年多来，在上海市委的领导下，在最高人民法院的指导下，在上海市人大及其常委会的监督下，在上海市政府、政协以及上海市相关部门的支持下，上海知识产权法院坚持主动作为，准确把握知识产权法院的功能定位，确立了"专业化、国际化、权威性、影响力"的发展思路；坚持改革创新，在机构设置、人员分类、专业审判运行机制建立、案件管辖、司法责任制等方面积极探索，深入推进知识产权审判体制机制改革，取得了明显成效；坚持服务大局，先后制定了《上海知识产权法院服务保障上海建设具有全球影响力的科技创新中心的意见》《上海知识产权法院为"十三五"时期上海国际贸易中心建设提供司法保障的若干意见》等制度规定,充分发挥司法保护知识产权的主导作用,为落实创新驱动发展战略,推进"一带一路"、知识产权强国建设,上海加快建成具有全球影响力的科技创新中心,推进中国(上海)自由贸易试验区建设、"四个中心"建设,建设亚太地区知识产权中心城市等提供了有力的司法服务和司法保障,得到了最高人民法院和上海市委领导的肯定。自上海知识产权法院成立以来,截至 2017 年 3 月,共受理案件 3897 件,审结 3296 件,圆满完成了审判工作任务。上海知识产权法院审结的 1 件案件入选最高人民法院公报案例,4 件案件分别入选"中国法院十大知识产权案件"和"中国法院 50 件典型知识产权案例"。

毛泽东同志在我们党不断走向胜利的历程时,曾意味深长地说,我们是"靠总结经验吃饭的"。我认为,总结好,大有益。经常回头看,正确总结经验,才能更好地向前迈进。知识产权法院是本轮司法体制改革的新生事物,也是这次改革的基础性、制度性措施。加强对上海知识产权法院改革经验的总结,可以为全国知识产权法院改革破冰探路、积累经验。本书是上海知识产权法院主要调研成果的汇编。这既是一次很好的经验总结,也是对社会各界关心支持上海知识产权法院发展的积极回应。此次汇编出版的内容,既有调研课题和论文,也有司法案例,涉及司法改革、专业化审判机制建设、知识产权审判前沿问题和审判实务经验总结等方面。论文具有较高学术性和实践性,司法案例具有典型性和新颖性,对知识产权审判实践具有一定的借鉴意义,对企业和社会公众知识产权的运用和保护具有重要的指引价值。

希望上海知识产权法院以此为新的起点,不忘初心、继续前行,坚持不懈地推进改革,创造更多可复制、可推广的经验,为我国知识产权法院改革作出新的贡献。

是为序。

上海市高级人民法院院长

崔亚东

2017 年 4 月

目　录

理论前沿

精品案例

（一）专利权

（二）商标权

（四）其他

理论前沿

为什么要建立知识产权法院?

吴偕林[*]

      根据党的十八届三中全会关于"探索建立知识产权法院"的要求和《全国人民代表大会常务委员会关于在北京、上海、广州设立知识产权法院的决定》(以下简称《决定》),2014 年 11 月 6 日、12 月 16 日、12 月 28 日,北京、广州、上海知识产权法院相继成立,这是中国知识产权保护和司法体制改革的重要里程碑,标志着中国加强知识产权司法保护、推动创新驱动发展战略实施进入新阶段。

      ——建设创新型国家的战略要求。党的十八届三中、四中全会分别作出《中共中央关于全面深化改革若干重大问题的决定》《中共中央关于全面推进依法治国若干重大问题的决定》,我国进入实施创新驱动发展战略、建设创新型国家和社会主义法治国家的关键时期。改革与法治如车之两轮、鸟之两翼,创新发展必将推动创新活力竞相迸发、创新成果转化运用,也必然促进知识产权运用和保护需求的不断增长。建设创新型国家,既要全面深化改革,营造激励科技创新的政策环境,又要营造尊重和保护知识产权,规范科技成果转化运用,保障科技创新公平竞争的法治环境。司法作为解决矛盾纠纷、维护公平正义的最后防线,作为

推进法治中国建设的重要力量，在知识产权保护中的地位和作用越来越重要。建立知识产权法院不只是一项司法体制改革任务，而且是落实党的十八届三中全会决定要求，从实施知识产权战略、加强知识产权运用和保护、健全科技创新激励机制的高度进行谋篇布局，建设创新型国家的重要战略举措，必将进一步激发社会创新动力、创造潜力和创业活力，为国家建设提供强大推动力。

——服务"一带一路"等国家发展战略的助力保障。随着经济全球化特别是知识经济的深入发展，面对传统实体经济增长乏力、经济下行压力加大的现实情况，重视科技和文化创新、重视知识产权在国家发展战略中的核心地位与作用、完善知识产权保护制度和加强司法保护力度，已成为各国共识，也成为国家间激励创新、吸引投资和鼓励贸易的重要竞争手段。知识产权作为国家发展的战略性资源，已经成为国家根本利益和国际竞争的核心要素。建立知识产权法院，有助于发挥知识产权保护的专业化、国际化功能和作用，助力我国企业走向国际，为"一带一路"等战略的实施提供有力司法保障。

——充分发挥知识产权司法保护主导作用的规律体现。知识产权法的专业性和技术性极强。加强知识产权司法保护，要求体现司法部门的专门化、管辖的集中化、程序的集约化、人员的专业化，以确保知识产权司法的统一，增强我国在国际知识产权司法领域的话语权、权威性、影响力。建立知识产权法院，整合知识产权司法资源，对专利等知识产权民事、行政案件进行专业分工、集中受理、集约审理和统一裁判，有助于建设一支专业化、高素质的知识产权审判队伍，进一步统一知识产权的裁判标准，更有效、平等地保障中外当事人的知识产权合法权益，展示我国知识产权司法的国际形象。

——解决知识产权审判现实问题的迫切需要。近年来，知识产权纠纷快速增加，2014 年全国各级法院审结一审知识产权纠纷案件 11 万件，同比上升 10%。特别是新情况、新问题日趋增多，而现有的知识产权审判体制机制，存在因审判力量分散不均、专业化分工不强、碎片化的审判体制影响知识产权法官审判能力和审判质效的提升，民事和行政案件尚未全面实现集中管辖、分散审理程序冗长、法律适用和裁判标准亦不易统一等突出问题，制约着知识产权司法保护主导作用的充分发挥，降低了知识产权审判服务保障国家科技创新大局的工作效果，也影响了知识产权司法国际话语权的构建。建立知识产权法院，有助于培养知名知识产权法官，实现知识产权司法保护的专业化、高效率和统一性，强化知识产权司法保护的品牌效应和国际影响力。

——国际知识产权司法保护的发展潮流和通行经验。对知识产权案件实行集中管辖和审理，已成为国际社会发展潮流和通行经验。目前，美国、德国、英国、泰国、韩国、印度、土耳其、日本、新加坡、马来西亚、俄罗斯、芬兰等国家，以及我国台湾地区均设立了知识产权专门法院，统一审理有关知识产权案件。欧盟也决定设立欧洲专利法院，巴基斯坦已决定成立独立的知识产权法院。即使尚未设立知识产权法院的国家或地区，也将知识产权案件集中到有关的法院进行审理。我国建立专门的知识产权法院，统一集中审理知识产权案件，将进一步与世界知识产权保护接轨。

选择北京、上海、广州率先探索设立知识产权法院，既是顺应国家对"三地"发展的战略定位，更好地服务全国改革开放、创新发展大局的必然要求，也是因为"三地"具有探索实践的厚实基础。北京是我国首都和全国政治、经济、文化中心，正着力建设成为科技创新中心；上海是中国最大的城市和经济、金融中心，是全国改革开放的排头兵、创新发展的先行者；广东是我国改革开放的先行地和试验田，广州则是我国国家级中心城市和国家知识产权示范城市。北京、上海、广州分别在京津冀、长三角、珠三角区域一体化发展中具有举足轻重的地位和作用，经济和科技发展水平均较高，科技创新较为活跃，对知识产权司法保护的需求更为强烈和迫切。"三地"也是全国较早开展知识产权审判的城市：北京是涉国家专利、商标部门行政案件集中地区；广州管辖广东地区知识产权案件，是全国知识产权案件总量最多的地区；上海作为直辖市，正按照国家发展战略，加快建设"四个中心"和具有全球影响力的科技创新中心、亚太地区知识产权中心城市。上海知识产权审判队伍素质较高、经验丰富，是全国知识产权审判刑事、民事、行政"三合一"模式创造地，审理了大量具有国际影响力的知识产权案件，知识产权审判的专业化、国际化、公信力、影响力均处于全国前列，具有先行探索设立知识产权法院的良好基础和区位优势。因此，国家确定在"三地"率先探索设立知识产权法院，并结合"三地"案件总量和结构特征，确立北京、广州知识产权法院单独设立，上海知识产权法院与上海市第三中级人民法院合署办公的设立模式，有助于通过不同设立模式的探索，为今后知识产权法院的进一步设置提供有益借鉴。同时，根据改革必须依法有据、逐步推进的原则，在我国相关法律修改之前，"三地"知识产权法院还无法跨省市管辖知识产权案件。

"三地"知识产权法院正式挂牌运行以来，按照中央要求和部署，在机构设置、人员分类管理、审判权力运行机制以及司法责任制等方面率先落实改革要求，已经取得阶段性成效。"三地"知识产权法院将继续全面贯彻落实中央有关改革方案和《决定》，紧紧围绕推动实施创新驱动发展战略、建设创新型国家和"四个全面"战略布局，切实担负起先行先试的改革重任，在提升知识产权法官专业水平能力上有新举措，在创新知识产权司法保护机制上有新作为，在引领服务全国知识产权司法改革上有新经验，在营造有利于大众创业和万众创新的公平竞争环境上有新贡献，努力做国际知识产权司法保护新规则的制定者和引领者，新型人民法院司法改革的先行者和示范者。

（本文发表于《求是》2015 年 11 期）

实行严格的知识产权司法保护机制问题研究

上海知识产权法院课题组[*]

引 言

在创新驱动发展战略的指导下，我国知识产权政策法律体系需以大幅提高全社会的知识产权创造、运用、保护和管理水平为目标，推进知识产权司法主导为核心，全面贯彻中共中央国务院对深化体制机制改革的精神，满足社会主义市场经济对完善产权保护制度的内在要求，为抓紧建设知识产权强国和世界科技强国提供有力的司法保障。加大知识产权司法保护力度是我国当前社会经济发展中十分重要的一项工作，作为知识产权保护的主力军，法院应以"落实政策、全面部署、重点规划、有序推进"为工作基调，从审判实践出发、从司法规律出发研究当前知识产权审判工作的矛盾所在，探索建立能有效维护知识产权权利人合法利益、激励社会创新的知识产权审判的长效机制。知识产权的司法保护力度应当与我国日益发展的知识产权市场和日趋成熟的知识产权立法相匹配，成为推动司法改革的有力保障。实行严格的知识产权司法保护机制就是要解决好当前专精司法人员和专门审理机构相对匮乏、临时措施适用不到位、赔偿数额不高、刑法保护

* 课题组成员：王秋良（课题主持人，上海知识产权法院院长）、黎淑兰（上海知识产权法院副院长）、刘军华（时任上海知识产权法院知识产权审判第一庭庭长）、陈惠珍（上海知识产权法院知识产权审判第二庭庭长）、沈建坤（上海市第三中级人民法院（知识产权法院）研究室负责人）、孟晓非（上海知识产权法院知识产权审判第一庭法官助理）。

措施不力及缺乏统一的司法标准等问题，充分发挥知识产权保护激发全社会创新动力、创造潜力和创业活力的独特作用。

一、"严格的知识产权司法保护"之理论认识

知识产权制度本身是基于社会发展对于智力劳动成果保护需求而设计的政策安排。技术、作品、商业标识等智力劳动成果是一种无形资产，以此为出发点而制定的知识产权制度，具有浓厚的公共政策色彩。源于知识产权的政策性特征，其本身在实施过程中具有较大的弹性和不确定性，为发挥知识产权制度激励创新的作用，必须结合本国社会、经济发展的阶段和特点，建立符合本国经济规律和社会需求的知识产权保护体系。国家知识产权保护体系的构建是一项长期的系统工程，实施严格的知识产权司法保护政策，是对当前我国发展形势的正确判断，也是服务于国家深化改革目标的重要手段。我国在知识产权保护方面实行行政保护和司法保护"双轨制"的模式，但司法保护以其全面性、终局性、补偿性等特点较之于行政保护具有天然的优势。为进一步探讨严格的知识产权司法保护的理论基础，需从以下三个方面进行解读。

1. 知识产权司法保护的地位和作用

我国的知识产权法律体系经历了从无到有、从被动接受到掌握话语权的过程。知识产权保护体系是立法、执法、司法和守法各个环节的短期动态调整和长期均衡发展的过程。如果法律得不到实施，不仅会直接导致立法目的不能实现的后果，如司法失信于民，而且长此以往就会损害法律的权威，导致法律公信力的丧失。必须清醒地认识到，"有法不依""执法不严"导致法律权威的损害后果甚至比因法律的滞后性或法律空白带来的暂时性"无法可依"更为严重。因此，立法务求慎重，司法必须严格。现阶段，我国初步完成符合社会主义市场经济特点的知识产权法律框架的搭建，下一步改革重点由法律制定向法律实施、由立法向司法、由弱保护向强保护的转移。严格的知识产权保护贯穿于法律实施的各个环节，要求法律得到一体遵循，是对我国知识产权法律实施体系的最根本要求。司法保护是法律实施过程中的关键环节，是实现法律效果、树立法律权威、优化法治环境的重要途径。司法主导下的知识产权严格保护是对我国知识产权法律实践的经验总结，也是符合法律运行规律的客观需求。

2. 新形势下知识产权司法保护的新定位

"十二五"期间，我国在确立知识产权强国战略的基础上，将知识产权工作与经济、社会发展大局相融合，以提高知识产权创造、运用水平为核心，提升知识产权质量，助力实现从大到强、从多向优的转变。近期，国务院印发的《"十

三五"国家知识产权保护和运用规划》中指出，我国进入知识产权大国向知识产权强国迈进的战略机遇期，并重申严格的知识产权保护是经济提质增效的有力支撑。最高人民法院陶凯元副院长在全国法院知识产权审判工作座谈会上提出"司法主导、严格保护、分类施策、比例协调"四项基本司法政策，是对当前知识产权审判工作实际和新形势、新任务、新要求的总结，是进一步推动知识产权审判工作适应我国经济发展模式转变、创新驱动发展战略的准确定位。严格的知识产权保护符合我国当前经济、技术和市场发展的现实需求，是通过司法改革激励全社会创新的重要手段。从审判工作角度来看，严格的知识产权司法保护政策的落实要求法院准确适用法律、提高司法的权威性、重视审判的社会效果。法官不能机械套用法律，要充分运用法律赋予的自由裁量空间，结合法律的价值取向和案件的现实情况，降低当事人的维权成本，加大侵权损害的赔偿力度，提高知识产权审判的针对性，塑造公正、权威、高效的司法审判形象。

3. 严格的知识产权司法保护的路径重构

我国在知识产权战略实施后，加强了知识产权立法工作，并将严格保护定位为法律修订的基本价值取向。一方面，《专利法》《商标法》和修订中的《著作权法》都大幅提高了法定赔偿上限，并提出适用惩罚性赔偿。针对恶意侵权行为，通过适用惩罚性赔偿来提高对权利人的保护，对侵权人进行威慑；而提高法定赔偿的上限，在无法查清实际损失或侵权获利时，依据侵权行为性质、情节等确定赔偿额来弥补权利人的财产损失，加大侵害知识产权的打击力度。另一方面，《民事诉讼法》赋予知识产权权利人申请诉前行为保全的权利，可以有效防止侵权损害的进一步扩大，有效提高知识产权保护的效率。行为保全作为临时措施之一是权利救济的有效手段，因此，严格的知识产权司法保护就要求尽可能减少包括诉前行为保全在内的临时措施的适用障碍。同样，知识产权法院的成立标志着我国从制度上进一步完善知识产权司法保护的决心，三家知识产权法院通过不同的组织形式和审判工作模式，尝试知识产权审判的新机制、新制度，以提高审判效率和审判质量为目标，力争形成可复制、可推广的经验，为完善全国范围的知识产权审判体系累积宝贵经验。

二、"严格的知识产权司法保护"之现实意义

知识产权保护强度与国家或地区的经济、技术发展水平相辅相成，在经济起步初期，过度的知识产权保护不利于本地企业的技术引进、消化和吸收。一方面，我国在经历30年改革开放的高速发展后，多个技术领域已在国际上具有一定竞争力，国内企业对于严格的知识产权司法保护的需求越来越强烈。另一方面，近年来，美国、欧洲、日本等发达国家或地区的政府和来华投资的外商特别是跨国公司，常与我国政府磋商，呼吁要加大知识产权保护力度。因此，强化严格的知识产权司法保护制度，不仅仅是履行国际承诺和义务，更是适应我国经济社会自身发展和建设创新型国家的需要。我国经济正处于转型期，市场需求降低、产能过剩和要素成本提高，因此企业转型、产业结构调整和发展方式转变是必然趋势。我国经济在新常态下，增长的动力从要素驱动、投资驱动转向创新驱动，重视科技创新对提高经济增长内生动力的作用，发挥知识产权对技术进步的重要影响。严格的知识产权司法保护是我国法治进步与经济发展相结合的政策选择，是对现阶段市场运行规律的经验总结。其现实意义主要体现在以下四个方面。

1. 满足日益增长的司法需求

随着技术进步成为经济增长的主要动力，市场对于知识产权保护的需求与日俱增，提高我国法院知识产权审判水平成为必然的选择。严格的知识产权司法保护要求法院提高审判效率，优化审判质量，力争作出有影响力和有指导作用的判决。上海知识产权法院自成立以来，全面落实各项司法改革措施，充分发挥知识产权法院作为新设立法院的先发优势，发挥好案件集中、人才集中和制度创新的优势，形成符合知识产权审判工作规律的专业化审判机制。严格的知识产权司法保护目标的确立，加快了知识产权审判制度的完善，特别对于诉讼程序规则的制定、法院审判组织结构的调整和裁判质量的提高都有显著的促进作用。

2. 促进产业和企业的健康发展

严格的知识产权司法保护有助于提高我国知识产权保护力度，以满足国内企业日益增长的知识产权维权需求。随着我国产业结构调整，我国出台了大量高新技术产业政策，进一步鼓励企业加大研发投入，知识密集型产业得到重点扶持。在国内高新技术企业高速发展的大环境下，涌现出了大批具有核心技术专利的行业领先企业，为激励高技术企业的持续创新，建立相适应的知识产权保护体系就显得尤为重要。其中，知识产权司法保护作为各项知识产权保护中力度最强、效力最高的方式并且是维护公平正义的最后一道防线，知识产权司法保护能否严格实施、最后一道防线是否筑牢，对知识产权保护整体力度的加强将起到决定作用。行政保护中存在发现难、取证难、处理难等突出问题，严格的知识产权司法保护有利于增强各界对知识产权保护的信心，进而加强知识产权保护的投入力度，构建良好的知识产权运营环境。

3. 实现司法效果与社会效果的统一

严格的知识产权司法保护对推广适合我国国情的知识产权政策、法规将起到极大的推动作用。知识产权的司法保护离不开法律的规范和政策的引导。政策、法规的制定应立足国情，"十二五"期间虽然我国的科技创新能力、知识产权司法保护水平显著提升，但仍应将我国定位为"发展中的大国"。在制定法规方面，不应盲目向发达国家看齐，不能过度追求各项指标。就司法保护的保护强度或标准而言，不能采用"一刀切"的策略，要根据我国在知识产权领域的发展水平区别对待，实施强弱相济的策略。在政策制定方面，要有明确的导向性，使国家政策向高新技术产业倾斜，逐步引导企业参与到知识产权的开发和保护中去。同时，严格的知识产权司法保护也是对既有知识产权政策、法规的积极回应，通过司法保护能够达到最鲜明、最直接地执行我国知识产权政策、法规的目的，传达我国知识产权政策、法规的意图，推广我国知识产权政策、法规的最新动态。

4. 助力构建服务创新的法治环境

首先，严格的知识产权司法保护所形成的审判结果，通过对外公示，本身就具有宣传知识产权保护的重大意义，有利于营造全社会创新自主知识产权、尊重自主知识产权、保护自主知识产权的浓厚氛围。其次，通过对知识产权司法案件及其审判结果的宣导，能够切实增强权利人的自我保护意识，建立对外的防御性制度、严格的内部管理制度和技术预防制度，从而建立起知识产权人对司法保护的信心。当发生知识产权侵权时，权利人也更倾向于主张权利并努力寻求司法救济。最后，严格的知识产权司法保护还有助于指导知识产权集体管理组织和行业协会，发挥组织、协调、自律、维权的作用。如我国设有诸多著作权集体管理组织，通过参与知识产权司法审判活动，有助于著作权集体管理组织更好地发挥作用。严格的知识产权司法保护通过对以上三个层次的作用，最终达到形成良好的全社会保护知识产权的大氛围。

三、"严格知识产权司法保护"之构建路径

（一）现状分析

1. 当前知识产权司法保护的新形势、新任务、新要求

我国建设知识产权强国和世界科技强国的目标对知识产权司法保护提出了更高的要求。目前，全球的经济发展中科技投资占比越来越高，经济全球化和区域一体化趋势越来越错综复杂，为适应国际日趋激烈的竞争新形态，法院需要更加积极主动地运用知识产权司法实践，发挥审判服务延伸功能，加强知识产权纠纷的多元化解决机制，并扩大知识产权司法保护的国际影响力，在激励企业创新方面发挥更大的作用。2016年，上海市委、市政府发布《关于加强知识产权运用

和保护支撑科技创新中心建设的实施意见》强调"把上海建成亚太地区知识产权中心城市"的目标，因此，上海知识产权审判司法保障的责任更加重大，需要勇于进取、敢于创新，作为司法体制改革的排头兵，强化知识产权审判的引领作用。

2. 知识产权司法实践中出现的新情况、新问题

一方面，随着知识产权成为市场竞争的焦点，知识产权纠纷呈现牵涉面广、技术复杂性强和社会关注度高的特点。特别是近两年，专利纠纷越来越多涉及生物医药、通信、高端制造业等技术含量较高的领域；软件著作权纠纷和信息网络传播权纠纷与技术发展关联越来越紧密；商标、不正当竞争纠纷更是涉及多个知名品牌之间的商业对垒，为知识产权司法审判工作带来极大的困难。另一方面，我国知识产权审判法官人员少、经验不足和制度不完备的缺点在新情况、新问题不断涌现的背景下被进一步放大。严格的知识产权司法保护要求法院直面困难，积极探索人员配置和审判制度改革方向，面对新类型案件、新问题时在全面深刻研究的基础上积极尝试作出具有指导性的判决，延伸知识产权审判工作的服务功能，提高知识产权司法保护的权威性和影响力。

3. 司法体制改革对知识产权司法保护带来的新机遇

我国司法体制改革正处于全面推开的重要时刻，为贯彻严格的知识产权司法保护提供更大的制度创新空间。首先，三家知识产权法院的成立，为知识产权审判集中、人员集中和资源集中提供了一个新的平台。三家知识产权法院基于不同的机构设置、管理模式和人员配置，试点多元化的技术事实查明机制和审判管理体制，为知识产权审判长效机制的建立提供了更多的可能性。其次，推进以法官为核心的司法责任制改革，建立院、庭长常态化办案机制，充分发挥院、庭长审判经验丰富的优势，明确院、庭长带头办理疑难、复杂、新类型案件的方针。完善审判委员会工作机制、合议庭运行机制和专业法官会议机制，落实合议庭负责制，院、庭长对于自己不参与审理的案件不签发裁判文书，真正实现"让审理者裁判，由裁判者负责"。

（二）目标要求

1. 严格法律适用，进一步发挥知识产权裁判的指引作用

知识产权审判与商业模式、技术运营和市场竞争等多个经济领域紧密相关，营造公平竞争、诚实守信、鼓励创新和规范有序的市场环境，是严格的知识产权司法保护经济属性的根本体现。提高知识产权司法统一性，为权利人提供可预测的知识产权裁判尺度，才能明确市场行为合法与否的边界所在，为经营行为提供指引。因此，法官在知识产权纠纷审判过程中需要严格适用法律，在审判中严格

遵循先例，加强文书说理性，建立知识产权判例指导，提高判决对规范市场行为的指引作用。

2. 严格诉讼程序，进一步提高知识产权审判的规范程度

司法审判的规范性是保证司法权威的生命线，而诉讼程序的不规范会降低知识产权审判的可靠性。严格的知识产权司法保护需要以诉讼程序的规范作为前提和基础，在案件审判过程中，法官应严格遵守诉讼法中的程序性条款，保证证据交换、庭审、合议庭评议和裁判文书的规范性。加强司法程序的公开、透明，提高文书上网率，保障程序规范的自我监督、内部监督和公众监督都能有效实施。

3. 严格队伍建设，进一步强化知识产权审判的专业素养

探索实行法官、司法辅助人员、司法行政人员的分类管理，推动实现各类人员的优化配置，提高工作效率。一方面，建立推行法官员额制，遴选优秀助理审判员和法官助理入额成为法官，提高法官整体素质。积极探索法官助理工作新机制，充分发挥法官助理在审判工作中的作用，为储备和培养年轻法官打下基础。另一方面，开展"两学一做"专题教育，坚定法官的理想信念，提高法治信仰和政治素养；加强人员集中培训，夯实发展基础、提高整体素质；重视理论调研，注重新问题、新型案件的调研工作，提高法官审判水平。

4. 严格管理机制，进一步加强知识产权司法的监督制约

审判权运行机制改革对院、庭长和审判委员会的监督职责进行重大调整，需探索建立以审判管理权、审判监督权为保障的审判权监督制约机制。司法责任制改革要求"信任不能代替监督，放权不能变成放任"，审判质量的提高需要建立长效的管理监督方式，完善与司法运行新机制相适应的管理监督体系。进一步明确院、庭长行使管理、指导和监督的职责和方式，引导司法管理监督权由宽泛向精准的转变。

5. 严格工作措施，进一步强化知识产权保护的整体合力

严格的知识产权司法保护需要更加重视知识产权民事、行政和刑事案件审判"三合一"工作、多元化技术事实查明机制和多元化纠纷解决机制，构建人员结构优化、资源配置合理、最大化整合审判力量的知识产权综合审判体系。建立技术调查、技术咨询、专家陪审、技术鉴定"四位一体"的技术事实调查认定体系，增强技术事实认定的客观性、准确性和高效性。建立知识产权审判专业"智库"，充实专家陪审员队伍，启动技术调查官队伍的组建工作。建立第三方独立的知识产权司法公信力评估机制，促进知识产权审判的公正、规范、高效。

（三）工作原则

1. 坚持服务大局原则

严格的知识产权司法保护要求法院审判工作服务于我国经济社会发展的大局，进一步发挥司法审判的职能作用，更好地服务和保障建设知识产权强国和世界科技强国的目标。坚持问题导向和需求导向，促进市场创新和公平竞争，创造优良的法治环境，激发社会创新活力，为切实贯彻"创新、协调、绿色、开放、共享"五大发展理念提供强有力的支持。

2. 坚持依法裁判原则

严格的知识产权司法保护要求法院裁判严格依照法律规定，严格遵守司法程序，充分保障当事人的诉权。法官需用足、用好法律赋予的自由裁量空间，绝不枉法裁判，在法律允许的范围内积极采取有效措施，降低权利人维权成本，提高侵权人赔偿数额，营造有利于创新和公平竞争的司法环境。

3. 坚持平等保护原则

严格的知识产权司法保护要求审判工作做到平等保护中外当事人。目前，大型跨国企业知识产权维权的需求十分强烈，知识产权审判应对国内外当事人一视同仁，不偏袒本土企业，避免地方保护主义，树立司法中立、公平、公正的权威形象，充分保护知识产权不被肆意侵害。

4. 坚持利益平衡原则

严格的知识产权司法保护要求注重权利人的个人利益与社会利益、国家利益的均衡发展。高质量的创新往往需要耗费大量的投入，而持续创新则更需要辅以合理的保护强度。为知识产权权利人提供合理的回报制度，既要保证权利人的智慧劳动不被随意侵犯，又要保证其权利不会形成垄断，扰乱正常的市场竞争秩序，需要法院在裁判中把握个人利益与社会利益、国家利益之间的边界，使权利人的智力劳动成果得到应有的尊重和合理的回报。

5. 坚持比例协调原则

严格的知识产权司法保护要求法院审判工作注重保护权利和激励创新的协调。知识产权司法保护的强度和范围需结合权利本身创新的程度和贡献度综合判断，而对于侵权损害赔偿数额需结合侵权人的主观恶性、范围和持续时间予以确定。知识产权审判工作应重视在保证权利人的合法利益的前提下，防止滥诉、恶意诉讼的出现。知识产权司法保护是体现国家知识产权保护强度的主要途径，构建宽严有度、尺度明晰的裁判标准，才能有效服务于激励社会创新的目标。

四、"严格的知识产权司法保护机制"之具体方案

为紧跟高速发展和变化的市场形势，建立服务于社会、经济发展的知识产权司法保护制度，要求知识产权审判工作机制不断自我更新，在坚持司法统一的前提下分类施策，有针对性地优化工作措施，深化改革、勇于创新，形成一套程序规范、高效运作、宽严相济、行之有效的知识产权司法保护运行机制。

1. 依法履行审判职能，严格执行法律

一方面，严格的知识产权司法保护需要充分发挥上海三级法院的职能作用，把严格保护的精神真正贯彻到司法实践中，让权利人充分感受到司法的权威性。根据法律和司法解释的级别管辖和知识产权案件管辖的相关规定，明确上海三级法院的职能定位，充分发挥各级法院的职能作用。基层法院需提高非技术类一审知识产权民事案件审理效率和质量，加大知识产权刑事犯罪案件的打击力度；上海知识产权法院既是一审法院又是上诉法院，需发挥示范作用，充分利用新设法院和专门法院的优势特色，加强审理技术类知识产权的一审案件、上诉二审案件审理水平，同时作为改革的排头兵，需重视对知识产权审判相关规则、审判权运行机制和审判管理制度的改革和探索；上海市高级人民法院通过案件审判指导、新类型案件研究、制定审判机制改革的规范性文件等方式，加强对下级法院的指导和监督。

另一方面，在审判过程中法官应严格遵循法律规定，做到有法必依、执法必严，重视司法统一性和权威性；严格遵守诉讼法的程序性规定，充分保障当事人在诉讼各个环节行使诉权；严格依法裁判，但不能机械司法，在充分理解法律法规和司法解释原则精神的前提下，合理运用司法裁量权，维护权利人的合法利益。严格的知识产权司法保护要求法官正确把握不同类型知识产权的保护需求和特点，在不同的知识产权诉讼程序中正确适用法律。对知识产权民事纠纷审判，法官需充分发挥临时措施的作用，依法实施惩罚性赔偿，保证裁判能体现知识产权司法救济的及时性、便利性和有效性；对于知识产权刑事纠纷审判，法官应注重依法打击知识产权犯罪活动的效果，充分发挥刑罚惩治和预防侵犯知识产权犯罪的功能；对知识产权行政纠纷审判，法官应加强对行政行为的司法审查，依法监督和支持行政机关的知识产权行政执法，完善优化知识产权保护的双轨制运行机制。

2. 加大综合保护力度，完善保护体系

（1）健全民事、行政、刑事审判衔接机制

总结上海市浦东新区人民法院20年来"三合一"审判模式的成功经验，知识产权民事、行政、刑事案件统一由知识产权庭审理提升了审判质量，解决了法官行政、刑事审判能力不足的问题，确保了法律的准确适用；提升了审判效率，权利人可基于行政、刑事案件中查明的事实作为提起民事赔偿诉讼的相关依据，减轻了举证负担；提升了审判效果，有效发挥典型案例对知识产权保护的规范引导作用；进一步扩大知识产权刑事案件的受理范围，将更多罪名纳入知识产权刑事审理中；加强知识产权法官队伍建设，通过跨部门选调、从年轻法官中选任等途径让不同专业背景的法官相互融合；形成院内各部门之间的长效协同机制，提高知识产权审判的整体合力。

（2）完善知识产权刑事审判机制

严格的知识产权司法保护要求知识产权刑事审判贯彻落实宽严相济的刑事政策，准确把握罪与非罪的界限，突出打击的重点。一方面，知识产权刑事犯罪多数属于社会危害性不大、量刑较低的案件，为探索实行轻微侵犯知识产权犯罪案件的刑事和解制度，通过达成刑事赔偿协议，更好地维护被害人的合法权益，具有宣传教育，延伸审判效果的作用。另一方面，推进知识产权刑事案件适用法律的统一，加强调研指导，从法律适用上严厉打击知识产权犯罪。加强部门间配合，与知识产权行政管理、执法机关沟通协作，从制度上形成打击犯罪的整体合力。

（3）完善知识产权行政审判机制

知识产权行政案件集中于知识产权行政管理机关针对侵权行为作出行政处罚，被处罚人不服提起的行政诉讼，法院要审查行政机关作出的处罚决定有无事实根据和法律依据，因此，知识产权行政案件涉及专业性较强的法律适用和技术鉴定等问题。发挥法院在法律适用专业性和技术事实查明制度的优势，为行政相对人提供及时救济，并针对行政机关的不足适时提出司法建议。知识产权司法保护与行政保护基于不同的功能定位优势互补，通过发挥司法的主导作用，指导行政机关的规范管理，提高执法的合规性，形成保护权利、打击侵权的整合力。

3. 加大损害赔偿力度，实现市场价值

（1）引导权利人收集、提交赔偿证据

知识产权审判中确定损害赔偿数额须基于权利人的证据予以判断，引导权利人对实际损失和侵权人实际获利进行举证，当有证据证明实际损失或侵权获利超出法定赔偿最高限额时，可以在最高限额以上酌定赔偿，充分体现知识产权的市场价值。

（2）构建知识产权损害赔偿评估机制

重视发挥损害赔偿责任在制裁侵权和救济权利中的作用。目前，我国知识产权价值评估缺乏具体标准，而国外常用的许可费损失、侵权获利或差额评估在我国审判实践中缺乏可操作性。为此，要建立知识产权损害赔偿评估机制，在合理评估知识产权价值的基础上提高侵害知识产权损害赔偿数额。

（3）明确和适用惩罚性赔偿

我国在知识产权损害赔偿上一直秉持填平原则，在严格的知识产权司法保护基础上，《商标法》首先引入了惩罚性损害赔偿规则，而《著作权法》和《专利法》的修订中也都将惩罚性损害赔偿规则作为进一步加大知识产权保护力度的考量。

（4）探索知识产权犯罪案件的刑事赔偿协议制度

侵犯知识产权罪较之民事侵权行为具有更严重的社会危害性，但因我国刑事司法中仅限于基于被害人因犯罪而遭受的实际损失确定赔偿数额，却无法参照适用知识产权侵权损害赔偿中的法定赔偿条款，致使被害人无法证明实际损失时，法院无法确定赔偿数额。刑事赔偿协议是被害人私力救济部分替代公力救济的行为，法院无须认定刑事赔偿协议中赔偿数额与违法所得之间的关系，但会作为酌定量刑情节之一。因多数知识产权犯罪的自诉案件与民事侵权行为之间的边界模糊，社会危害性不大，同时知识产权实际损失认定举证困难，被害人在多数情况下无法获得足额的赔偿。尝试在刑事和解中发挥刑事赔偿协议制度的作用，在充分弥补被害人的实际损失的同时提高司法效率。

4. 强化临时措施运用，提升保护效果

严格的知识产权司法保护要求法院依法积极适用证据保全、财产保全、行为保全等临时司法措施，切实提高司法救济的及时性、便利性和有效性。合理运用知识产权审判中的临时性措施，不但能体现审判的公正和效率，更有利于提高司法权威，降低当事人和法院的诉讼成本。司法临时措施对于加强严格的知识产权司法保护具有重要意义：第一，证据保全是知识产权权利人通过诉讼维权的重要保障。证据保全对于当事人而言，是有效获得证据、降低诉讼风险、支持其诉讼主张的有力保障；对于法院而言，是查清事实的重要步骤，也是及时支持权利人诉讼权利，保证案件审判公正性的重要手段。在知识产权诉讼中，源于知识产权证据无形性和易失性等特点，使得其取得更为困难和复杂。知识产权权利的公开性和侵权行为的隐蔽性，使原告、被告在举证时处于不平等的地位，证据保全成为知识产权权利人证明侵权行为的重要手段。原告可能因无法保全相关的证据而及时地主动息诉，被告因相关证据被保全而及时、主动地与原告协商和解。第二，重视财产保全对当事人获得胜诉利益的作用。知识产权侵权纠纷中，侵权人多是中小企业，侵权行为隐蔽性强、财产转移快，权利人胜诉后无法执行，难以实现司法审判的目的。为保障权利人胜诉后，损害赔偿能获得实际执行，财产保全被广泛运用于知识产权诉讼中。第三，研究完善知识产权行为保全制度。行为保全制度作为一种特殊的救济手段，旨在紧急情况下为权利人提供及时的保护，制止侵权行为以避免造成难以弥补的损害。在知识产权领域中，由于权利客体的非物质性，且知识产权的保护期是有限的，加之其易复制、易传播、侵权成本低等特性，使得侵权行为不能被及时有效的制止，从而给权利人带来难以挽回的损害。应加快探索完善行为保全的适用范围、程序和救济方式，确保行为保全不被滥用的前提下，最大化保障权利人的利益。

5. 完善证据运用机制，解决举证难题

（1）厘清举证责任分配的考量因素

在知识产权审判过程中，当事人是否已经尽到了举证责任，必须由法官依据法律规定的举证责任规范加以判断，并结合案件实际情况作出具体认定。在现有法律框架内无法确定举证责任时，可以根据公平原则和诚实信用原则，综合当事人的举证能力确定举证责任。正确、合理分配举证责任，避免机械适用"谁主张、谁举证"原则，确保事实认定的准确性。根据《民事诉讼法》的一般规定和知识产权审判的特殊需求，完善诉讼程序和证据规则，切实减轻知识产权权利人的举证负担。正确总结运用审判实践经验，妥善把握优势证据标准，及时公开心证，适时合理转移举证责任。

（2）完善举证责任分配的适用规则

重视举证责任倒置和举证责任转移两项举证责任的特殊分配规则在加强知识产权保护中的作用。正确适用新产品制造方法发明专利等举证责任倒置的相关规定。提高运用举证责任转移的能力，综合考虑举证妨碍、证据距离和举证能力等因素，适当减轻权利人举证责任。从最有利于证据获取和事实查明的角度合理分配举证责任，有效提高举证和庭审效率。

（3）严格诉讼证据的审查和运用

一方面，法定赔偿制度极大降低了当事人举证的责任，甚至出现当事人故意不提供证据证明损失或者获利，导致赔偿数额认定的随意性。另一方面，诉权滥用的现象普遍出现，如权利人因损失轻微却辩称取证困难而怠于举证，请求法院酌情判决，或权利人就共同侵权的多个被告分别起诉，或对重复的侵权行为多次起诉，以希望多次适用法定赔偿以获取高额的赔偿金。因此，应加大对当事人证据的审查，严防通过诉讼获取不正当的利益。

6. 深化机制综合运用，促进技术事实查明

（1）进一步健全技术调查官制度

技术调查官制度的价值主要体现在程序高效、便捷和全面，深入查明技术事

实两个方面。将技术调查官定位成在技术事实查明中发挥基础作用，妥善协调好技术调查官制度与专家咨询、专家陪审和技术鉴定制度之间的关系，对于准确、高效地查明技术事实具有十分重要的意义。为进一步完善技术调查官制度，一是需要拓宽技术调查官的来源方式，扩大技术领域的选择，让更多专业、行业背景的技术人员参与案件审判。二是增加常驻法院技术调查官的数量，让技术调查官参与更多案件。三是提升技术调查官与案件情况的匹配度，根据案件技术涉及领域，动态调整技术调查官，特别是增加具有生物医药、计算机软件领域专业的技术人员。

（2）完善多元化技术事实查明机制

上海知识产权法院已初步构建技术调查、技术咨询、专家陪审和技术鉴定"四位一体"技术事实调查认定体系。四种技术事实查明方式各有其特点和适用范围，并非互相排斥。上海知识产权法院成立以来，"四位一体"技术事实查明机制整体运行良好，各种技术事实查明方式有机配合，有效提升了技术事实查明的效率和准确性。但目前技术事实查明体系还存在配置不合理、鉴定周期长等问题。为进一步完善多元化技术事实查明机制，应重视加强以下三个方面的建设：一是构建技术类案件分流机制，合理采用技术事实查明方式。技术类案件所涉及的专业领域众多，所涉的技术问题难易程度不同，根据各类技术事实查明方式的特点，选择合适的方式，对于准确、高效地查明技术事实至关重要。二是探索技术事实查明方式叠加适用机制。在司法实践中，可以根据案件所涉技术事实的具体情况，同时采取两种或两种以上的技术事实查明方式，以确保技术事实查明的准确性。三是严格控制司法鉴定程序的启动，缩短审判周期。在司法实践中，司法鉴定周期普遍较长，对案件的审判质效有一定的影响，故启动鉴定程序前应穷尽其他技术事实查明方式，并以当事人申请为原则，以法院依职权鉴定为例外。

7. 创新执行工作机制，实现胜诉权益

（1）构建严格高效的执行程序规则

知识产权案件的执行不同于一般案件的执行，必须同时兼顾审理前的证据保全、审理中的财产查控、生效后的强制执行，发挥固定侵权证据、准确查明事实、确保胜诉当事人兑现权益三大作用。着力推进规范化、标准化的基础制度体系建设，将执行权纳入规范化轨道，努力防止和克服执行程序中的不规范行为。

（2）探索知识产权案件多元化执行方式

一方面，在多元化技术事实查明体系的基础上，将技术调查官从参与审理延伸到诉前保全，通过委托外部机构指派技术专家参与与内部技术调查官介入双管齐下，形成"法官＋执行人员＋技术专家＋技术调查官"的执行新模式，共同协作辅助保全的顺利执行，高效实施诉前证据保全。另一方面，积极创新适合知识产权案件专业化特点的保全机制，探索形成"审判与执行联动、技术专家充分参与、分小组分区域保全"的工作机制，切实提高司法救济的及时性、便利性和有效性，从制度上降低维权成本。还需要加强执行联动机制建设，与行政机关进行协调沟通，通过建立联系人制度、签署备忘录等途径，积极争取相关部门支持，构建内外联动的工作格局。

（3）加快构建知识产权信用管理制度

知识产权信用管理机制是对规范市场知识产权运营行为的新尝试，也是推进社会信用征信系统建设的新方向。将符合条件的知识产权民事、行政、刑事侵权假冒案件的裁判、仲裁以及执行信息纳入本市社会信用联合征信系统，健全知识产权信用管理制度，强化对恶意侵权、滥用知识产权等失信行为的惩戒。实现全市知识产权信用管理制度的一体化，是知识产权司法审判与社会监督之间衔接模式的重大创新，也是形成知识产权保护良好社会风气的新突破。

8. 健全审判权运行机制，落实司法责任制

完善以法官为中心的权责明确、相互配合、相互制约、高效运转的审判权运行机制是进一步深化司法责任制改革的核心，也是提高知识产权审判效率，贯彻严格的知识产权司法保护的保障。知识产权法院是按照司法改革的新要求、新模式和新体制组建的新法院。因此，知识产权审判权的运行机制需要紧跟司法责任制改革的步伐，发挥好标杆和示范作用。知识产权法院作为新设的专门法院，注定了不仅需要吸收其他法院改革的成功经验，也需要抓准定位、创新发展，建立符合知识产权审判特点的审判权运行机制，从以下六个方面深化改革。

第一，明确法官、合议庭的主体地位，构建以审判组织独立审判权为核心的办案机制。保障主审法官、合议庭独立行使司法权力，排除层层审批的行政化审判模式，由主审法官、合议庭对案件事实和法律适用作出判断，未参加案件审理的院、庭长不得签发裁判文书，保证审判权掌握在亲历庭审和充分听取当事人意见的审判组织手中，防止其他主体对审判权的干涉。

第二，建立以权责统一为原则的主审法官、合议庭办案责任制，提高法官审判工作中的责任意识。一方面，明确法官、合议庭对审判质量终身负责，确立违法裁判和审判瑕疵所应承担的责任。健全司法过错追究机制，统一司法过错责任的认定标准，细化法官责任承担规则。另一方面，司法责任制改革对主审法官提出更高的要求，因此，制定合理的审判绩效评价机制和责任制度才能调动法官的积极性和提高裁判质量，最大化地体现审判责任制改革的效果。

第三，制定审判人员"权力清单"。以明确审判组织权限和审判人员职责为

基础，规范案件分配、合议庭运行、裁判文书签发等审判规则，明确应当由法官、合议庭行使的司法权力，切实做到法定职责必须为，法无授权不可为。

第四，转变院、庭长职能权限，强化院、庭长办案的示范作用。把事前监督变为事后监督，把对个案的定性把关变为对审判运行态势的整体把握；把听取案件汇报变成亲自坐堂问案、裁判是非曲直，主动承办重大疑难复杂案件，形成司法裁判规则。

第五，完善专业法官会议制度。专业法官会议对重大疑难复杂案件适用法律或者合议庭评议时有重大分歧的案件进行研究讨论，为解决合议庭的意见分歧和法律适用难题提供参考意见，促进法律适用统一。专业法官会议的讨论意见供合议庭复议时参考，采纳与否由合议庭决定。

第六，健全审判委员会运行机制。强化审判委员会总结审判经验、实施类案指导、统一法律适用等宏观指导职能。知识产权审判与市场、技术发展紧密相关，特别在技术创新速度加快的时代背景下，知识产权纠纷多涉及社会、行业市场的焦点问题，在具有较大社会影响力的案件审理过程中，审判委员会应发挥宏观指导职能，确保裁判结果能产生积极的效果。

9. 整合审判资源，加强监督保障

构建以审判管理权、审判监督权为保障的审判权监督制约机制。一方面，司法责任制改革要求"信任不能代替监督，放权不能变成放任"，审判质量的提高需要积极建立长效的管理监督方式，完善与司法运行新机制相适应的管理监督体系。进一步明确院、庭长行使管理、指导和监督的职责和方式，引导司法管理监督权由宽泛向精准转变，坚守防止冤假错案的底线。另一方面，完善司法廉政监督机制，加大司法公开力度，通过司法干预登记、案件管理全程留痕等手段，确保法官的清明、廉政。高效的审判权运行机制离不开全方位的监督，司法公信力的提高有赖于法院系统的洁身自好。从制度设计入手，从根源上保证司法的公正、廉洁。

构建审判管理和审判监督制约机制。健全完善符合司法规律的案件质量评估体系和评价机制。定期分析审判质量运行的态势，通过常规抽查、重点评查、专项评查等方式对案件质量进行专业评价。成立法官专业考评委员会，对法官实行业绩评价。业绩评价主要包括法官个人日常履职情况、办案数量、审判质量、司法技能、廉洁自律、外部评价等内容。法官业绩评价应当作为法官任职、评先评优和晋职晋级的重要依据。积极建立开放、动态、透明、便民的阳光司法机制，构建全方位、多层次、互动式的司法公开体系，做到执法办案全程公开、全程留痕、全程可视、全程监督。探索建立法院以外的第三方评价机制，健全完善对审判权的法律监督、社会监督、舆论监督、内部监督机制，确保审判权依法独立、公正行使，促进司法公正。

10. 加强队伍建设，提升专业素养

法院队伍建设是严格的知识产权司法保护的重要保障。贯彻习近平总书记在中央政法工作会议上的要求，增强忧患意识、责任意识，营造风清气正、干事创业的良好生态。研究构建长效、系统的人才培养体系，重视审判人才的选拔和使用，以造就一批学有专长、术有专攻、经验丰富、社会认可的知识产权审判专业人才。探索实行法官、司法辅助人员、司法行政人员的分类管理，研究从法官助理到法官的培养模式。率先实行专家法官的带教机制，扩大知名法官辐射效应的同时，也为储备和培养年轻法官打下基础。对于人员培训，一方面，大力加强知识产权法院的文化建设，积极组织业务学习培训。针对审判中遇到的新类型知识产权纠纷案件，邀请专家学者进行研讨，及时研究、深入调研。另一方面，为审判人员提供形式多样的专业性交流、学习机会，鼓励法官参与国内外专业知识产权组织、协会、同行来访交流活动；重视与高校合作，在人员培训、知识产权司法保护理论调研、各类学术研讨等方面开展优势互补的共建活动。建设一支素质过硬的审判队伍，培养一批专业精良的审判人才是确保严格的知识产权司法保护切实落实和长期持续的重要保障。

结　语

源于建设知识产权强国和世界科技强国的发展定位，对创新模式和创新成果的保护已经上升到国家战略层面。在法院知识产权司法保护的经验总结基础上，提出的"司法主导、严格保护、分类施策、比例协调"的司法政策，是对我国知识产权审判工作和司法体制改革提出的新要求。开创知识产权司法保护新局面，应秉持与时俱进、开拓进取、深化改革、勇于创新的信念，加快知识产权审判体制机制建设，提高法官专业素养，严格执行法律，营造对创新有利的司法环境，将严格的知识产权司法保护精神贯彻始终。

（本课题系 2016 年上海市高级人民法院党组重大课题）

上海知识产权法院服务保障科技创新中心建设的路径思考

上海知识产权法院课题组*

【摘　要】当前，全球科技竞争和经济发展新趋势对上海知识产权法院发展提出新挑战；中央"四个全面"战略布局、"一带一路"战略、创新驱动发展战略深入实施对上海知识产权法院发展提出新要求；上海加快建设"四个中心"、国际文化大都市以及亚洲太平洋地区知识产权中心、加快向具有全球影响力的科技创新中心进军、跻身全球城市行列的目标定位对上海知识产权法院提出新使命；知识产权保护内在需求的凸显对上海知识产权法院发展提出新期待；知识产权法院的设立背景和"合署办公"的运行机制对上海知识产权法院发展提出新任务。作为保护知识产权的专业法院，上海知识产权法院在服务保障上海科技创新中心建设中拥有良好的制度基础。表现在设置了扁平化的审判及行政管理机构；集中了一批公开选任的优秀法官；实行民事、行政技术类案件的集中管辖；配备辅助查明技术事实的专门人员——技术调查官；积极践行人员分类管理和法官员额制的司法改革要求。为此，上海知识产权法院应坚持创新、法治、平衡、开放的理念，贯彻依法裁判原则、平等保护原则、利益平衡原则、比例原则以及

---

　　* 课题组成员：黎淑兰（课题主持人，上海知识产权法院副院长）、刘军华（时任上海知识产权法院知识产权审判第一庭庭长）、陈惠珍（上海知识产权法院知识产权审判第二庭庭长）、吴登楼（上海知识产权法院技术调查室副主任）、凌宗亮（上海知识产权法院知识产权审判第二庭法官）、陶冠东（上海知识产权法院知识产权审判第一庭法官助理）。

专业保障原则，从专业化审判新格局，精心审理各类案件，着力破解举证、赔偿、技术事实认定、执行等难题，充分凝聚知识产权保护合力以及延伸司法审判职能等方面构建服务保障科技创新中心建设的具体路径。具体而言，对于专业化审判新格局的构建，课题组提出要形成审判组织、审判机制、诉讼制度、审判队伍、保障支持的全面专业化。在破解技术事实查明方面，课题组创新性地提出构建由技术鉴定、技术调查、技术咨询、专家陪审等组成的有机协调的"四位一体"技术事实调查认定体系。根据技术鉴定人员、技术调查官、技术咨询专家、专家陪审员参与技术事实查明的专业匹配、角色定位，确定相应参与技术事实调查工作的方式路径，既相互独立、各司其职，又相互配合、有机协调，共同为法官准确认定技术争议事实发挥应有的职能作用。在延伸司法职能方面，课题组提出通过设立"全国审判业务专家陈惠珍法官工作室"等方式，积极开展上海知识产权法院与上海市张江国家自主创新示范区等科技创新园区的合作。

【关键词】 新形势　制度基础　服务理念　基本原则　实现路径

【成果转化】 课题研究成果已经整体转化为《上海知识产权法院服务保障上海建设具有全球影响力的科技创新中心的意见》，已于 2015 年 6 月印发。课题提出的一些创新性举措已经在实践中得到贯彻落实。例如，"四位一体"技术事实查明体系的构建，知识产权法院已经聘任了首批技术咨询专家，技术调查官的规章制度、选任等工作亦在进行中。为进一步发挥上海市张江高新技术产业开发区管理委员会与上海知识产权法院的优势，积极回应科技创新集聚区的知识产权需求，共同推动张江国家自主创新示范区知识产权工作，双方已经签订合作备忘录，并在张江高新园区内挂牌成立"全国审判业务专家陈惠珍法官工作室"。

　　努力在推进科技创新、实施创新驱动发展战略方面走在全国前头，走到世界前列，加快向具有全球影响力的科技创新中心进军，是以习近平同志为总书记的党中央对上海工作提出的新要求，是中央综合分析国内外大势、立足我国发展全局、根据上海具体实际，作出的国家战略部署。为全面落实中央关于上海要加快向具有全球影响力的科技创新中心进军的新要求，上海市委、市政府于 2015 年 5 月制定了《关于加快建设具有全球影响力的科技创新中心的意见》（沪委发〔2015〕7 号），其中第 18 条明确提出要"实行严格的知识产权保护""发挥上海知识产权法院作用"。保护知识产权就是保护创新，保护好知识产权是成就科技创新中心的最大软实力。作为保护知识产权的专业法院，如何在上海迈向具有全球影响力科技创新中心过程中发挥应有作用，当好加快实施创新驱动发展战略的实践者、深化司法体制改革的先行者和发挥司法保护知识产权主导作用的引领者，为科技创新中心建设营造良好的知识产权保护环境，是上海知识产权法院必须思考和面对的重大课题。希望本研究能够对上海知识产权法院更好地服务和保障科技创新中心建设有所裨益。

一、上海知识产权法院服务保障科技创新中心面临的新形势

（一）全球科技竞争和经济发展新趋势对上海知识产权法院发展提出新挑战。全球新一轮科技革命和产业变革正在孕育兴起，世界科技创新呈现新的发展态势和特征，更富活力的全球创新环境正在形成，知识产权日益成为国家根本利益和国际竞争核心领域。知识产权诉讼的国际化因素不断增多，日益成为跨国知识产权竞争和市场布局的工具。上海知识产权法院需要立足国情、放眼世界、大胆探索、勇于裁判，努力做国际知识产权规则制定的参与者、引领者和主导者，积极助力我国由知识产权大国向知识产权强国迈进。

（二）中央"四个全面"战略布局、"一带一路"战略、创新驱动发展战略深入实施对上海知识产权法院发展提出新要求。深刻认识党中央"全面建成小康社会、全面深化改革、全面依法治国、全面从严治党"的战略布局、加快实施"一带一路"战略、创新驱动发展战略的重大意义，正确把握全面依法治国与全面深化改革、创新驱动发展与加强知识产权保护之间相辅相成的关系，以法治思维和法治方式推动完善全面依法治国，以司法改革支持保障全面深化改革，以保护创新激励科技创新，以法院的职能发挥强化推动知识产权保护。

（三）上海城市发展的目标定位对上海知识产权法院提出新使命。加快建设"四个中心"、国际文化大都市以及亚洲太平洋地区知识产权中心，加快向具有全球影响力的科技创新中心进军，跻身全球城市行列，是中央和上海市委确定的重大目标定位。保护知识产权就是保护创新，保护好知识产权，是成就创新的最大软实力，也是创新活力激发、维系的最坚实保障。知识产权司法保护与上海城市发展目标定位相契合，是上海知识产权法院当前和今后一段时期的重要使命和神圣职责。

（四）知识产权保护内在需求的凸显对上海知识产权法院发展提出新期待。随着创新驱动发展成为国家重大战略，创新主体对知识产权司法保护的期待和要求越来越高。在坚持遵循知识产权国际保护规则的同时，更加强调适应国内创新和发展的内在需要，更加强调自主性和自觉性成为我国现阶段知识产权保护的明显特征。上海知识产权法院需要不断加强审判体制机制建设，进一步强化程序公正和实体公正，切实满足创新主体对知识产权司法保护的新期待。

（五）知识产权法院的设立背景和"合署办公"的运行机制对上海知识产权

法院发展提出新任务。设立知识产权法院是中央"深化科技体制改革"和"健全技术创新激励机制"的重要举措,是经济体制改革的重要内容。"合署办公"的设立模式和运行机制是一次全新的探索,也是上海知识产权法院担负的重要改革任务。上海知识产权法院必须敢于担当、积极作为,以开拓创新的勇气大力加强知识产权保护,主动适应"合署办公"的全新机制,为深化经济体制改革提供有力支持。

二、上海知识产权法院服务保障科技创新中心的制度基础

经历了 30 多年的改革和探索,我国知识产权法律体系已日趋完善,全社会尊重和保护知识产权的意识大幅度提高,知识产权案件数量呈现快速增长的趋势,尤其是涉及复杂技术事实认定和法律适用的新类型疑难复杂案件大量涌现。随着改革开放的进一步深入和创新驱动发展战略的实施,知识产权司法保护的需求日益强烈,而司法在保护知识产权中的地位和作用也越来越重要,设立知识产权专门法院的时机和条件已经成熟。党中央审时度势,在十八届三中全会《中共中央关于全面深化改革若干重大问题的决定》中明确提出了"探索建立知识产权法院"的改革任务。2014 年 8 月 31 日,《全国人民代表大会常务委员会关于在北京、上海、广州设立知识产权法院的决定》通过,以立法的形式宣告我国设立知识产权法院。同年 11 月 6 日、12 月 16 日、12 月 28 日,北京、广州、上海知识产权法院相继成立。知识产权专门法院的设立是中国知识产权保护的重要里程碑,也是全面深化司法改革的重要内容之一,在机构设置、队伍管理、案件管辖、审判机制等方面,知识产权法院相较于原来的审判庭模式都有较大创新,为服务保障科技创新中心建设打下了良好的制度基础。

第一,设置扁平化的审判及行政管理机构。知识产权法院的设立全面体现司法改革的精神,机构设置旨在减少管理层级、提高管理效率、凸显扁平化的管理理念,体现了精简、高效的原则。北京、广州知识产权法院单独设立,除审判庭和技术调查室、司法警察支队等司法辅助机构外,均只设一个综合行政机构——综合办公室,除承担文秘、档案、财务、机要等传统意义上法院办公室的职责外,还要承担在其他法院由政治部、监察室、研究室、审管办和后勤行政等数个部门分工负责的政工人事、纪检监察、业务调研、新闻宣传、审判管理、后勤服务等全部日常保障职能。上海知识产权法院与北京、广州知识产权法院机构设置不同,与上海市第三中级人民法院实行"审判业务独立、行政(党务)合署"。上海知识产权法院内设知识产权审判第一庭(以下简称"知识产权一庭")、知识产权审判第二庭(以下简称"知识产权二庭")及技术调查室,行政管理、政治工作、党务人事、纪检监察、执行工作、法警事务和后勤保障等工作与上海市第三中级人民法院合署。

第二，集中一批公开选任的优秀法官。知识产权法院的法官遴选并不是对原中级人民法院知识产权庭人员的简单归并，而是面向所在省（直辖市）进行公开遴选，且设定了相对较高的遴选条件，确保知识产权法官的素质和能力能够适应新格局下的审判要求。根据最高人民法院《知识产权法院法官选任工作指导意见（试行）》第 4 条的规定，担任知识产权法院审判员的，除需要符合《中华人民共和国法官法》规定的资格条件外，还需要具备以下条件：具有四级高级法官任职资格，具有 6 年以上相关审判工作经验，具有普通高等院校法律专业本科或者以上学历，具有较强的主持庭审及撰写裁判文书能力。以上海为例，上海知识产权法院除院、庭长 4 名法官外，首批遴选法官 10 名，从事知识产权审判工作平均年限 8.4 年。14 名法官中，法学博士 3 名、法学硕士 10 名；其中 2 名法官系全国法院审判业务专家。法官选任充分体现了法官队伍专业化、职业化、高素质的特点。

第三，实行民事、行政技术类案件集中管辖。根据《全国人民代表大会常务委员会关于在北京、上海、广州设立知识产权法院的决定》第 2 条的规定，知识产权法院管辖有关专利、植物新品种、集成电路布图设计、技术秘密等专业技术性较强的第一审知识产权民事和行政案件。因此，知识产权法院在案件管辖上体现出如下特点：一是民事、行政案件"二合一"管辖。知识产权民事、行政案件"二合一"管辖可以实现专利、商标权利效力判断与侵权判断诉讼程序和司法标准的无缝对接，避免民事、行政"二元制"造成的程序循环烦冗、诉讼效率不高、司法标准不统一等问题，可以从根本上解决影响司法效率的机制问题。二是技术类案件的集中管辖。从知识产权法院管辖的案件类型看，主要集中于专业技术性较强的案件，通过对此类案件的集中统一审理，为科技创新营造良好的保护知识产权法治环境。对知识产权案件实行集中管辖和审理，已成为国际社会发展潮流和通行经验。目前，美国、德国、英国等国家以及我国台湾地区均设立了知识产权专门法院，统一审理有关知识产权案件。即使尚未设立知识产权法院的国家或地区，也将知识产权案件集中到有关的法院进行审理。我国建立专门的知识产权法院，统一集中审理知识产权案件，将进一步与世界知识产权保护接轨。❶

第四，配备辅助查明技术事实的专门人员——技术调查官。知识产权法院设

---

❶ 吴偕林. 为什么要建立知识产权法院? [J]. 求是, 2015 (11).

立的一大亮点，就是首次引入技术调查官制度协助法官查明技术事实，提高技术类案件事实查明的准确性和高效性。最高人民法院制定的《最高人民法院关于知识产权法院技术调查官参与诉讼活动若干问题的暂行规定》明确了技术调查官制度的设立依据和适用范围、身份定位和工作职责等内容。"技术调查官属于审判辅助人员，其主要职责是协助法官查明专业技术事实和调查收集证据，可以参与案件合议，但对案件裁判无表决权。实践表明，该制度对于弥补法官技术短板、确保技术类案件的审理质量和效率都发挥了重要作用。"❶ 相较于现有的技术咨询、专家陪审、技术鉴定等技术事实查明方式，技术调查官制度是我国知识产权审判健全技术事实查明机制的又一探索，将进一步提高技术事实查明的科学性、专业性和中立性。作为一项新的机制，充分利用技术调查官的人员优势和制度优势，探索和研究技术类案件的审判规律和更合理化的诉讼规则，是知识产权法院今后需要不断实践和完善的课题。

第五，践行人员分类管理和法官员额制的司法改革要求。知识产权法院在队伍管理方面严格按照司法体制改革的要求，实行人员分类管理和法官员额制。知识产权法院的人员分为法官、司法辅助人员、司法行政人员。司法辅助人员包括法官助理、技术调查官和书记员。法官选任方面，与普通法院相比，知识产权法院的法官除确立了较高的遴选标准，还实行法官员额制，严格按照既定员额数量遴选法官。此外，知识产权法院的法官全部在审判庭从事审判工作，各审判庭不再设立副庭长，从而突出法官和合议庭在审判中的主体地位，体现了"让审理者裁判，由裁判者负责"的理念。人员分类管理和法官员额制不仅可以为法官依法独立、公正行使审判权营造良好的制度氛围，还可以为知识产权专业化审判新格局的构建提供专业化的人才资源保障。

三、上海知识产权法院服务保障科技创新中心的基本思路

（一）审判理念

作为专业法院，上海知识产权法院要充分体现专业化审判资源和制度优势，发挥好知识产权法院的职能作用，应树立与科技创新中心建设相匹配的审判理念。

第一，坚持创新理念。党的十八届三中全会决定指出："进一步解放思想、解放和发展社会生产力、解放和增强社会活力""让一切劳动、知识、技术、管

---

❶ 黄晓云. 在创新中完善知识产权审判体制：最高人民法院副院长陶凯元谈知识产权法院［J］. 中国审判，2014（12）.

理、资本的活力竞相迸发,让一切创造社会财富的源泉充分涌流"。保护知识产权就是保护创新,知识产权审判必须适应和反映创新的时代精神,准确把握创新的时代脉搏和发展的时代潮流。用新的理念、新的举措、新的方法应对和解决科技创新各阶段、各环节可能产生的新模式、新情况和新问题,使科技创新的成果能够得到及时、有效的保护。以创新精神和务实态度,加强知识产权保护,充分发挥知识产权司法保护机制激发全社会创新动力、创造潜力和创业活力的独特作用,促进创新活力竞相迸发。

第二,坚持法治理念。深刻认识党中央"全面建成小康社会、全面深化改革、全面依法治国、全面从严治党"的战略布局的重大意义,正确把握全面依法治国与全面深化改革、创新驱动发展与加强知识产权保护之间相辅相成的关系,以法治思维和法治方式推动完善全面依法治国。知识产权司法保护是法治中国的重要组成部分,在充分发挥保护知识产权主导作用过程中应强化法治理念,尊重司法规律,做到"五个注重",即注重发挥司法保护知识产权的主导作用,注重依法独立公正、行使审判权,注重发挥知识产权审判的导向和指引功能,注重确保知识产权法律体系的全面、有效实施,注重各类创新主体的平等保护。

第三,坚持开放理念。全球新一轮科技革命和产业变革正在孕育兴起,世界科技创新呈现新的发展态势和特征,更富活力的全球创新环境正在形成,知识产权日益成为国家根本利益和国际竞争核心领域。知识产权诉讼的国际化因素不断增多,日益成为跨国知识产权竞争和市场布局的工具。我国知识产权保护是改革开放的产物,也是改革开放进程的重要组成部分,在经济全球化日益加深、国际国内联系更加紧密的背景下,知识产权司法保护必须具有开放的理念,以更加开放的心态推进知识产权保护,"进一步加强知识产权司法公开,强化国际视野和世界眼光,勇于引领知识产权司法国际潮流,积极推动知识产权国际规则的形成,建立健全知识产权国际交流合作长效机制,不断提升我国法院在国际知识产权舞台上的参与权、话语权和主动权。"❶与我国国际定位相适应,知识产权司法保护在坚持开放的过程中,既要注重学习借鉴国际主流和通行做法,又要注重通过创造性裁判引导国际司法潮流,努力做国际知识产权规则制定的参与者、引领者和主导者,切实增强知识产权审判的国际影响力。

(二)基本原则

一是坚持依法裁判原则。准确把握知识产权法定原则,严格依法确定知识产

---

❶ 最高人民法院陶凯元副院长在 2014 年全国法院知识产权审判工作座谈会上的讲话 [EB/OL].[2015 – 08 – 20]. http://www.chinacourt.org/article/detail/2014/07/id/1333754.shtml.

权的权利范围和侵权行为要件、类型，明晰知识产权的权利边界。妥善处理法律与技术、法律与政策之间的关系，科学运用法律解释方法，创新裁判方式，确保法律有效实施；强化审判监督和指导，积极探索和及时总结涉科技创新知识产权案件的裁判标准，加强典型案例的示范指引作用，确保法律适用统一，提高知识产权司法保护的可预期性。

二是坚持平等保护原则。树立全球视野，依法平等保护中外当事人的合法权益，不搞厚此薄彼和差别待遇。强化诉讼服务，加强知识产权导诉和志愿者服务窗口建设，健全知识产权维权援助机制，依法保障各类创新主体特别是中小微企业和个体的诉讼权利，让每一个创新主体都能依法维权、及时维权、方便维权。注重法律释明，平衡不同创新主体的诉讼能力，对跨国公司、中小微企业以及创新个体的知识产权既一视同仁、同等保护，又注重充分调动"草根"创新的活力和积极性。

三是坚持利益平衡原则。运用好知识产权法律规定的各种利益平衡机制，统筹兼顾权利人、竞争者以及社会公众对创新的利益诉求。正确处理保护知识产权与维护公共利益的关系，既依法严格保护权利人的知识产权，又防止知识产权不适当侵入公共领域；正确处理保护知识产权与促进产业发展的关系，既加大保护力度，促进新兴产业发展，又合理确定保护范围和强度，维护产业发展的竞争空间；正确处理保护知识产权与防止权利滥用的关系，既依法支持权利人的正当主张，又防止权利人滥用权利损害他人合法利益。

四是坚持比例原则。知识产权的保护范围和强度应与特定知识产权的创新和贡献程度相适应。根据公平原则和诚实信用原则，结合知识产权纠纷的实际情况和当事人的举证能力，依法合理分配举证责任。妥善把握优势证据标准，适时转移举证责任，切实减轻权利人举证负担。损害赔偿责任的确定应与知识产权的市场价值、侵权行为的情节、当事人主观状态等相适应，既通过大额损害赔偿、惩罚性赔偿加大知识产权保护力度，又考虑不同侵权人的性质、作用和主观恶性程度，区分情况合理确定赔偿数额。

五是坚持司法便民原则。认真贯彻落实立案登记制，完善分类立案材料清单制度，对依法应当受理的科技领域知识产权纠纷案件，做到有案必立、有诉必理，畅通诉讼渠道，依法保障当事人的诉权。运用移动互联网思维，进一步完善网上立案、网上咨询、电子送达，推进在线审判信息平台建设，促进技术类知识产权案件的诉讼便捷和审判效率提升，打造阳光司法、智能法院。

六是坚持专业保障原则。根据知识产权审判的不同特点，探索并完善专利案件、计算机软件案件、垄断案件、商标及不正当竞争案件、技术合同案件等专项合议庭建设，提高保护科技创新的专业化水平。主动适应中国（上海）自由贸易试验区（以下简称"自贸试验区"）扩容升级的新形势，顺应涉自贸试验区知识产权案件发展态势，上海知识产权法院将成立涉自贸试验区知识产权案件专项合议庭，加强涉自贸试验区科技创新知识产权司法保护的组织保障，科学界定自贸试验区知识产权保护的标准和强度，建立既适应自贸试验区发展要求，又更加符合法治化、国际化要求的知识产权司法保护规则体系。建立与张江国家自主创新示范区的合作机制与服务平台，积极回应科技创新集聚区的知识产权需求，探索知识产权巡回审判、园区法官机制，促进知识产权纠纷在园区的就近、就地预防和解决。

四、上海知识产权法院服务保障科创中心的实现路径

（一）积极构建知识产权专业化审判新格局

1. 形成专业化的审判组织

一是设置专业化审判庭。上海知识产权法院目前内设知识产权一庭、知识产权二庭两个审判庭。在前期对各类案件难度、数量等进行充分调研的基础上，按照案件类型对内设审判庭的案件管辖进行了专业化的分工：知识产权一庭主要审理涉及专利、垄断一审民事、行政案件以及著作权二审民事、行政案件，知识产权二庭主要审理涉及计算机软件、技术秘密、集成电路布图设计、植物新品种、驰名商标认定的一审民事、行政案件以及著作权以外的知识产权二审民事、行政案件。专业化审判庭的设置，有利于提炼、总结类案审判经验、审理规则，实现案件裁判标准的统一。

二是组成专业化合议庭。在每个审判庭内部，根据不同类型案件建设专业化的合议庭，例如，建设计算机软件、技术合同、商标及不正当竞争、专利、著作权等专业化合议庭，集中审理类型化的知识产权民事、行政案件，从而有利于提高案件审理质量和效率，强化专家型法官的培养。

三是成立专项合议庭。针对知识产权司法需求比较集中的创新集聚区，上海知识产权法院主动延伸司法职能，探索建立相应的专项合议庭，提高知识产权司法保护服务科技创新的有效性和针对性。

2. 探索专业化的审判机制和诉讼制度

一是建立完善符合知识产权特点的审判权运行机制。严格按照审判权力运行机制改革要求，在审判组织运行、审判委员会工作规则、法官联席会议和专业法官会议、院长和庭长权力清单、司法责任制以及审判辅助人员职责分工等方面先行先试。做到"三个落实"，落实院、庭长办案规定，强化院、庭长法官身份，明确院、庭长带头办理重大疑难复杂案件的范围、数量等，实现院、庭长办案常态化；落实合议庭负责制，强化"让审理者裁判，由裁判者负责"原则，确保审判权依法独立、公正行使，切实提升司法公信；落实法官助理职责，强化辅助审判职能作用发挥，进一步提升审判效率。

二是建立知识产权案件登记立案制度。为方便当事人立案，切实保障当事人的诉权，上海知识产权法院制定了《一审知识产权民事案件登记立案工作实施办法（试行）》，建立了分类立案材料清单制度、一次告知制度、补正材料通知制度以及相应的救济制度等。按照专利、植物新品种、集成电路布图设计、技术秘密、计算机软件、驰名商标认定、垄断等知识产权案件类型，将当事人立案需要提交的材料予以列明，包括起诉状、诉讼主体证明材料、不同案由纠纷的证据材料等，所列内容详细、清楚，当事人可以根据起诉案件类型对需要提交的材料在清单上进行勾选，一旦材料齐全即可登记立案，从而有效提高当事人立案的便捷度。

三是建立以审判为中心的案件审理制度。知识产权案件特别是技术类案件，当事人争议的焦点不仅在于法律适用，更在于技术特征比对等技术性问题。在以往的审理程序中，法庭调查和法庭辩论分开进行，往往不利于当事人对于同一个技术争议焦点集中、充分地发表意见，也容易导致质证意见和辩论意见的重复，影响案件审理的效率。为此，上海知识产权法院积极探索符合知识产权案件特点的审理制度。针对知识产权案件往往有多个争议焦点的复杂情况，打破固有的全案按照法庭调查和法庭辩论两个阶段进行的程序，以每一个争议焦点的审理为一个环节展开法庭调查和法庭辩论，使当事人陈述事实与辩论观点一气呵成，突出每个争议焦点审理的完整性，增强庭审的针对性，更有利于查明案件事实，提高庭审效率。例如，在"惠普发展公司诉上海胤嘉国际贸易有限公司侵害发明专利权纠纷"案中，合议庭将法庭调查和法庭辩论合并进行，极大地提高了庭审效率。

3. 打造专业化的审判队伍

一是注重培养专家型知名法官。充分发挥全国审判业务专家、最高人民法院知识产权司法保护研究中心首批研究员等知名法官的示范作用，拓展专家法官的带教机制，设立知名法官工作室，扩大知名法官的辐射效应。积极创造条件，鼓励推荐优秀法官出国参加培训和对外司法交流。争取在较短时间内造就一支既懂技术，又懂法律；既熟谙本土需求，又具有国际视野的复合型法官队伍。

二是发挥审判辅助人员的职能作用。明确法官助理、技术调查官和书记员各自的工作职责分工。具体而言，法官助理主要协助法官处理庭审、调查取证、调解、撰写文书等工作中的法律性事务；技术调查官主要协助法官解决案件审理、现场勘验、证据保全等工作中的技术性事务；书记员主要负责庭审记录、文书送达、文书校对等程序性事务，从而体现各司其职又密切配合，共同协助法官处理各项事务性工作的作用。

三是加强理论研究和合作交流。鼓励法官、审判辅助人员加强调研，积极参加知识产权司法保护理论课题研究，充分发挥法官丰富的审判实践经验优势和司法智慧、首创精神，支持法官参与知识产权法律问题的学术交流和研讨；与相关科研院校建立人员培训、法律研讨等方面的深度合作，拓宽人才培养路径；在上级法院的支持指导下，积极探索与相关国际知识产权组织、国际司法同行建立常态化的交流合作机制，为拓宽法官的国际视野提供新的平台和渠道。

4. 加强专业化的保障支持

一是探索创新合署办公模式。作为承担司法体制改革先行先试任务的专门法院，围绕知识产权法院的职能定位，适应合署办公的全新模式，在体制机制方面积极探索创新。以扁平、精简、高效为目标，建立一套符合合署办公模式的案件流程管理、审判质效管理、立审执衔接等制度，为司法体制改革努力创造可复制、可推广的有益经验。

二是加强知识产权审判智库建设。通过完善知识产权案例库、裁判文书库、技术咨询专家库、法律咨询专家库、陪审员信息库等的建设，为知识产权专业化审判提供资源和知识保障。准确把握专利权、著作权、商标权和不正当竞争等不同类型案件的审理规律和裁判标准，制定类型化的案件审理指引，提高案件审理的规范化水平，统一案件法律适用标准，确保公平、正义。

三是运用信息化手段优化管理。继续加强符合知识产权司法规律的管理制度建设，借助信息化工作从传统互联网向移动互联网、从信息灌输思维向用户需求思维、从人员集合管理模式向人员分类管理模式、从静态的司法数据向动态的大数据司法的转型，实现法院专业化审判管理、人事管理、综合行政管理各个应用系统的数据相互之间无缝衔接、深度交互，实现动态、即时管理，确保审判流程的每一个节点、法院管理的每一道程序实时可视、全程留痕，从而保障实现"专业化"发展的目标定位。

（二）精心审理各类涉科技创新知识产权案件

1. 精心审理专利权纠纷案件，加大创新创造成果保护力度

结合原始创新、集成创新和引进消化吸收再创新的实际和产业政策，合理界定专利权的保护范围。对于创新程度高、研发投入大、对经济增长具有突破和带动作用的首创发明，通过科学解释权利要求、合理分配举证责任、加大损害赔偿

力度等给予更高的保护强度和更宽的保护范围。正确适用专利侵权判定的原则和方法，依法加大对科技创新领域专利权的保护力度。兼顾公平和效率，妥善处理专利侵权与专利无效的关系，被告在答辩期内对原告专利提出无效宣告请求的，应综合考虑涉案专利权的稳定性以及案件具体情况，决定是否中止审理，有效提高专利侵权案件审判效率。

2. 注重对科技类作品的著作权保护，提升创新文化软实力

准确把握科技创新环境下著作权司法裁判标准，依法严厉惩治对科技类作品的盗版、抄袭行为。积极应对互联网新技术对著作权保护的挑战，有效平衡著作权人、网络服务提供者和社会公众各方利益。加大对计算机软件、数据库、动漫、信息网络、文化创意等新兴文化产业和高新科技领域的著作权保护力度，促进相关产业的健康发展。

3. 加强科技领域商标权司法保护，推动科技创新的品牌战略

依法审理科技领域商标纠纷案件，强化创新主体的商标意识，促进自主品牌的使用，增强创新主体的市场竞争力。正确把握商标权的专有权属性，合理界定权利边界，促进自主品牌的培育。充分重视商标权的市场价值，依法加强驰名商标和知名品牌的保护，制止"恶意抢注"和"傍名牌"等商标侵权行为，支持和引导创新主体实施品牌战略。

4. 强化技术秘密司法保护，维护合法正当的创新秩序

严厉制裁窃取和非法披露、使用他人技术秘密行为，保护创新主体合法的技术秘密权益。健全商业秘密案件审理机制，防止滥用诉讼程序恶意获取他人技术秘密。合理分配举证责任，妥善处理保护技术秘密与自由择业、竞业禁止与人才合理流动的关系，维护企业与科技人才的合法权益。

5. 依法制止科技领域的不正当竞争和垄断行为，营造良好的创新创业环境

以诚实信用原则和公认的商业道德为基本准则，有效遏制科技领域阻碍创新的不正当竞争行为，规范市场竞争秩序，促进建立统一开放、竞争有序的现代市场体系。积极稳妥审理科技领域垄断纠纷案件，坚决遏制垄断行为，打破行业壁垒和部门分割，维护公平竞争，为创新主体创造自由、宽松的创业和发展环境。

6. 妥善处理科技领域知识产权合同纠纷，促进科技成果的开发和转化

尊重当事人的意思自治，准确认定知识产权合同的效力与责任，注重保护守约方合法权益，制裁违约行为，促进科技成果开发和转化。依法审理技术成果权属、奖励和报酬纠纷，准确界定职务成果与非职务成果的界限，依法维护企业、高校和科研院所等创新主体与发明人事先约定的科技成果分配方式和数额，既积极鼓励创新主体加大研发投入，又依法保障发明人获得合理奖励和报酬，激发人

才创新创造活力。

7. 切实发挥科技领域知识产权行政案件的司法审查职能，推动政府职能转变和知识产权行政执法的规范化

充分发挥对知识产权行政行为的司法审查和监督职能，加强涉知识产权行政案件规范性文件的司法审查，推动制约创新的政府规范性文件的及时清理、修订和废止。加强行政不作为案件的受理和审查，促进行政机关依法积极作为。推进行政机关负责人出庭应诉制度，发挥行政领导在依法行政、行政协调中的积极作用。通过上海市知识产权联席会议平台，及时通报科技领域知识产权行政案件相关情况，促进行政执法的规范化。

(三) 着力破解影响知识产权保护水平的难题

精心审理好每一起案件是知识产权司法服务保障科技创新中心建设的基础，审理方式是否适合知识产权非物质性的特征、保护力度是否体现知识产权的市场价值、胜诉权益是否能得到及时兑现，直接影响各类创新主体的创新活力和创造动力。为此，知识产权审判应着力破解影响创新创造成果的四项难题。

1. 着力破解举证难题

知识产权具有非物质性的特点，侵权行为、损害赔偿等方面的证据较难获取和固定，根据公平原则和诚实信用原则，结合知识产权纠纷的实际情况和当事人的举证能力，依法合理分配举证责任。综合运用证据披露、举证妨碍、证明标准等规则，加大释明力度，强化当事人举证。

具体而言，一是证据披露规则。《民事诉讼法》第 13 条规定，民事诉讼应当遵循诚实信用原则。该法第 64 条规定，当事人对自己提出的主张，有责任提供证据；当事人及其诉讼代理人因客观原因不能自行收集的证据，或者人民法院认为审理案件需要的证据，人民法院应当调查收集。因此，在知识产权诉讼中，法院基于案件审理的需要可以要求权利人或者侵权人提交相关的财务资料，以查明商品销量或者获利情况。二是举证妨碍规则。《最高人民法院关于民事诉讼证据的若干规定》第 75 条规定，若一方当事人持有证据无正当理由拒不提供，而对方当事人主张该证据的内容不利于证据持有人的，可以推定该主张成立。因此，当法院经审查认为被控侵权人负有披露义务，应当披露涉及被控侵权人获利状况的证据，但被控侵权人通过积极行为或者消极行为不履行披露义务，或者故意披露不真实、不完整证据时，法院可以作出不利于当事人的推定。三是优势证据标准。根据《最高人民法院关于民事诉讼证据的若干规定》第 73 条的规定，双方当事人对同一事实分别举出相反的证据，但都没有足够的依据否定对方证据的，人民法院应当结合案件情况，判断一方提供证据的证明力是否明显大于另一方提

供证据的证明力,并对证明力较大的证据予以确认。

因此,在确定损害赔偿数额时,并不要求证据绝对精确,只要权利人或者侵权人提交的证据达到了证据优势的程度,法院即可以采取优势证据标准认定损害赔偿事实。此外,还需注重发挥证据保全措施的功能作用,及时固定证据。对于抗拒证据保全、故意逾期举证、毁损证据、隐匿证据、提交虚假证据、进行虚假陈述的,应给予民事制裁,情节严重的应追究刑事责任。

2. 着力破解技术事实认定难题

知识产权法院管辖的专利、技术秘密、计算机软件、技术合同等案件大多涉及复杂的技术事实认定,为增强法官对技术事实认定的客观性、准确性和高效性,切实解决技术事实认定难题,上海知识产权法院提出建立由技术鉴定、技术调查、技术咨询、专家陪审等组成的有机协调的"四位一体"技术事实调查认定体系。根据技术鉴定人员、技术调查官、技术咨询专家、专家陪审员参与技术事实查明的专业匹配、角色定位确定相应参与技术事实调查工作的方式路径,既相互独立、各司其职,又相互配合、有机协调,共同为法官准确认定技术争议事实发挥应有的职能作用。一方面,四者彼此独立、不可替代。知识产权案件中涉及的技术事实复杂多样:有的事实必须借助专门的仪器或者设备进行检测、分析,例如被控侵权产品的化学成分;有的事实仅通过专家自身的知识、经验、技能就可以进行解释和说明;有的事实可能较为疑难、复杂,涉及行业前沿的尖端技术问题,要求专家具有较高的知识储备等。因此,技术调查、技术咨询、专家陪审、技术鉴定所要完成的技术事实调查任务可以相互区分,彼此独立完成各自领域的调查事项。具体而言,技术调查官主要负责解决较为常见的普通技术问题;技术咨询、专家陪审主要侧重于凭借专家自身知识即可解决的较为复杂的技术问题;技术鉴定主要侧重于查明需要借助设备、仪器等检测、分析、比对才能解决的疑难技术问题。当然,强调技术调查、技术咨询、专家陪审、技术鉴定彼此独立,并不意味在具体案件中四者必然同时存在。法官应当根据案件技术事实调查的需要,首先借助技术调查官完成技术调查工作,如果技术调查官无法完成,则可以依次通过技术咨询、专家陪审以及技术鉴定的方式查明案件技术事实。出于提高案件审理效率的考虑,四种技术调查方式在适用上存在递进式的先后顺序,只有穷尽其他调查方法仍然难以查明案件技术事实时,才需要委托技术鉴定。

另一方面,四者相互配合、有机协调。技术调查官可以成为法官与技术咨询专家、专家陪审员、技术鉴定人之间沟通协调的桥梁,将晦涩难懂的技术语言转化成法官可以理解的术语,同时经过技术调查官的过滤、检验,可以极大地提高案件技术事实调查的效率。对于技术调查官提供的意见，专家陪审员等也可以进行校准和验证，防止技术调查官因自身经历、专业背景可能产生的技术偏差，提高技术审查意见的准确性。

3. 着力破解赔偿难题

知识产权是重要的市场要素和市场资源，市场是知识产权价值的最佳判断者，知识产权的价值只有在市场中才能得到充分实现，侵权损害赔偿应当充分反映和实现知识产权的真实市场价值。通过运用证据规则，引导权利人选择依据损失确定损害赔偿的方式，最大限度呈现知识产权的市场价值。对恶意侵害知识产权，情节严重的，准确适用惩罚性赔偿，加大对侵权行为的打击力度和威慑力。

4. 着力破解执行难题

完善执行裁决权和实施权分离机制，实现执行公正和执行效率的统一；充分发挥"合署办公"的体制优势，探索适合知识产权案件特点的执行机制，加强执行与审判的联动，提高诉讼保全裁定的执行效率和准确性，完善消除影响、赔礼道歉等民事责任的执行方式，充分实现当事人胜诉权益；利用知识产权信用管理制度和上海市社会信用联合征信系统，强化对不履行、逃避履行知识产权生效判决、裁定等失信行为的惩戒。

（四）健全充分凝聚知识产权保护合力的机制

1. 完善科技领域知识产权纠纷多元解决机制

结合科技创新的特点和实际，积极引导当事人选择委托调解、专家调解、行业调解、仲裁等方式解决科技领域的各类知识产权纠纷，进一步完善和解、调解等非诉解决纠纷机制与诉讼的有机衔接。从有利于科技成果转化和利用出发，努力促成当事人和解，促进知识产权转让和许可使用。探索知识产权诉调对接机制，经双方当事人同意，在立案前或者立案后将案件委托给相关行业协会、调解组织进行调解或者邀请符合条件的专业人员参与调解，体现纠纷解决的高效性。

2. 健全与知识产权相关部门、组织的沟通协调机制

充分利用上海市知识产权联席会议平台，与上海市知识产权主管部门建立有效的信息沟通机制，整合资源，形成合力。建立与知识产权综合行政执法相适应、相配套、相衔接的审判工作机制，促进行政执法与司法审判的有效对接，形成综合性知识产权保护体系。加强与知识产权中介机构、服务组织、行业协会等的沟通，及时掌握科技创新领域的新动态、新问题，积极回应创新主体对司法保护的新需求、新期待。

3. 健全知识产权司法保护宣传工作机制

加强具有社会影响力的典型案例宣传，适时发布科技创新知识产权司法保护

白皮书，探索建立与兄弟法院联合发布机制，促进区域协同创新。邀请人大代表、政协委员、特邀监督员、特邀咨询员、行业协会和科技企业代表、外国政府和国际组织驻华机构代表等广泛参与新闻发布会、案件庭审观摩、公众开放日等活动，继续推进庭审直播、文书上网工作，增强知识产权审判的公开性和透明度。

（五）积极延伸司法审判职能

1. 注重发挥立法建议职能

密切关注科技创新中心建设带来的新情况、新问题，及时总结科技创新领域成熟、可行的司法经验，向立法机关和国家有关部门提出立法建议，推动保护创新的法律体系不断完善。

2. 注重发挥司法建议和工作预警职能

高度重视审判工作中发现的影响和制约科技创新的普遍性、苗头性问题，加强对关键技术领域科技创新可能产生重大影响的诉讼态势分析，有针对性地发出司法建议和工作预警，积极为政府决策、企业发展和科技创新以及企业走出去建言献策。

3. 注重发挥司法经验的溢出效应

知识产权法官特别是资深法官在长期的司法实践过程中积累了丰富、对创新主体极具价值的知识产权保护经验。知识产权法院在服务保障科技创新中心建设过程中需要着力发挥司法经验的溢出效应，通过开展法官进园区活动，不定期组织资深法官到科技创新园区、行业协会开展讲座、培训，提高创新主体特别是中小微企业的知识产权创造、运用、管理和保护水平。目前，为进一步发挥上海市张江高新技术产业开发区管理委员会与上海知识产权法院的优势，积极回应科技创新集聚区的知识产权需求，共同推动张江国家自主创新示范区知识产权工作，双方已经签订合作备忘录，本着"信息互通、资源共享、优势互补、协调推进"的原则，共同探索科技创新园区知识产权保护工作新机制，加快张江国家自主创新示范区发展，推进上海具有全球影响力的科技创新中心建设。在此基础上，上海知识产权法院在上海市张江高新技术产业开发区设立"全国审判业务专家陈惠珍法官工作室"，发挥知名专家法官的品牌效应，组成以全国审判业务专家陈惠珍同志为代表的上海知识产权法院优秀法官团队，深入张江高新技术产业开发区（一区22园）开展以案说法、释法解惑，提供法律咨询等实践活动，推动提升园区的创新创造活力。

（本课题系 2015 年上海市高级人民法院重点调研课题）

附：

上海知识产权法院
服务保障上海建设具有全球影响力的科技创新中心的意见

为认真贯彻《中共中央　国务院关于深化体制机制改革加快实施创新驱动发展战略的若干意见》《中共上海市委　上海市人民政府关于加快建设具有全球影响力的科技创新中心的意见》，为上海加快建设具有全球影响力的科技创新中心提供良好司法服务和有力司法保障，结合上海知识产权法院工作实际，制定本意见。

一、深刻认识服务保障科技创新中心建设的极端重要性，增强责任感和使命感。深刻认识国际经济竞争更加突出地体现为科技创新竞争的新形势，深刻认识我国经济进入创新驱动发展的新常态，深刻认识知识产权是国际竞争力核心要素和战略资源的新地位，深刻认识保护知识产权就是保护科技创新的新使命，从全局和战略高度准确把握上海建设具有全球影响力的科技创新中心的战略意义和目标任务，牢固树立大局意识、机遇意识、责任意识，充分发挥司法职能作用，大力加强知识产权保护，完善知识产权审判体制机制，为大众创业、万众创新营造公平竞争的良好环境，当好加快实施创新驱动发展战略的实践者、深化司法体制改革的先行者和发挥司法保护知识产权主导作用的引领者。

二、充分发挥司法保护知识产权的主导作用，全面激发各类创新主体的创新动力和创造活力。增强创新思维、前瞻意识和全球视野，实行严格的知识产权保护制度，发挥知识产权专门法院的审判资源和制度优势。积极推进知识产权民事、行政、刑事"三合一"审判机制，严厉打击侵害知识产权行为，充分保护权利人的合法权益，促进创新要素高度集聚、创新活力竞相迸发、创新成果持续涌现。发挥行政、民事案件"二合一"审判优势，审理好与科技创新相关的知识产权民事、行政案件，严格行政、民事交叉案件诉讼中止的适用，探索同步审理机制。在涉及行政机关对知识产权民事争议所作裁决的行政诉讼中，根据当事人的申请，一并解决相关民事争议，切实提高纠纷解决效率和效果。

三、坚持依法裁判原则。准确把握知识产权法定原则，严格依法确定知识产权的权利范围和侵权行为要件、类型，明晰知识产权权利边界。妥善处理法律与技术、法律与政策之间的关系，科学运用法律解释方法，创新裁判方式，确保法律有效实施；强化审判监督和指导，积极探索和及时总结涉科技创新知识产权案件的裁判标准，加强典型案例的示范指引作用，确保法律适用统一，提高知识产权司法保护的可预期性。

四、坚持平等保护原则。 树立全球视野，依法平等保护中外当事人的合法权益，不搞厚此薄彼和差别待遇。强化诉讼服务，加强知识产权导诉和志愿者服务窗口建设，健全知识产权维权援助机制，依法保障各类创新主体特别是中小微企业和个体的诉讼权利，让每一个创新主体都能依法维权、及时维权、方便维权。注重法律释明，平衡不同创新主体的诉讼能力，对跨国公司、中小微企业以及创新个体的知识产权既一视同仁、同等保护，又注重充分调动"草根"创新的活力和积极性。

五、坚持利益平衡原则。 运用好知识产权法律规定的各种利益平衡机制，统筹兼顾权利人、竞争者以及社会公众对创新的利益诉求。正确处理保护知识产权与维护公共利益的关系，既依法严格保护权利人的知识产权，又防止知识产权不适当侵入公共领域。正确处理保护知识产权与促进产业发展的关系，既加大保护力度促进新兴产业发展，又合理确定保护范围和强度，维护产业发展的竞争空间。正确处理保护知识产权与防止权利滥用的关系，既依法支持权利人的正当主张，又防止权利人滥用权利损害他人合法利益。

六、坚持比例原则。 知识产权的保护范围和强度应与特定知识产权的创新和贡献程度相适应。根据公平原则和诚实信用原则，结合知识产权纠纷的实际情况和当事人的举证能力，依法合理分配举证责任。妥善把握优势证据标准，适时转移举证责任，切实减轻权利人举证负担。损害赔偿责任的确定应与知识产权的市场价值、侵权行为的情节、当事人主观状态等相适应，既通过大额损害赔偿、惩罚性赔偿加大知识产权保护力度，又考虑不同侵权人的性质、作用和主观恶性程度，区分情况合理确定赔偿数额。

七、坚持司法便民原则。 认真贯彻落实立案登记制，完善分类立案材料清单制度，对依法应当受理的科技领域知识产权纠纷案件，做到有案必立、有诉必理，畅通诉讼渠道，依法保障当事人的诉权。运用移动互联网思维，进一步完善网上立案、网上咨询、电子送达，推进在线审判信息平台建设，促进技术类知识产权案件的诉讼便捷和审判效率提升，打造阳光司法、智能法院。

八、坚持专业保障原则。 根据知识产权审判的不同特点，探索并完善专利案件、计算机软件案件、垄断案件、商标及不正当竞争案件、技术合同案件等专项合议庭建设，提高保护科技创新的专业化水平；主动适应自贸试验区扩容升级新形势，顺应涉自贸试验区知识产权案件发展态势，成立涉自贸试验区知识产权案件专项合议庭，加强涉自贸区科技创新知识产权司法保护的组织保障。建立与张江国家自主创新示范区的合作机制与服务平台，积极回应科技创新集聚区的知识产权需求，探索知识产权巡回法庭、园区法官机制，促进知识产权纠纷在园区的就近、就地预防和解决。

九、构建"四位一体"技术事实调查认定体系，准确查明专业技术事实。建立由技术鉴定、技术调查、技术咨询、专家陪审等组成的有机协调的四位一体技术事实调查认定体系。明确技术鉴定人员、技术调查官、技术咨询专家、专家陪审员等参与技术事实查明的专业匹配、角色定位和方式路径，增强技术事实认定的客观、准确和高效。

十、完善科技领域知识产权纠纷多元解决机制，有效化解矛盾。结合科技创新的特点和实际，积极引导当事人选择委托调解、专家调解、行业调解、仲裁等方式解决科技领域的各类知识产权纠纷，进一步完善和解、调解等非诉解决纠纷机制与诉讼的有机衔接。从有利于科技成果转化和利用出发，努力促成当事人和解，促进知识产权转让和许可使用。探索知识产权诉调对接机制，经双方当事人同意，在立案前或者立案后将案件委托给相关行业协会、调解组织进行调解或者邀请符合条件的专业人员参与调解。积极探索建立对仲裁协议效力、申请撤销仲裁和不予执行仲裁裁决的司法审查机制。

十一、精心审理专利权纠纷案件，加大创新创造成果保护力度。结合原始创新、集成创新和引进消化吸收再创新的实际和产业政策，合理界定专利权的保护范围，对于创新程度高、研发投入大、对经济增长具有突破和带动作用的首创发明，通过科学解释权利要求、合理分配举证责任、加大损害赔偿力度等给予更高的保护强度和更宽的保护范围。正确适用专利侵权判定的原则和方法，依法加大对科技创新领域专利权的保护力度。兼顾公平和效率，妥善处理专利侵权与专利无效的关系，被告在答辩期内对原告专利提出宣告无效请求的，应综合考虑涉案专利权的稳定性以及案件具体情况，决定是否中止审理，有效提高专利侵权案件审判效率。

十二、注重对科技类作品的著作权保护，提升创新文化软实力。准确把握科技创新环境下著作权司法裁判标准，依法严厉惩治对科技类作品的盗版、抄袭行为。积极应对互联网新技术对著作权保护的挑战，有效平衡著作权人、网络服务提供者和社会公众各方利益。加大对计算机软件、数据库、动漫、信息网络、文化创意等新兴文化产业和高新科技领域的著作权保护力度，促进相关产业的健康发展。

十三、加强科技领域商标权司法保护，推动科技创新的品牌战略。依法审理科技领域商标纠纷案件，强化创新主体的商标意识，促进自主品牌的使用，增强创新主体的市场竞争力。正确把握商标权的专有权属性，合理界定权利边界，促进自主品牌的培育。充分重视商标权的市场价值，依法加强驰名商标和知名品牌的保护，制止"恶意抢注"和"傍名牌"等商标侵权行为，支持和引导创新主体实施品牌战略。

十四、强化技术秘密司法保护，维护合法正当的创新秩序。严厉制裁窃取和非法披露、使用他人技术秘密行为，保护创新主体合法的技术秘密权益。健全商业秘密案件审理机制，防止滥用诉讼程序恶意获取他人技术秘密。合理分配举证责任，妥善处理保护技术秘密与自由择业、竞业禁止与人才合理流动的关系，维护企业与科技人才的合法权益。

十五、依法制止科技领域的不正当竞争和垄断行为，营造良好的创新创业环境。以诚实信用原则和公认的商业道德为基本准则，有效遏制科技领域阻碍创新的不正当竞争行为，规范市场竞争秩序，促进建立统一开放、竞争有序的现代市场体系。积极稳妥审理科技领域垄断纠纷案件，坚决遏制垄断行为，打破行业壁垒和部门分割，维护公平竞争，为创新主体创造自由宽松的创业和发展环境。

十六、妥善处理科技领域知识产权合同纠纷，促进科技成果的开发和转化。尊重当事人的意思自治，准确认定知识产权合同的效力与责任，注重保护守约方合法权益，制裁违约行为，促进科技成果开发和转化。依法审理技术成果权属、奖励和报酬纠纷，准确界定职务成果与非职务成果的界限，依法维护企业、高校和科研院所等创新主体与发明人事先约定的科技成果分配方式和数额，既积极鼓励创新主体加大研发投入，又依法保障发明人获得合理奖励和报酬，激发人才创新创造活力。

十七、积极发挥行为保全措施的功能作用，避免造成权利人难以弥补的损失。注重发挥行为保全的制度效能，提高知识产权司法救济的及时性、便利性和有效性。按照新修订的《民事诉讼法》及相关司法解释的规定，依法适用行为保全措施。对于经初步审查可能涉嫌侵权的，先行发布行为保全禁令，避免难以弥补损害后果的发生或扩大。强化对行为保全正当性和必要性的审查，准确把握行为保全措施适用的条件和程序，防止申请人滥用行为保全。

十八、加大科技领域知识产权损害赔偿力度，充分实现知识产权市场价值。确定侵权损害赔偿数额应当充分反映知识产权的市场价值。综合运用证据披露、举证妨碍、证明标准等证据规则，加大释明力度，强化当事人举证，推动并引导当事人在提交证据、质证以及庭审中最大限度呈现知识产权的市场价值，切实解决举证难和事实认定难的问题。对恶意侵害知识产权，情节严重的，正确适用惩罚性赔偿，加大对侵权行为的打击力度和威慑力。加大对诉讼失信行为的惩戒力度，对抗拒证据保全、故意逾期举证、毁损证据、隐匿证据、提交虚假证据、进行虚假陈述的当事人，依法加以制裁，营造诚实守信的诉讼环境。

十九、切实发挥科技领域知识产权行政案件的司法审查职能，推动政府职能转变和知识产权行政执法的规范化。充分发挥对知识产权行政行为的司法审查和监督职能，加强涉知识产权行政案件规范性文件的司法审查，推动制约创新的政府规范性文件的及时清理、修订和废止。加强行政不作为案件的受理和审查，促进行政机关依法积极作为。推进行政机关负责人出庭应诉制度，发挥行政领导在依法行政、行政协调中的积极作用。通过上海市知识产权联席会议平台，及时通报科技领域知识产权行政案件相关情况，促进行政执法的规范化。

二十、健全科技领域知识产权案件执行机制，创新执行方法，确保当事人合法权益得到及时有效实现。对于和解、调解的案件，应促成当事人即时履行。依托执行工作网络，不断完善委托执行等措施，保证知识产权案件的切实执行。完善执行裁决权和实施权分离机制，实现执行公正和执行效率的统一。探索适合知识产权案件特点的执行机制，加强执行与审判的联动，提高行为保全裁定的执行效率和准确性，完善消除影响、赔礼道歉等民事责任的执行方式，充分实现当事人的胜诉权益。利用知识产权信用管理制度和上海市公共信用信息服务平台，强化对不履行、逃避履行知识产权生效判决、裁定等失信行为的惩戒。

二十一、加强知识产权司法保护宣传工作，营造更加有力的知识产权保护环境。加强具有社会影响力的典型案例宣传，适时发布科技创新知识产权司法保护白皮书，探索建立与兄弟法院联合发布机制，促进区域协同创新。利用微博、微信和移动客户端（APP）等新媒体，拓展知识产权司法保护宣传面，提升知识产权司法保护的影响力。邀请人大代表、政协委员、特邀监督员、特邀咨询员、行业协会和科技企业代表、外国政府和国际组织驻华机构代表等参加新闻发布会、案件庭审观摩、公众开放日等活动。继续推进庭审直播、文书上网工作，增强知识产权审判的公开性和透明度。

二十二、积极延伸司法职能，促进科技创新法律体系完善和管理水平提升。密切关注科技创新中心建设带来的新情况、新问题，及时总结科技创新领域成熟可行的司法经验，向立法机关和国家有关部门提出立法建议，推动保护创新的法律体系不断完善。高度重视审判工作中发现的影响和制约科技创新的普遍性、苗头性问题，加强对关键技术领域科技创新可能产生重大影响的诉讼态势分析，有针对性地发出司法建议和工作预警，积极为政府决策、企业发展和科技创新以及企业"走出去"建言献策。开展资深法官进园区活动，不定期组织资深法官到科技创新园区、行业协会开展讲座和培训，提高创新主体特别是中小微企业的知识产权创造、运用、管理和保护水平。

二十三、注重全球视野和世界眼光，增强服务保障上海科技创新中心建设的国际影响力。适应创新主体、创新要素、创新人才全球流动、涉国际贸易知识产权案件不断增多的实际和需要，妥善审理涉外定牌加工、平行进口、货物转运、人才流动等产生的侵害商标权、专利权、技术秘密以及标准必要专利、职务发明权属、奖励报酬等纠纷，根据知识产权独立性、地域性等基本原理，基于我国国情和案件特点，大胆探索，勇于裁判，努力做国际知识产权规则制定的参与者、引领者和主导者。依托"中国法院知识产权司法保护国际交流（上海）基地"，进一步畅通对外合作交流渠道，学习借鉴域外先进的知识产权保护经验，传递上海知识产权司法保护动态，增强服务保障上海科技创新中心建设的国际影响力。

二十四、建立与知识产权相关部门和组织的沟通协调机制，共同提高知识产权保护水平。充分利用上海市知识产权联席会议平台，与知识产权行政主管部门建立有效的信息沟通机制，整合资源，形成合力。建立与知识产权综合行政执法相适应、相配套、相衔接的审判工作机制，促进行政执法与司法审判的有效对接，形成综合性知识产权保护体系。加强与知识产权中介机构、服务组织、行业协会等的沟通，及时掌握科技创新领域的新动态、新问题，积极回应创新主体对司法保护的新需求、新期待。

二十五、建设高素质的专业化知识产权审判队伍，确保司法公正。以推进正规化、专业化、职业化建设为方向，努力建设一支政治坚定、能力过硬、作风优良、公正廉洁的高素质知识产权法官队伍。着力提升知识产权法官维护公平正义能力，坚守法治，秉公执法，从实体、程序和实效上充分体现司法为民公正司法的要求，努力让人民群众在每一个司法案件中都感受到公平正义。着力提升知识产权法官的业务能力，加强技术类知识产权法律适用的培训与研讨，不断适应科技领域知识产权司法保护的新需求，努力培养一支既懂法律又懂技术的专家型、复合型法官队伍。着力提升知识产权法官新媒体时代的沟通能力，善于利用微博、微信等新媒体，积极传播知识产权司法保护的好声音和正能量。

二十六、强化组织领导，确保各项服务保障举措落实落地发挥实效。把服务保障上海加快建设具有全球影响力的科技创新中心大局，作为当前和今后一个时期上海知识产权法院的核心任务和重要职责，明确责任，分解任务，精心组织，认真实施，确保各项服务保障举措落实落地，发挥实效。坚持问题导向和需求导向，跟踪服务保障科技创新中心建设中出现的新情况、新问题，认真开展调查研究，及时推动解决。适时评估各项服务保障举措的推进情况和实际效果，作为各责任部门工作业绩考核评估的重要内容，不断提高上海知识产权法院服务科技创新中心建设大局的能力和水平。

知识产权法院司法公信力评估与建设问题研究

——以上海知识产权法院的探索和实践为视角

上海知识产权法院课题组[*]

【摘　要】司法公信力是司法赢得社会公众信任和信赖的能力，这种能力直接取决于司法在拘束力、判断力、自制力和排除力方面的信任和信赖。司法公信力作为司法机关依法行使司法权的客观表现，体现的是人民群众对裁判过程和裁判结果的充分信赖、尊重和认同的程度。司法公信力已经成为衡量法院乃至国家法治水平的重要尺度，也是判断司法体制改革成效的根本尺度。当前大部分司法公信力的研究着重司法公信力的理论性探索，本研究则是在兼顾理论研究的同时，侧重于在法社会学和统计学基础之上的司法公信力现状评估方法和评估工具的研究。开展这方面研究的意义在于，能够较为客观地刻画出司法机关在某一时期的司法公信力状况，并对司法公信力状况的量化统计进行比较、分析、认识，进而系统性、有针对性地开展评估后的法院建设工作。本研究以上海知识产权法院司法公信力评估和建设的探索和实践为视角，分析知识产权法院司法公信力评估和建设的动因、评估的路径及合理性，并以第三方评估促进知识产权法院司法公信力建设，旨在通过解剖上海知识产权法院司法公信力评估和建设全过程，探索一套第三方评估的科学方法，科学测定司法机关和社会各界对知识产权法院的

---

* 课题组成员：黎淑兰（课题主持人，上海知识产权法院副院长）、单晓光（同济大学法学院院长，教授）、刘军华（时任上海知识产权法院知识产权审判第一庭庭长）、陈惠珍（上海知识产权法院知识产权审判第二庭庭长）、吴登楼（上海知识产权法院技术调查室副主任）。

司法公信力感知度，系统研究司法公信力评估体系的建立以及指标生成机制，进而为当前知识产权法院的司法公信力评估、建设及相关理论研究提供有益的借鉴。

【关键词】 知识产权　法院　司法公信力　评估　建设

党的十八届四中全会作出的《中共中央关于全面推进依法治国若干重大问题的决定》对法院"提高司法公信力"提出明确要求。习近平总书记在讲话中强调，要以提高司法公信力为根本尺度，坚定不移深化司法体制改革。司法公信力是司法赢得社会公众信任和信赖的能力，这种能力直接取决于司法在拘束力、判断力、自制力和排除力方面的信任和信赖。司法公信力作为司法机关依法行使司法权的客观表现，体现的是人民群众对裁判过程和裁判结果的充分信赖、尊重和认同的程度。司法公信力已经成为衡量法院乃至国家法治水平的重要尺度，也是判断司法体制改革成效的根本尺度。司法公信力评估是判断司法公信力的重要手段，探索司法公信力评估的方法、途径也是司法公信力体系的重要组成部分。当然，司法公信力评估是手段，做好司法公信力评估后的建设工作才是我们的初衷和目的，手段和目的不能混淆。通过评估工作，发现工作当中的强项和弱项。强项要继续保持，重点是发现薄弱环节，关键是重视并解决我们工作中的薄弱环节。因此，开展知识产权法院司法公信力评估和建设具有非常重要的现实意义。

一、知识产权法院司法公信力评估与建设的动因

（一）知识产权法院司法公信力评估和建设的必要性

当前正值我国司法改革关键时期，对于司法制度而言，评估司法运行的公信力水平极为重要。如果司法公信力不高，司法裁判就很难得到普遍的尊重与服从。倘若一国的司法制度无法获得公众信任并构建其自身的合法性，它将难以有效运行，无法实现司法公正。❶ 知识产权法院的司法公信力是我国司法公信力的重要组成部分。开展知识产权法院司法公信力的评估和建设，是对知识产权法院工作的检验和推进。

1. 法院司法公信力的现状与人民群众要求之间的差距，决定了知识产权法院有必要开展司法公信力评估和建设。应当说，人民法院按照习近平总书记"努力让人民群众在每一个司法案件中感受到公平正义"的要求，客观、公正地化解大量纠纷，取得良好的社会和政治效果。但是，在个别法院内部还存在办案不

---

❶ 胡铭. 司法公信力需要与民意的良性互动 [N]. 民主与法制时报，2016 - 01 - 07 (5).

公、"脸难看、门难进""法律白条"等实际状况，严重影响了法院的公信力。司法现状与人民群众期望法院提供公正、高效服务的要求还存在差距，许多群众对司法公信力的提高还存在期待。知识产权法院虽然是司法改革新设立的法院，但仍是人民法院的一部分，知识产权法院司法公信力状况直接影响整个法院的司法权威。

2. 法院内部对法院工作的感受与社会公众对法院工作的认知之间的差距，决定了知识产权法院有必要开展司法公信力评估和建设。近十年来，人民法院在人员保持基本稳定的情况下收结案数量大幅上升，法院当前案多人少矛盾还非常突出，以上海法院 2015 年知识产权案件收结为例，同比分别上升 31.11%、22.52%。人民法院在审判效率、审判公开、执行力度以及多元化纠纷解决体系等方面做了大量工作，也取得了良好的效果。但是在调研中发现，社会公众对知识产权案件判赔力度、审理期限以及自由裁量权的约束等方面还有诸多的抱怨，有人说"赢了官司输了钱"，也有人说"赢了官司输了市场"等。法院内部人员对司法的认知和人民群众对司法的感知具有不对称性。通过司法公信力评估，能够及时发现法院工作人员对审判工作的体验与社会公众对法院工作认知的差距。应当说，法院主动为人民群众提供优质、高效的司法服务的空间还很大。法院与社会公众之间需要建立完全的信任与互动，增强并逐渐形成值得信赖的系统。

3. 检验知识产权法院发挥主观能动性的效果，决定了知识产权法院有必要开展司法公信力评估和建设。规范司法行为是提高司法公信力的重要途径。在当前开放、透明、信息化的司法环境下，知识产权法院在司法公开、技术事实的查明、多元化纠纷的解决以及法治宣传等方面充分发挥主观能动性，多举措、全方位提供司法服务。但是，法院工作在公众和媒体的关注、监督之下，操作是否文明规范、效果是否达到预期、人民群众是否认同，这些问题往往缺乏有效的沟通和评价途径。知识产权法院若能主动接受第三方评估，客观、公正、中立地对法院各项工作进行评估，就能及时肯定工作的成功之处，同时也能及时发现工作中的不足，更好地规范司法行为，真正满足人民群众的新要求、新期待，赢得人民群众的信任和支持。

上海知识产权法院作为全国首批设立的知识产权法院，在 2015 年 6 月引进第三方评估机构，由同济大学法学院联合同济大学经济与管理学院，借鉴国内有关司法公信力评估的做法和美国联邦巡回上诉法院、欧盟统一专利法院等域外知识产权法院在司法公信力评估和建设方面的经验，结合知识产权司法的特点，制定科学、合理、客观、公正的司法公信力评估指标，对上海知识产权法院的司法公信力状况进行综合分析和评估，为上海知识产权法院有效提升司法公信力提供科学、可行的建议。这在全国三家知识产权法院中尚属首例。

（二）知识产权法院司法公信力评估和建设的特性分析

1. 知识产权法院的设立背景

2014 年 11 月 6 日、12 月 16 日、12 月 28 日，北京、广州、上海知识产权法院相继成立，标志着知识产权司法改革序幕的展开。为什么要设立知识产权法院，主要原因有三个方面。

一是国家创新驱动发展战略的客观要求。当前，我国进入实施创新驱动发展战略、建设创新型国家和社会主义法治国家的关键时期。创新发展离不开知识产权制度的保驾护航。通过知识产权制度创新，激发创新活力，促进成果转化，更加有力地维护市场公平。因此，设立知识产权法院不只是一项司法体制改革任务，还是从实施知识产权国家战略、加强知识产权运用和保护、健全科技创新激励机制的高度进行谋篇布局，是建设创新型国家的重要战略举措，必将进一步激发社会创新动力、创造潜力和创业活力，为国家建设提供强大推动力。❶

二是发挥知识产权司法保护主导作用和加强执法统一的需要。通过技术类案件和跨区域管辖知识产权案件，有利于统一知识产权案件的执法标准，更好发挥知识产权司法在知识产权保护中的主导作用。知识产权法院可以有效消除各种法外因素对案件判决的不当影响，避免出现"同案不同判"，最大限度统一知识产权案件的执法标准❷，从而更加有效地保障当事人的知识产权合法权益，提高司法救济的及时性、便利性和有效性。

三是顺应国际知识产权保护的发展潮流。美国、德国、英国、泰国、韩国、印度、土耳其、日本、新加坡、马来西亚、我国台湾地区等十余个国家或地区设立了知识产权专门法院，统一审理知识产权案件，取得了积极效果。2013 年年初，俄罗斯、芬兰也相继设立了知识产权法院，欧盟在酝酿多年后最终决定设立欧盟统一专利法院，巴基斯坦也已通过立法形式决定成立独立的知识产权法院。尚未设立独立知识产权法院的国家或地区也将知识产权案件集中到有限的法院进行审理。我国设立知识产权法院有利于促进国际社会对我国知识产权保护的认同感，有利于在国际上展示我国知识产权保护成果。

2. 知识产权法院特性分析

知识产权法院与一般综合性法院虽有共同之处，但更多地体现了其个性特

---

❶ 吴偕林. 为什么要建立知识产权法院？［J］. 求是，2015（11）：44.

❷ 汪错. 对我设立知识产权法院的若干思考［J］. 法制与社会，2015（28）.

征。知识产权法院司法公信力评估与建设只有围绕其个性特征展开，才能取得预想的效果。知识产权法院的特性主要表现在以下四个方面。

一是专业性较强。知识产权法院主要集中审理技术类案件。根据《全国人民代表大会常务委员会关于在北京、上海、广州设立知识产权法院的决定》《最高人民法院关于北京、上海、广州知识产权法院案件管辖的规定》的规定，知识产权法院主要集中审理包括专利、植物新品种、集成电路布图设计、技术秘密、计算机软件等技术类案件，这类案件技术事实和法律适用问题相交织，审理难度较大。

二是国际化程度高。知识产权法院所受理的涉外和涉港澳台案件比例较高，约占全部案件的15%，其中不少涉及知名企业、国际品牌、高端技术等，因此，严格按照中国的知识产权法律，遵循国民待遇，平等保护中外权利人的合法权益，是知识产权法院的审判职责所在。此外，知识产权法院设立后引起国际上高度关注，尤其是世界知识产权组织、知识产权行业协会、各国司法同行等希望与知识产权法院加强国际交流与合作。了解和借鉴国外知识产权司法保护先进制度和经验，展示我国知识产权优秀的司法保护成果，都需要通过加强国际交流合作来推动和实现。

三是知识产权法官素质要求高。根据最高人民法院制定的《知识产权法院法官选任工作指导意见（试行）》的规定，知识产权法院面向所在省（直辖市）进行公开遴选，且设定了相对较高的遴选条件，确保知识产权法官的素质和能力能够适应新格局下的审判要求。担任知识产权法院的法官，除需要符合《中华人民共和国法官法》规定的资格条件外，还需要具备以下条件：具有四级高级法官任职资格，具有6年以上相关审判工作经验，具有普通高等院校法律本科或者以上学历，具有较强的组织庭审和撰写裁判文书能力。

四是先行先试任务重。知识产权法院正式挂牌运行以来，按照中央的要求和部署，在机构设置、人员分类管理、审判权运行机制以及司法责任制等方面率先落实改革要求，切实担负起先行先试的改革重任，探索符合知识产权案件审判规律的专门化审理程序和审理规则，落实技术调查官制度，不断回应社会对知识产权保护的新需求。

3. 上海知识产权法院运行情况

上海知识产权法院作为全国首批设立的知识产权法院之一，自成立起，就着力提升知识产权审判工作的专业化、国际化、权威性和影响力，积极为法治中国、创新型国家建设作出新的贡献。

上海知识产权法院在办公模式上有别于北京、广州知识产权法院。北京、广州知识产权法院单独建制，上海知识产权法院与上海市第三中级人民法院合署办公，即审判工作独立，但在行政管理、政治工作、党务人事、纪检监察、执行工作、法警事务和后勤保障等方面与上海市第三中级人民法院合署。

上海知识产权法院虽然成立不久，但在队伍建设上实行分类管理和法官员额制，体现专业化、职业化、高素质的要求。目前共有人员 39 名。首批 10 名法官按照最高人民法院《知识产权法官选任工作指导意见（试行）》的规定在全市法院公开遴选而产生，平均年龄 42.3 岁，从事知识产权审判工作平均年限 8.4 年；均为本科以上学历，其中，硕士以上学历占 95% 以上。

建院以来，上海知识产权法院坚持依法履行审判职责，截至 2016 年 9 月 30日，共受理各类知识产权案件 3255 件，审结各类案件 2462 件，审限内结案率96.22%，平均审理天数 99.63 天，保持了较好的审判质效。强化严格保护和有效保护，依法积极运用诉前、诉中保全制度，不断加大知识产权损害赔偿制度，严厉惩治知识产权恶意侵权行为，积极营造良好的创新环境。

由于我国对知识产权法院进行司法公信力评估尚属首例，没有现成的经验可以借鉴，因此，如何结合上海知识产权法院的特点进行有针对性的评估，通过科学的途径和方法，找到影响司法公信力的主客观因素，是一项科学性很强的工作。

二、知识产权法院司法公信力评估路径及合理性论证

（一）评估体系的构建

1. 评估目标的设定

评估目标的设定要遵循合法性、合理性、可操作性的原则。按照知识产权法院运行的特点为基础，以"努力让人民群众在每一个司法案件中感受到公平正义"为评价目标，结合上海知识产权法院的发展定位——专业化、国际化、权威性、影响力，通过以运用德尔菲（Delphi）法为主，专家论证、文献综合为辅的评估模式，由专家设计了四类 25 项具有知识产权专业特色的司法公信力评估指标体系。利用上述指标的评估客观、准确地评价上海知识产权法院的司法公信力。

2. 评估方法的确定

德尔菲法是为了达到对某事物或者研究课题的认识，利用专家的知识、经验、智能等无法量化的信息，采取匿名的方式广泛征求专家的意见，剔除专家共同否定的问题，增加多数专家提出的建议项目，向专家反馈资讯结果并且进行再次征求专家意见，经过多次反复，最后得到相对稳定一致的专家咨询结果。❶ 德尔菲法是专家会议预测法的一种发展。它使专家系统、匿名、有充分时间地利用自己的知识水平去处理复杂的问题❷。与其他研究法相比，德尔菲法有更加优越的准确度，尤其是克服了传统方法"跟随领导意见"的偏倚，使每位专家独立思考，通过多轮匿名交流和修订，最终得出的结论更客观。

以德尔菲法的发起人 Dalkey 和 Helmer 为代表，在研究实践过程中形成了广为流传的经典德尔菲法原理。该原理主要包括：建立项目评估（预测）领导小组、选择专家、轮回征询、统计分析四个步骤。具体如下：

（1）建立项目评估（预测）领导小组：拟定项目评估（预测）主题，按评价内容的层次、评价指标的定义、必需的填表说明，编制包含各项评估（预测）事件的专家咨询表，建立项目领导小组。

（2）选择专家：选择专家是德尔菲法成败的关键。❸ 德尔菲法拟选的专家一般是指在该领域从事 8~10 年以上技术工作的专业人员。选择人数范围一般为 15~50 位为宜。

（3）轮回征询：经典的德尔菲法一般分为 2~4 轮。现在，一般通过事先准备一个主题事件表和提供背景资料等方法将轮回次数控制在 2~3 次。

（4）统计分析：专家的积极系数、专家意见的集中程度、专家意见的协调程度和专家的权威程度❹。

3. 指标筛选的过程

首先，评估小组选取了专家。这些专家是在相关领域从事一定年限以上实务或者研究工作的专业人员，他们精通相关学科、有一定名望或者经验。具体对象为：具有副高职以上业务职称的国内外专家学者 10 位；具有涉及知识产权相关工作经验的企事业高级法务人员 10 位；知识产权法官以及具有丰富审判经验的法官各 10 位；参与过知识产权相关诉讼的知名律师 10 位。

---

❶ WHO Resource Book on Mental Health，Human Rights and Legislation ［M］. Geneva：World Health Organization Press，2006.

❷ PHILIPS MR，ZHANG J，SHI Q，et al. Prevalence，Treatment，and Associated Disability of Mental Disorders in Four Provinces in China during 2001 – 05：An Epidemiological Survey ［J］. Lancet，2009，373 （9680）：2041 – 2053.

❸ MITCHELL V. M. The Delphi technique：an exposition and application ［J］. Technology Analysis & Strategic Management，2007，3 （4）：333 – 358.

❹ KRZYZANOWSKA MK. Identifying population – level indicators to measure the quality of cancer care for women ［J］. International Journal for Quality in Health Care，2011，23 （5）：554 – 564.

其次，评估小组在文献研究和专家会议的基础上设计了第一轮咨询问卷，在咨询问卷中首先向专家介绍了通过德尔菲法评测上海知识产权法院司法公信力的背景和要求，并根据司法诉讼程序，将司法公信力评估指标体系分为案件准入机制公信力、庭审公信力、判决公信力、法官公信力、法院公信力、执行公信力六部分，同时在此基础上构建了上海知识产权法院司法公信力指标体系的备选指标池。咨询问卷内容包括各位专家对司法公信力指标体系备选指标池中各指标的重要程度的判断、专家对指标的熟悉程度和判断依据以及专家的基本情况（如年龄、职务职称、专业及从事工作年限等内容）。此外，咨询问卷中设置了开放性问题，以便专家对评估项目和备选指标提出自己的意见和建议。

第二轮咨询问卷是在汇总第一轮咨询的分析结果及专家提出的意见与建议后形成的，评价内容与第一轮问卷一致。

指标筛选以同时满足重要性赋值均数 ≥4.00 或变异系数 <0.22 两项指标为标准，同时结合专家意见，进行指标筛选结果的确认。❶ 协调系数 W 反映了全部专家对所有指标的评价意见的一致性，取值范围在 0 ~ 1，W 越大，表明专家的意见越统一，协调程度越高。第一轮咨询所得到的协调系数 W 为 0.216（P < 0.5），专家意见协调性一般，且由于首次备选指标数量较多，也是影响此次协调系数较小的重要原因。第二轮咨询所得到的协调系数 W 为 0.326（P < 0.5），表明专家意见相比第一轮进一步趋向一致，对各指标的认识也进一步加深，评分更趋理性客观，达成问卷目的，筛选确定最终指标体系。

最后，根据德尔菲法对专家、法官的调查意见讨论后筛选出 10 项知识产权特色指标。将第二轮筛选得到的 17 项指标与 10 项知识产权特色指标合并，最终经筛选得到 25 项三级指标，其中包括 14 项知识产权特色指标，11 项非知识产权特色指标，并根据最终的重要程度得分计算各项指标的权重，详见表1。

表1　德尔菲法最终指标筛选结果

序号	评价指标	均值	变异系数	权重	特色指标
1	知识产权刑事案件管辖问题	4.92	0.06	4.48%	是
2	跨行政区划管辖	4.96	0.04	4.51%	是
3	合议庭组成情况	4.72	0.1	4.29%	是

❶ HASSON F, KEENEY S, MCKENNA H. Research guidelines for the Delphi survey technique [J]. Journal of Advanced Nursing, 2000, 32 (4): 1008 – 1015.

续表

序号	评价指标	均值	变异系数	权重	特色指标
4	法官公开遴选制度	4.52	0.11	4.11%	是
5	审判工作平均年限	4.56	0.11	4.15%	是
6	法院系统内部专题培训	4.64	0.11	4.22%	是
7	涉外案件受理条件	3.92	0.10	3.57%	是
8	技术调查认定体系（包括技术调查官制度）	4.08	0.12	3.71%	是
9	法律适用征求专业意见	4.28	0.11	3.89%	是
10	知识产权特色人才培养（高校合作）	3.96	0.09	3.60%	是
11	典型案例线上通报（微博）	3.96	0.30	3.61%	是
12	定期召开新闻发布会	3.30	0.38	3.00%	是
13	主审法官联席会议制度	3.81	0.32	3.47%	是
14	法院与国际组织交流情况	3.52	0.34	3.20%	是
15	判决文书上网	4.4	0.11	4.00%	否
16	逻辑严密、说理有据、表达充分	4.56	0.11	4.15%	否
17	裁判的终局性	4.8	0.09	4.37%	否
18	法官审判工作平均年限	4.56	0.11	4.15%	否
19	法官业务培训情况	4.56	0.11	4.15%	否
20	法官继续深造情况	4.56	0.11	4.15%	否
21	法官工作态度和自我认可	4.68	0.1	4.26%	否
22	法官职业行为规范	4.6	0.11	4.19%	否
23	法院审判独立	4.84	0.08	4.40%	否
24	法院公开信息化平台（微博、微信、官方网页）	4.8	0.09	4.37%	否
25	执行信息公开情况	4.4	0.5	4.00%	否

4. 评价指标的产生

依据设定的评价目标，评估小组结合运用德尔菲法最终筛选确定的指标，从四个方面设计了指标体系，即上海知识产权法院专业化方面、上海知识产权法院国际化方面、上海知识产权法院权威性方面、上海知识产权法院影响力方面。其中，关于上海知识产权法院专业化方面的具体评价指标共有11项；关于上海知识产权法院国际化方面的具体评价指标共有 4 项；关于上海知识产权法院权威性方面的具体评价指标共有 5 项；关于上海知识产权法院影响力方面的具体评价指标共有 5 项。评价指标的具体情况如表 2 所示。

表 2　上海知识产权法院司法公信力评估指标

评价目标	评价指标
专业化	技术调查认定体系（包括技术调查官制度）
	诉讼程序及庭审的规范性
	复杂重大案件法官获得公众意见渠道
	逻辑严密、说理有据、表达充分
	法官敬业精神及职业行为规范
	知识产权案件审判工作平均年限
	专业化的知识产权法官培养体系
	专业化的知识产权案件审判制度
	专业化的组织和业务分工
	法官公开遴选制度
	立案改革
国际化	涉外案件受理情况
	与国际组织交流情况
	参与国际学术会议及论坛
	上海知识产权法院作为诉讼首选地
权威性	司法为民
	司法公正
	法院审判独立
	合议庭组成情况
	对裁判的认可和履行
影响力	文书上网
	典型案例线上通报（微博）
	公开信息化平台（微博、微信、官方网页建设）
	定期召开法院工作新闻发布会
	学术影响力（判决书被引用的次数）

（二）评价指标数据的收集和评分

1. 评价指标数据的收集

评估小组在评价指标确定后，设计了调查问卷并予以发放、回收。调查问卷总共分为两大部分：第一部分为影响知识产权法院司法公信力的指标调查，从四个维度使用李克特四级量表进行测量，4 分代表十分认同，1 分代表不认同；第二个部分为人口统计学特征信息调查，包括受访人的性别、年龄、学历、职业、年收入、专业背景等问题。

评估小组于 2016 年 1~3 月正式开展问卷调查。基于知识产权法院的特性，辅之专家、学者的访谈意见，问卷调查对象涵盖了 2015 年度上海知识产权法院受理且已结案案件的诉讼双方当事人、代理人、律师；知识产权法院特聘法律专家、科学技术专家、特邀监督员；知识产权专家学者、研究员以及知识产权专业研究生。

共发放 1086 份问卷，收回 804 份有效问卷，反馈率为 74.03%，其中，回收 481 份诉讼当事人问卷，占总有效问卷数的 59.83%。

2. 评估指标数据的评分

根据调查问卷收集的数据，通过统计分析所有 804 位评价主体填写全部评价题目，上海知识产权法院公信力的总体评价分数为 3.56 分，换算成百分制分数（百分制分数取整数）为 89.05 分，具体计算过程如下：（3.562/4）×100% = 89.05 分。评价主体对上海知识产权法院司法公信力评价分数分类统计如表 3 所示。

表 3　上海知识产权法院司法公信力评价分数分类统计

评价目标	评价指标	指标平均分数	指标百分制得分
	技术调查认定体系（包括技术调查官制度）	3.21	80.25
	诉讼程序及庭审的规范性	3.9	97.5
	复杂重大案件法官获得公众意见渠道	3.02	75.5
	逻辑严密、说理有据、表达充分	3.88	97
	法官敬业精神及职业行为规范	3.85	96.25
专业化	知识产权案件审判工作平均年限	3.92	98
	专业化的知识产权法官培养体系	3.52	87.5
	专业化的知识产权案件审判制度	3.52	88
	专业化的组织和业务分工	3.89	97.25
	法官公开遴选制度	3.87	96.75
	立案改革	3.89	97.25

评价目标	评价指标	指标平均分数	指标百分制得分
国际化	涉外案件受理情况	3.81	95.25
	与国际组织交流情况	3.92	98
	参与国际学术会议及论坛	3.88	97
	上海知识产权法院作为诉讼首选地	2.67	66.75
权威性	司法为民	3.81	95.25
	司法公正	3.78	94.5
	法院审判独立	3.62	90.5
	合议庭组成情况	3.53	88.25
	对裁判的认可和履行	3.21	80.25
影响力	文书上网	3.21	80.25
	典型案例线上通报（微博）	3.91	97.75
	公开信息化平台（微博、微信、官方网页建设）	3.56	89
	定期召开法院工作新闻发布会	3.02	75.5
	学术影响力（判决书被引用的次数）	3.67	91.75

另经统计，调查问卷所反映的所有 804 位评价主体对于上海知识产权法院的不同评价目标的具体评价分数分类统计如表 4 所示。其中针对不同评价主体的不同知识产权专业背景，1 代表相关企业背景（医药、通信、材料等）群体；2 代表相关法律背景（法官、检察官、律师、法务）群体；3 代表知识产权专家（学者、知识产权行业从业人员）群体；4 代表知识产权研习人员（法律志愿者、在职和全日制研究生）群体；5 代表非知识产权专业人士。

表 4　不同评价主体的具体评价分数分类统计

评价目标	不同背景评价主体				
	1	2	3	4	5
专业化	91	93	92	93	91
国际化	88	89	87	90	92
权威性	90	91	90	93	86
影响力	86	89	88	87	85

三、以第三方评估促进上海知识产权法院司法公信力建设

（一）评估结果的分析

总体来说，虽然在不同的评价目标和具体的评价指标上有一定的差异，但评价主体对于上海知识产权法院司法公信力的总体满意度评价较高，达到89.05分，对上海知识产权法院成立至今在司法公信力建设方面取得的成果给予了充分的肯定。

首先，就评价问卷的满意度评价分数的综合分析来看，在"专业化、国际化、权威性、影响力"四类评价目标中，"专业化"的评价指标满意度评价得分最高，其次为"权威性"和"国际化"方面，而"影响力"方面满意度评价得分相对比较低。尽管从不同评价主体的角度分类别进行统计稍有差异，但基本与此一致。就评价问卷中所反映的评价目标与评价指标的基本情况再进行深入分析。

1. "专业性"方面设置11项二级评价指标，主要涉及知识产权审判工作机制以及法官围绕案件与诉讼当事人、代理人、律师等互动中有关公正性的行为要素。这些要素是整个司法运行的核心要素，是司法系统公正性在法官个体身上的体现。具体来看，这11项评价指标中满意度评价得分最低的是"复杂重大案件法官获得公众意见渠道"。评估小组认为，尽管该问题有部分当事人主观方面的原因，但更主要的原因应当是法院没有开辟足够的渠道来倾听当事人和社会的声音，导致无法让人民群众感受到司法就在身边。在这种情况下，会严重影响民众对司法公正的认可，因此，必须予以高度重视。另外两个评价较低的二级指标是"技术调查认定体系（包括技术调查官制度）""专业化的知识产权法官培养体系"。这两项指标共同反映了上海知识产权法院的特色制度和法官培养体制还需要进一步加强和宣传。

2. "国际化"方面设置4项二级评价指标，主要涉及上海知识产权法院的国际化发展和对于涉外案件的处理情况。其中"上海知识产权法院作为诉讼首选地"的满意度评价较低。评估小组认为，上海知识产权法院应当进一步考虑和探索如何成为全世界范围内最好的国际化知识产权法院。虽然上海知识产权法院在中国首批成立的3家知识产权法院中，依托上海这座国际化大都市，已经在这方面走在了前列，但是，还可以做得更好，需要进一步加强建设。

3. "权威性"方面设置5项二级评价指标。其中，"对裁判的认可与执行"的满意度评价较低，评估小组认为主要还是因为社会上存在对司法不信任的声音。有些评价主体觉得，在当下司法环境下法官的判决效力不够，很多败诉方当

事人不执行判决也没有相应的惩治措施，久而久之，司法也就缺失了应有的作用和公信力。虽然此指标体现的问题不是上海知识产权法院单独存在的问题，但应当是一个值得上海知识产权法院以及司法界进一步探索解决的问题。

4. "影响力"方面设置 5 项二级评价指标。其中，"定期召开法院工作新闻发布会"和"文书上网"两个指标方面评价相对较低。评估小组认为，根据实际情况，上海知识产权法院在这两方面已经把有关工作做到位了，并且非常细致，也走在了其他兄弟法院的前列，但是，如何通过更为有效的方式让社会大众知晓、以何种渠道去宣传工作和法院特色依然需要不断实践。

其次，从不同评价主体的角度来看，知识产权研习人员（法律志愿者、在职和全日制研究生）群体和相关法律背景（法官、检察官、律师、法务）群体对上海知识产权法院公信力的评价最高，之后为知识产权专家（学者、知识产权行业从业人员）群体、相关企业背景（医药、通信、材料等）群体，和非知识产权专业人士群体给出的评价最低。评估小组对此情况分析如下。

1. 相关法律背景（法官、检察官、律师、法务）群体：作为职业法律工作者，一方面，他们受过专门的职业培训或教育，具有特殊的法律职业思维和能力；另一方面，他们作为诉讼代理人或诉讼律师，直接接触案件的审理过程。因此，他们主要结合专业背景和实务经验，较为真实、客观地指出了案件审理过程中法官的工作作风和职业道德方面的优势和不足，其评估分数较为中性，并具有一定的真实性和客观性。

2. 非知识产权专业人士群体：他们接近于都是诉讼当事人，一方面，由于直接接触案件的审理过程，也是案件结果的直接利害人，因而诉讼当事人给出的评价来自其真实体验，评估分数具有真实性。但另一方面，相对于专门法律工作者的职业法律意识而言，诉讼当事人更多的是凭借一种群众法律意识，即群众对于法律现象的最一般了解和最朴素的公平正义观念而作出评价。在群众法律意识中，法律心理如情感、情绪等因素占有很大成分，缺少专门的法律知识。因此，这也导致了诉讼当事人对法官的职业道德和工作作风的评估满意度相对较低。

3. 知识产权专家（学者、知识产权行业从业人员）群体和相关企业背景（医药、通信、材料等）群体：基于其特殊的角色定位和对上海知识产权法院工作开展的监督职能，他们给出了较高的评价。

4. 知识产权研习人员（法律志愿者、在职和全日制研究生）群体：上海知识产权法院和上海各大高校知识产权学院工作联系密切，经常开展学术研讨和实务讲座；受访者教育程度至少为硕士研究生，对知识产权领域问题也有一定的研究。因此，知识产权研习人员群体对上海知识产权法院司法公信力评价也有很高的参考度。

（二）评估结果的运用

通过此次评估，上海知识产权法院在司法公信力建设方面已取得较好的成绩，对此，应值得肯定。评估的最终目的是"以评促建"，上海知识产权法院期望通过第三方评估能够进一步促进法院的改革与建设，提高司法公信力。根据评价数据及其分析，上海知识产权法院在司法公信力建设方面应当加强以下四项工作。

1. 专业化：完善知识产权法官遴选与培训机制和技术事实调查认定机制

在11项具体评价指标中"知识产权案件审判工作平均年限""专业化的组织和业务分工"的满意度较高，这在一定程度上反映了社会各界对上海知识产权法院现有通过层层选拔的一批具有丰富知识产权审判工作经验的法官以及在案件分工上采取审判一庭和二庭科学分工的组织形式较为满意，对上海知识产权法院的整体专业能力相当认可。但"专业化的知识产权法官培养体系"和"技术调查认定体系"两个评价指标的满意度低于整体平均分。

知识产权法官是知识产权审判业务的最终承载主体，其素质的高低，决定了知识产权案件的审判质量和效率，最终会影响到法院司法公信力的建设。本研究认为，知识产权法官遴选和培训机制可以参考一定的外部经验。欧盟统一专利法院虽然尚未启动运行，但是其设在布达佩斯的法官培训中心已开始运营，遴选出了第一批法官并且开始培训，其中，技术法官的数量达到了184名，由此可见其对具有技术背景的法官的重视程度。在当前国情下，或许直接选拔大量具有技术背景的法官有一定的现实困难，但是在知识产权法官遴选环节中，应尽量选择既具有技术背景又受过法律训练的法官。同时，也要重视知识产权法官的培训工作，无论是否具有技术背景，知识产权法官需要不断"充电"，才能适应复杂的知识产权审判工作。知识产权法院可以采取多种方式，解决为法官"充电"的问题：一是借助法官培训中心，不定期邀请国内外知识产权审判业务专家、技术专家进行专题授课；二是与高校合作，邀请国内外专家就某一领域问题开展专题研讨；三是邀请技术咨询专家授课，不定期与法官进行技术知识交流和指导。

关于"技术调查认定体系"评价指标，就如何解决知识产权案件中涉及的复杂技术问题，上海知识产权法院已开创性地提出以技术调查、技术咨询、专家陪审、技术鉴定为一体的"四位一体"技术事实调查认定体系的概念，用全新的视角构建知识产权案件多元化技术事实查明机制。作为技术事实调查认定的新机制，"四位一体"技术事实调查认定体系如何相互协调四种不同方式之间的关系，建立符合中国国情的技术事实调查认定体系仍是上海知识产权法院今后需要研究完善与解决的重要课题。

2. 国际化：借助地缘优势，发挥辐射效应

国际化是上海知识产权法院设立以来奉行的重要理念之一。从评价结果来看，"与国际组织交流情况"获得了较高的满意度，这与上海知识产权法院成立以来与世界知识产权组织、各国驻华领事馆、各国司法同行、外资背景的律师事务所和企业等国际化跨国组织机构建立友好的交流互动密不可分。但是"上海知识产权法院作为诉讼首选地"的满意度评价还有进一步提升空间。上海知识产权法院在中国首批设立的三家知识产权法院中，依托上海这座国际化大都市，已经在国际化方面走在了前列。例如，对外宣传官方平台与公开资料以中英双语的形式发布；又如，接受国外知识产权法院邀请，指派法官参加国际知识产权会议并用英语进行主旨发言等。因此，上海知识产权法院除充分利用好地缘优势外还应当进一步思考和探索如何成为在全世界范围内最好的国际化知识产权法院之一。

上海知识产权法院要想实现成为亚洲乃至全球知识产权争端解决的首要选择地之一，不能仅仅依赖于上海作为国际化大都市的地缘优势，还要在业务水平、国际交流等方面下更大的功夫，才能吸引当事人选择来上海知识产权法院进行诉讼。当法院自身在各方面都做到了世界领先、行业标杆，自然而然会有更多世界范围内的当事人会选择上海作为诉讼首选地。无独有偶，即将运转的欧盟统一专利法院也面临着同样的问题，也在思考如何吸引更多的企业"用户"到欧盟法院进行诉讼。为了尽快让企业了解欧盟统一专利法院并获得其信任，欧盟统一专利法院还计划为公司内部法律顾问、专利代理人和专家提供培训机会。上述群体将是欧盟统一专利法院的主要使用者（参与者），它们了解并熟悉欧盟统一专利法院，对该法院的公信力提升大有裨益。同时，在欧盟统一专利法院诉讼规则、收费标准制定等重要问题上，欧盟统一专利法院筹备委员会一直保持开放态度，同社会各界人士交流沟通，得到了大量企业的认可。对于上海知识产权法院而言，在不断提升审判业务水平的同时，注重保持与企业、律师、专利代理人等群体的沟通，建立交流机制，才能得到更多当事人的认可，提升法院的公信力，一步步发展成为国际性知识产权纠纷解决首选地。

3. 权威性：保障司法公正与独立，增强裁判认可与执行

权威性反映了上海知识产权法院设立以来的总体社会威望，从评价结果来看，"司法为民""司法公正""法院审判独立"三个评价指标均获得了较高的满意度，这也证明了2015年度审结案件的诉讼当事人对法院裁判的充分信服。但也注意到"对裁判的认可和履行"的评价满意度低于整体平均分，此指标反映的问题在一定程度上体现了社会公众对司法机关判决后执行工作的普遍担忧。

因此，针对当事人面临败诉而拒不执行法院作出的生效判决，上海知识产权法院应当在不断探索新的对应策略和保障措施的同时，不断加强和诉讼双方当事人的沟通，促进判决的执行，提升法院的司法公信力。针对法官的一些判后工作无法满足当事人需求的问题，法院应当对当事人的关切进行有效回应，让司法实现"看得见的公正""能感受的高效""高度认同的权威"。

4. 影响力：促进审判公开透明，持续加大宣传力度

影响力的评价结果中"典型案例线上通报（微博）""公开信息化平台（微博、微信、官方网页建设）"两个评价指标获得了较高的满意度，表明上海知识产权法院在信息化时代积极探索采用新平台如微博、微信和官方网站等多平台在线信息分享，率先全面建成的高清科技法庭、律师远程阅卷等信息化建设成果获得了大家的普遍认可，尤其是典型案例在微博平台的线上通报获得了知识产权专家群体的一致好评。但"定期召开法院工作新闻发布会"和"文书上网"两个评价指标满意度得分低于整体平均分。如何通过更为有效的方式加强典型案例、特色工作等的宣传报道是目前突出的关键问题。

首先，要注重完善信息公开制度。除了要求法官在对待当事人时能够有更大的耐心，抽出更多的时间予以答疑之外，最根本的是完善法院系统的信息公开制度，案件信息及时更新，应当予以公开的信息及时更新，并借助互联网系统为当事人查询案件相关信息提供便利。

其次，要注意新措施的推广渠道和方式。随着"互联网＋"时代的到来，科技发展飞速，各种各样的新技术应运而生。法院要充分利用新技术、新措施为当事人和律师提供诉讼便利，公开诉讼信息，让社会公众从法院的科技进步中受益，从而提升司法公信力。主动听取社会各界的反馈意见，更好地完善对外宣传渠道，更高效地服务社会大众。

最后，要进一步完善第三方司法公信力评估机制。第三方司法公信力评估，是法院系统从内部封闭式评估向开放式评估的一次积极尝试，第三方站在客观的立场上独立、公正、系统地搜集了司法系统的外部信息。从本质来说，第三方司法公信力评估其实是为司法系统和社会系统之间的沟通搭建了一个平台。在这个开放平台上，各方评价主体能够各抒己见、吐露心声，从而为司法系统了解最真实的社会反馈意见提供了机会，尤其是掌握了很多以往未被意识到的问题，有利于司法改革的进一步深入推进。

四、结　语

司法公信力是衡量一个国家法治水平的重要指标，也是信任法律乃至信仰法

律的基础。尽管上海知识产权法院自建院以来一直开拓进取、勇于创新、扎实工作，第三方司法公信力评估也取得优良的评价，但是，"百尺竿头更进一步"，没有最好，只有更好。上海知识产权法院要以司法公信力评估为契机，重视和加强知识产权司法公信力建设，体现集中审理技术类案件的优势，增强创新思维、前瞻意识和全球视野，发挥知识产权专门法院的审判资源和制度优势，继续保持锐意改革、敢于担当的精神，不断探索完善符合知识产权审判规律的各项机制建设，继续加强审判队伍建设，提升专业能力和司法素养，继续加强案件审判工作，坚持"精品战略"，通过精品案例、知名法官进一步提升上海知识产权法院的权威性和影响力，不断提升司法公信力，努力让人民群众在每一个司法案件中感受到公平正义。

（本课题系 2016 年上海市高级人民法院重点调研课题）

"一带一路"战略下跨国贸易中的商标权司法保护问题研究

上海知识产权法院课题组[*]

上海知识产权法院课题组*

【摘　要】随着"一带一路"战略的实施，跨国贸易中的商标权保护问题将日益突出。本文对跨国贸易商标权司法保护中争议较大的定牌加工、平行进口、进口商的法律地位及抢注商标的权利范围等问题进行实证分析和研究，提出相对可行的法律适用标准。涉外定牌加工中的商标贴附行为应属于商标法意义上的商标使用，应当结合国外委托方所授权贴牌商标的情况、商品出口市场的情况以及贴牌商标的具体使用情况等因素进行综合考虑、个案判断。对于境外委托方在目的国拥有正当合法的商标权，产品全部出口该目的国，我国境内加工方已经尽到必要、合理审查注意义务的，原则上可以认定境内加工方的生产加工行为不构成侵犯商标权；对于境内加工方的生产加工行为构成商标侵权的情形，亦应结合境内加工方是否尽到必要的审查注意义务，合理确定其应承担的侵权责任。平行进口贸易中商标侵权的判断，不应笼统地讨论相关商标权是否已经国际用尽，而是要着眼于具体的商品，判断进口商品与国内流通的商品是否在质量、功能、包装等方面保持同一性。如果平行进口的商品与国内商标权人生产销售的商品具有同一性，进口商品的流通不会导致消费者混淆误认，也不会损害国内商标权的质量保证等功能，自然不存在商标侵权。否则，应构成商标侵权。在进口贸易中，进

---

　　* 课题组成员：黎淑兰（课题主持人，上海知识产权法院副院长）、陈惠珍（上海知识产权法院知识产权审判第二庭庭长）、凌宗亮（上海知识产权法院知识产权审判第二庭法官）。

口商在法律地位上仍属于销售商，如果其能证明已尽到了相应的审核义务，且能够提供商品的合法来源，应免除其赔偿责任。进口商抢注其所代理品牌取得的商标的保护范围应受到一定的限制，即商标权人不能禁止他人进口同样的商品，但可以禁止他人擅自假冒进口商所注册的商标。

【关键词】跨国贸易　涉外定牌加工　平行进口　进口商法律地位　抢注商标的权利范围

引　言

"一带一路"（丝绸之路经济带和21世纪海上丝绸之路）是以习近平同志为总书记的党中央主动应对全球形势深刻变化、统筹国内国际两个大局作出的重大战略决策。"一带一路"建设的实施，将对开创我国全方位对外开放新格局、推动经济增长、促进社会发展产生现实而深远的影响。未来上海将建设具有全球影响力的科技创新中心，中国（上海）自由贸易试验区战略与"一带一路"战略的深度融合必将是重要支撑。在这一过程中，"法治是重要保障，司法的作用不可或缺"，❶ 知识产权司法保护如何发挥好应有的服务保障作用，是当前和今后一段时期知识产权审判工作面临的重要任务。本文对跨国贸易商标权司法保护中争议较大的定牌加工、平行进口、进口商的法律地位及抢注商标的权利范围等问题进行实证分析和研究，提出相对可行的法律适用标准，切实保障国内外知识产权人和经营者的正当权益，为"一带一路"建设的顺利实施和中国（上海）自由贸易试验区建设营造公平、公正的营商投资环境。

一、涉外定牌加工中的商标侵权判断

（一）关于涉外定牌加工是否侵害商标权的争议现状

综观理论及司法实践关于涉外定牌加工是否侵害商标权的争议，可以概括为以下两个方面的特点。

一方面，从横向看，观点争议长期存在，司法裁判标准尚不统一。认为涉外定牌加工构成商标侵权的主要理由是：①商标权具有地域性，定作人不能基于在域外拥有的商标权对加工人在国内实施的商标侵权行为进行抗辩；②根据《商标法》第57条的规定，在相同商品上使用与商标权人注册商标相同商标的，即属于侵犯注册商标权，并不以混淆误认为条件。对此，有观点以欧盟商标指令第5

---

❶ 参见《最高人民法院关于人民法院为"一带一路"建设提供司法服务和保障的若干意见》（法发〔2015〕9号）第1条。

条第 3 款规定的商标权人可以禁止的"商标使用"行为包括进口或者出口带有他人商标标识商品为例证,提出:"出口行为如同销售行为一样,都属于商业流通的性质,都是属于商标专用权所控制的商标使用行为。如果商标权人无法在商品销售、出口等流通环节对侵权产品实施控制,将难以实现对其商标权的有效保护。"●

认为涉外定牌加工不侵害商标权者则认为:①涉外定牌加工的商品不在我国境内销售,消费者根本没有接触相关商品的机会和可能,不存在使相关公众对商品来源产生混淆、误认的可能性。②涉外定牌加工不会对商标权利人在国内的产品市场带来任何实质性损害,也不会对其享有的商标权功能造成损害。按照民事侵权的一般要件,无损失自然不构成侵权。③涉外定牌加工中贴附商标的行为不属于商标法意义上的商标使用行为。"由于贴牌加工商品并不在我国境内进入市场流通,所'贴'商标在我国境内不发生商标意义上的使用(识别)作用,所以在法理上讲不构成商标侵权。即便与目的国商标权相冲突,也不是我国法律调整的事项,除非我国另负有条约义务。"❷

还有观点认为,承揽加工带有他人注册商标的商品的,承揽人应当对定作人是否享有注册商标专用权进行审查。未尽到注意义务加工侵犯注册商标专用权的商品的,承揽人与定作人构成共同侵权,应当与定作人共同承担损害赔偿等责任。承揽人不知道是侵犯注册商标专用权的商品,并能够提供定作人及其商标权利证明的,不承担损害赔偿责任。司法实践中持上述观点的裁判均有,裁判标准不统一现象较为突出。

另一方面,从纵向看,对涉外定牌加工是否侵害商标权的认识存在不断发展、变化的过程,观点争议在不统一中渐趋一致和明朗。北京市高级人民法院在 2004 年制定的《北京市高级人民法院关于审理商标民事纠纷案件若干问题的解答》(京高法发〔2004〕48 号)第 13 条中明确认为定牌加工行为不构成商标侵权,但在其 2006 年制定的《北京市高级人民法院关于审理商标民事纠纷案件若干问题的解答》(京高法发〔2006〕68 号)第 21 条中又规定,承揽人对定作人是否享有注册商标专用权负有审查义务,未尽到审查义务的,与定作人构成共同侵权。福建等地法院自 2006 年开始审理涉外定牌加工案件以来,起初认为加工方未尽合理审查义务的,应承担相应的商标侵权民事责任,但经过一段时间的探

● 张伟君,魏立舟,赵勇. 涉外定牌加工在商标法中的法律性质:兼论商标侵权构成的判定 [J].知识产权,2014(2):36.

❷ 孔祥俊. 知识产权保护的新思维:知识产权司法前沿问题 [M]. 北京:中国法制出版社,2013:16.

索和研究，目前倾向于涉外定牌加工不属于商标法意义上的商标使用，不构成商标侵权。

鉴于涉外定牌加工所涉法律和政策问题的复杂性，由于在司法实践中存在极大争议，最高人民法院一直持比较谨慎的态度，在 2009 年 4 月 21 日出台的《最高人民法院关于当前经济形势下知识产权审判服务大局若干问题的意见》第 18 条专门对此问题进行了规定，指出应当认真研究加工贸易中的知识产权保护问题，总结审判经验，妥善处理当前"外贸贴牌"加工中多发的商标侵权纠纷，对于构成商标侵权的情形，应当结合加工方是否尽到必要的审查注意义务，合理确定侵权责任的承担。2010 年，青岛、上海等地海关依据鳄鱼恤有限公司申请扣留侵犯该公司"CROCODILE"商标专用权的"定牌加工"出口货物，在最高人民法院函复海关总署《关于对〈"贴牌加工"出口产品是否构成侵权问题〉的复函》（法办〔2010〕350 号文）中表示，最高人民法院"倾向于同意"该类定牌加工行为不属于《商标法》第 52 条规定的侵犯注册商标专用权的行为。该函应视为最高人民法院对该问题的态度开始发生转变。❶ 2015 年 11 月 26 日，最高人民法院在"浦江亚环锁业有限公司与莱斯防盗产品国际有限公司侵害商标权"再审案中，首次对涉外定牌加工商标侵权判断进行了相对明确的表态，认为："亚环公司受储伯公司委托，按照其要求生产挂锁，在挂锁上使用'PRETUL'相关标识并全部出口至墨西哥，该批挂锁并不在中国市场上销售，也就是该标识不会在我国领域内发挥商标的识别功能，不具有使我国的相关公众将贴附该标志的商品，与莱斯公司生产的商品的来源产生混淆和误认的可能性。商标作为区分商品或者服务来源的标识，其基本功能在于商标的识别性，亚环公司依据储伯公司的授权，上述使用相关'PRETUL'标志的行为，在中国境内仅属物理贴附行为，为储伯公司在其享有商标专用权的墨西哥国使用其商标提供了必要的技术性条件，在中国境内并不具有识别商品来源的功能。因此，亚环公司在委托加工产品上贴附的标志，既不具有区分所加工商品来源的意义，也不能实现识别该商品来源的功能，故其所贴附的标志不具有商标的属性，在产品上贴附标志的行为亦不能被认定为商标意义上的使用行为。"❷ 之后，江苏省高级人民法院在审理"上海柴油机股份有限公司与江苏常佳金峰动力机械有限公司侵害商标权"案中进一步认为，被告明知原告商标是驰名商标，却仍受托贴牌生产，在被诉产品上

❶ 曹艳华. 对定牌加工侵权认定的法律思考：以实现利益平衡的海关"适度"保护为视角 [J]. 海关与经贸研究，2011, 32 (1)：37.
❷ 参见最高人民法院（2014）民提字第 38 号民事判决书。

使用与原告商标相同的商标，未尽到合理注意与避让义务，实质性损害了原告利益，构成对原告注册商标权的侵害。❶

（二）涉外定牌加工中贴附商标是否属于商标使用

涉外定牌加工商标侵权判断最具争议的问题在于加工方贴附商标的行为是否属于商标法意义上的商标使用。

笔者认为，"商标发挥作用的环境是市场，离开了市场，消费者不再需要识别商品，生产者不再需要标识特定商品。正是在市场的交换中，商标建立的特定联系才具有意义。"❷ 因此，商标法意义上的商标使用行为应以商品进入市场流通为前提，是在商品流通过程中或者为了商品流通而使用商标的权利。商标法意义上商标使用行为并非简单地将商标标记贴附在商品上，而是将该标识作为区分商品来源的商标来使用。我国商标立法对商标使用的认识也存在完善的过程。最初，我国2012年《商标法实施条例》第3条规定："商标法和本条例所称商标的使用，包括将商标用于商品、商品包装或者容器以及商品交易文书上，或者将商标用于广告宣传、展览以及其他商业活动中。"该规定给人的理解是"只要是用了人家的商标，不管怎么用，都算是使用。"❸ 为此，2014年5月1日生效的《商标法》对此进行了完善，该法第48条在上述规定的基础上作了进一步限定，即商标的使用必须是"用于识别商品来源的行为"。笔者认为，《商标法》虽然对商标使用行为进行了识别功能的限定，但仍有进一步完善的必要。商标可以在商品流通过程中发挥识别商品来源的功能，亦可以在退出流通领域、在最终用户使用过程中发挥来源识别的功能，特别是一些奢侈品的购买者，之所以购买一块"劳力士"手表，并不仅仅在于手表的功能本身，更在于"劳力士"的识别功能以及在此基础上对身份、地位的彰显。购买者使用"劳力士"手表亦是在表明手表的来源。在此种意义上，对商标使用的界定固然要考虑商标所发挥的功能，还应考虑商标使用的场域，即何种时空范围内使用商标才属于商标法意义上的商标使用。商标权的效力存在于商品流通过程中。我国台湾地区"商标法"便将商标使用限定为"以营销为目的"，美国兰哈姆法亦规定商标使用是在"贸易过程中"的使用。❹ 无论是"以营销为目的"还是"贸易过程中"，都内含了商品流通的要求。因此，只要是在商品流通过程中或者为了促进商品流通，将商标用

---

❶ 参见江苏省高级人民法院（2015）苏知民终字第00036号民事判决书。

❷ 冯晓青. 知识产权法利益平衡论［M］. 北京：中国政法大学出版社，2006：157.

❸ 孔祥俊. 商标法适用的基本问题［M］. 北京：中国法制出版社，2012：120.

❹ 文学. 商标使用与商标保护研究［M］. 北京：法律出版社，2008：16.

于商品、商品包装或者容器以及商品交易文书上，或者将商标用于广告宣传、展览以及其他商业活动中，能够发挥识别商品来源的作用，就属于商标法意义上的商标使用。

在涉外定牌加工中，虽然加工的商品没有在国内销售，但仍进入国外的市场流通，加工方在商品上贴附的商标在国外市场流通过程中客观上无疑会发生识别商品来源的作用，应属于商标法意义上的商标使用。否认涉外定牌加工中贴附商标的行为属于商标使用的观点可能导致相同行为得出不同评价，而且不利于出口型企业的商标保护。一方面，在国内委托加工情况下，受托方生产了侵权商品会被认定为共同侵权，需承担共同侵权的责任，有的甚至会受到刑事追究。若遵循不侵权论的这一思路分析，即以商品进入消费环节才认为商标有识别意义，才可认为是商标使用，那么在法律及实务中，原来对国内的商标使用行为构成共同侵权的认定恐怕要作重大的调整，《刑法》规定的多种商标共同犯罪行为也都失去了基础。❶ 另一方面，很多出口型企业注册的商标都使用在出口的商品上，并不在国内销售，按照上述非商标使用的观点，这些商标均可能因连续 3 年未使用且无正当理由而被撤销，这明显不利于出口型企业商标权的保护。北京知识产权法院在审理"明季私人有限公司与国家工商行政管理总局商标评审委员会商标权撤销复审行政纠纷"案中认为："诉争商标在中国已实际投入生产经营中，虽直接出口至国外，未进入中国大陆市场流通领域，但其生产行为仍发生在中国大陆地区。这种行为实质上是在积极使用商标，而非闲置商标，故其符合 2001 年《商标法》第四十四条第（四）项注册商标连续三年停止使用撤销制度有关使用的要求。且诉争商标的涉案行为实质上是贴牌加工贸易的体现，是一种对外贸易行为。如果贴牌加工行为不认定为商标使用行为，贴牌加工贸易生产的产品将无法正常出口，而导致该贸易无法在中国继续。故认定诉争商标的涉案行为属于商标使用行为，也是基于公平原则，符合我国拓展对外贸易政策的要求。"❷

（三）判断涉外定牌加工是否侵权的合理标准

如上文所述，涉外定牌加工中的商标贴附行为应属于商标法意义上的商标使用，仅仅基于商标法意义上的商标使用理论尚无法得出涉外定牌加工是否侵害商标权的结论。笔者认为，在处理定牌加工问题时，既要考虑我国企业整体创新能力较弱、处于全球经济贸易价值链的中低端、对外加工贸易比重较大的既有状态，又要考虑推动我国从全球经济贸易价值链的低端向高端跃迁、实现从中国制

---

❶ 陈惠珍. 关于涉外定牌加工商标侵权问题的思考 [J]. 人民司法（应用），2013（19）：101.

❷ 参见北京知识产权法院（2015）京知行初字第 5119 号行政判决书。

造向中国创造转变的现实需求，区别具体情况予以稳妥处理。具体而言，涉外定牌加工的商标侵权判断应当结合国外委托方所授权贴牌商标的情况、商品出口市场的情况以及贴牌商标的具体使用情况等因素进行综合考虑、个案判断。对于境外委托方在目的国拥有正当合法的商标权，产品全部出口该目的国，我国境内加工方已经尽到必要、合理审查注意义务的，原则上可以认定境内加工方的生产加工行为不构成侵犯商标权；对于境内加工方的生产加工行为构成商标侵权的情形，亦应结合境内加工方是否尽到必要的审查注意义务，合理确定其应承担的侵权责任。

二、平行进口贸易中的商标侵权判断

平行进口问题一直是国际贸易中商标权保护的热点和难点。虽然国内司法实践中涉及平行进口的商标侵权案件并不多，但随着"一带一路"战略和自由贸易试验区在全国范围内的扩展，涉及平行进口的商标侵权案件应会有所增加，对该问题进行前瞻性研究、统一此类案件的司法适用标准，对于营造良好的国际贸易环境无疑具有重要的意义。在国内已有的案件中，法院根据具体案情也作出了结论不同的判决。例如，在"大西洋 C 贸易咨询有限公司与北京四海致祥国际贸易有限公司侵害商标权纠纷"案中，法院认为平行进口商品不构成对国内商标权的侵害，理由是："商标权对于其权利人的意义在于保护权利人的投资，在商标权人同意首次投放市场之后，其已经获得足额的回报，在商标权人许可使用其商标的商品出售后，他人再如何转售该商品，该商标权人无权过问"。"鉴于被告销售的'KÖSTRITZER'啤酒系来自原告所主张商标的权利人相关联的企业，可以认定涉案商品首次投放市场过程中已经获得了与其商标权相对应的足额的回报，同时也足以避免消费者对商品来源产生混淆。据此，被告的销售行为不构成对涉案商标专用权的侵犯。"❶ 在"米其林集团总公司与谈国强、欧灿侵犯商标专用权纠纷"案中，法院则认为平行进口商构成侵权，理由是："尽管原告承认被控侵权产品是由其日本工厂生产，产品上标注的'MICHELIN'系列商标也是在日本标注，但该产品未经原告许可和质量认证即在中国境内销售。由于这种产品在我国境内的销售已属违法，且可能存在性能和安全隐患，破坏了原告商标保证商品质量和商品提供者信誉的作用，对原告注册商标专用权已造成实际损害，两被告的销售行为，属于侵犯原告注册商标专用权的行为。"❷

---

❶ 参见北京市第三中级人民法院（2014）三中民（知）初字第 12873 号民事判决书。

❷ 参见湖南省长沙市中级人民法院（2009）长中民三初字第 0073 号民事判决书。

（一）平行进口贸易商标侵权判断的域外规则

1. 欧盟的平行进口规则

1988 年欧盟商标指令第 7 条与 1993 年商标条例第 13 条使用几乎完全相同的文字规定了区域用尽原则。商标指令第 7 条分为两款。第 1 款规定：贴附商标的产品由权利人自己或经其同意被投入共同体市场销售后，就该特定产品而言，权利人即不再有权禁止他人对商标的使用。第 2 款规定：如果权利人具有合法理由可以反对他人对该商标产品的进一步销售，尤其是在该产品被投放市场后其状况已经改变或受到损害的情况下，那么第 1 款的规定就不应适用。根据欧洲法院的一系列判例，平行进口商在满足下列 5 个条件的情况下，商标权人即无权行使其国内商标权禁止平行进口商对进口产品重新包装或更换商标的行为：①在考虑到商标权人的市场销售模式的情况下，权利人对其商标权的行使有助于其人为地分割成员国间的市场；②重新包装不会对产品状况产生有害影响；③在新包装上须标明重新包装人和原产品制造人；④在重新包装的产品上市前，平行进口商须提前通知商标权人该重新包装行为；⑤重新包装的外形不得有损商标或者权利人的声誉。

2. 美国的平行进口规则

在美国，如果未经美国商标所有人许可，任何人均不得进口贴附其商标的产品，除非存在"同一所有人例外"或"共同控制例外"的情形。但是，如果平行进口商品上的商标为美国商标所有人、其母公司或子公司或者与其具有共同所有或共同控制关系的人所贴附，并且美国海关认为该平行进口商品与授权商品之间存在物理上或实质上的差异，那么该平行进口的商品就属于"受限制的灰色市场商品"（Restricted gray market goods）。对该类平行进口的商品，美国商标所有人可以申请海关禁止放行并予以扣押。但是，具有实质差异的商品被海关扣押后，平行进口人可以使用两条途径进行救济：一是向海关证明该平行进口的商品与美国商标所有人授权的商品相比，不具有实质上的差异；二是在其商品贴上符合海关规则规定的标签。根据海关规则的规定，海关在标签满足以下条件的情况下可以放行被扣押的商品：①该标签应该显著而清晰，并且牢固地贴附在该商品或包装上，以便在该商品被销售给美国的第一个消费者时该标签仍然存在；②该标签应当包括如下内容："本商品不是美国商标所有人授权进口的商品，本商品与授权的商品具有物理上和实质上的差异"；③该标签必须紧邻商标，贴附在该商品本身或者其零售装的包装纸或容器的显著位置上；④如果有其他信息能够避免消费者混淆，那么该标签亦应包括此类信息。

3. 日本的平行进口规则

20 世纪 60 年代以前，日本曾严厉禁止商标平行进口，但自"派克"钢笔一案后态度有所转变，允许平行进口。法院对平行进口是否违法提出了下列参考因素：商标是否指明了产品产地的厂商；平行进口货物的质量；国内商标权人是否建立了独立的商誉；平行进口人是否利用了该商誉；国内商标权人是否促进了商品价格和服务上的公平和自由竞争；有无不公平的做法。在此基础上，如果外国的商标权人与日本的商标权人为同一人或存在母、子公司等关联关系，平行进口是允许的。日本公平贸易委员会发布的独家进口经销协议指南进一步规定：不适当地阻止平行进口是不公平的，平行进口真货不得被日本的独家经销商禁止，独家经销商的权利固然应受保护，但这种权利不得被滥用，否则也构成一种不正当竞争。

（二）商标侵权判断的形式标准与实质标准

平行进口问题虽然涉及各国贸易政策，但本质上仍属于法律问题，即平行进口的商品是否侵害国内商标权。因此，是否允许平行进口，更多的是按照现有的侵权判断标准去认定，与商标地域性，或者说国内用尽或者国际用尽无涉。根据我国《商标法》的有关规定，目前侵害商标权的判断大体上有如下标准：相同商品上使用相同商标直接推定构成侵权；类似商品上使用相同或者近似商标采用混淆标准。驰名商标除了上述标准，还存在淡化、丑化等侵权判断标准。不同裁判标准背后是否存在一个对所有商标都可以适用的标准，这涉及侵害商标权的实质是什么？我们认为，商标的最根本价值在于识别功能，保护商标不是为了保护标识本身，而是为了保护标识在商品流通或者商业活动中所发挥的功能，识别功能是基础、是根本，质量保障、广告等功能均是识别功能的延伸。在此种意义上，商标侵权判断的实质或者根本标准在于商标功能是否受到侵害。无论是混淆标准，还是淡化标准，落脚点都是商标的功能受到了侵害。当然，商标功能是一个比较模糊的概念，缺乏个案中可以适用的可操作性，混淆、淡化都是判断商标功能是否受损的具体形式。因此，商标侵权判断应当区分商标侵权的实质标准和形式标准。商标功能是否受到侵害是商标侵权判断的实质标准；对于不同的侵权行为，商标功能受损可能表现为因商品来源混淆而受到损害，也可能表现为驰名商标受到淡化、丑化，还可能表现为商誉被不当利用，这些都是判断商标功能是否受到侵害的具体标准。

（三）平行进口商标侵权判断应坚持"商品同一性"标准

目前，关于平行进口是否侵害商标权的探讨主要集中在是采取商标国际用尽还是国内用尽。笔者认为，在平行进口贸易中，被控侵权商品已经进口到国内，是否侵害国内商标权与商标权是否国际用尽并无必然的联系。关键在于国内商标权是否因为平行进口商品进入国内市场而可能受到损害。平行进口贸易中商标侵权的判断，不应笼统地讨论相关商标权是否已经国际用尽，而是要着眼于具体的商品，判断进口商品与国内流通的商品是否在质量、功能、包装等方面保持同一性。如果平行进口的商品与国内商标权人生产销售的商品具有同一性，进口商品的流通不会导致消费者混淆误认，也不会损害国内商标权的质量保证等功能，自然不存在商标侵权。否则，如果国外市场销售的商品与国内市场销售的商品在质量等级等方面存在差异，或者商品的组成成分存在区别，从认知的角度看，消费者有可能认为国内商标权人生产销售的商品的质量发生了变化，对商标保证商品质量的功能产生不良影响，进而构成商标侵权。在国内商品质量、成分优于国外商品的情况下，平行进口商品会损害商标的质量保证功能争议不大；但在国外商品质量优于国内商品的情况下，商标的功能仍然可能受到损害。因为商标的质量保证功能并不在于保证商品的质量本身的优劣，而是确保带有该商标的商品质量保持同一性。即使国外的商品质量优于国内商品，消费者购买国外进口商品后，就会对国内商标权人的商品产生偏见，甚至有可能认为国内商标权人生产的商品是"假货"进而影响国内商标权人的生产销售。

在上述米其林集团总公司案件中，法院即坚持了"同一性"标准，由于日本进口的轮胎和国内生产销售的轮胎在质量等级上存在差异，有可能让消费者产生错误的认知，甚至会产生安全隐患，故法院认定即使被控商品确系平行进口，但仍然构成侵权。但在大西洋 C 贸易咨询有限公司平行进口案中，并无证据证明进口啤酒和国内啤酒存在质量方面的差异，故法院认定不构成侵权。在美国哥伦比亚巡回上诉法院审理的"Lever Bros. v. United States"案中，原告是一家洗涤用品公司，与英国 Lever 公司具有共同公开关系，它们在其商品上使用相同的商标，其中"Shied"商标用于香皂，"Sunlight"商标用于洗碗液。平行进口商在英国购买英国 Lever 公司生产的香皂和洗碗液后将其进口到美国，美国 Lever 公司即要求海关禁止放行该批商品。美国海关根据海关规则的共同控制例外规则拒绝了美国 Lever 公司的请求。美国 Lever 公司即将此案诉至联邦地区法院，诉称美国和英国的 Lever 公司虽然属于关联公司并且使用相同商标，但是由于二者商品的成分不同，进口商品没有满足美国消费者的要求，引起了美国消费者的抱怨，因此，进口的商品属于复制或者模仿美国商标的商品，损害了原告的声誉，玷污了原告的商标，违反了兰哈姆法第 42 条的规定。联邦地区法院作出有利于海关规则的判决后，该案被上诉到哥伦比亚特区巡回上诉法院。哥伦比亚特区巡回上诉法院认为该案有别于一般的共同控制情况，强调原告的产品与进口的产品存在"实质的差异"。该法院认为，进口商品在物理上不同于美国商标所有人制造的产品，由于该进口产品使用了与美国商标相同的商标，这样，在进口商品上使用商标就对商品产生了一种错误的标识。当相同的商标在不同的国家具有不同的含义或者标识不同质量的商品时，平行进口商将国外不同的商品进口到美国并在相同品牌下销售，那么就会引起混淆，国外厂商与国内厂商之间的关联关系并不会削减这种混淆的可能性。❶

三、进口商的法律地位及其所抢注商标的权利范围

（一）进口商的法律地位并非生产商

一般情况下，未经许可，进口商品上使用与国内商标权人相同或近似商标，容易导致混淆的，构成对国内商标权的侵害。但是在认定进口商的侵权责任时，如何界定其在商标法中的法律地位却存在争议。有观点认为，进口商品经营者销售侵权商品是该商品在商标注册国市场的初始流通，其行为与生产商的行为后果相一致，故应承担与生产商同样的侵权责任，包括赔偿责任。较一般销售者而言，进口商对进口商品是否侵犯他人商标权应负有较高的注意义务，不能以"不知道"而免赔。专利法条文和专利侵权诉讼也明确规定，能够提出合法来源抗辩的，不包括侵权商品的进口商，商标权保护的原理与此相同。❷ 也有观点认为，进口商品经营者并没有实际的商品生产行为，不应视为侵权商品的生产商，仍属于销售行为。专利法与商标法立法宗旨是完全不同的：专利法明确规定进口行为属于专利权控制的一种独立的行为类别；而商标法并未对商品进口行为作出类似规定，商标法中的进口行为属于商品销售行为的组成部分。❸

笔者认为，严格意义上，商标法中并没有"生产"或者"生产商"的概念，而是通过界定"商标使用"来界定商标权的保护范围，未经许可在相同商品上使用他人相同商标以及在类似商品上使用与他人注册商标相同或者近似商标，容易导致混淆的，构成商标侵权。销售商之所以被判定为侵权，是因为其销售的商品上使用了他人商标，但该商品上的商标使用行为应系商品生产商所为，并不是销售商使用了他人商标。如果说销售行为也是一种使用，只能将商标使用区分为直接使用和间接使用。直接使用行为人未经许可，将他人的商标使用在自己生产的商品上，主观上推定存在过错，不存在合法来源抗辩的问题。间接使用行为人

❶ 尹锋林. 平行进口知识产权法律规则研究 [M]. 北京：知识产权出版社，2012：148.
❷ 参见上海市第一中级人民法院（2014）沪一中民五（知）终字第78号民事判决书.
❸ 祝建军，魏巍. 电商采购境外商品内销的商标法定性 [N]. 人民法院报，2015–07–17（7）.

由于是在其他经营者处购得被控侵权商品，销售的商品上已经贴附了他人的商标，此种情况下只存在审查其有没有尽到应有的注意义务、是否能够提供合法来源。因此，是否存在合法来源抗辩，只要看被控侵权人实施的是直接使用还是间接使用。客观上，在进口商品时，商品上已经贴附了商标，进口商并未实施直接使用行为，而仅仅是将带有商标的商品进口到国内市场，其实施的仍然是商标的间接使用行为。因此，笔者认为，进口商在法律地位上仍属于销售商，如果其能证明已尽到了相应的审核义务，且能够提供商品的合法来源，应免除其赔偿责任。例如，在上文所述平行进口的情况下，进口商如果能证明其进口商品时审核了国外商标权人的权利状况，且商品与国内商品具有同一性，便无须承担侵权责任。

（二）进口商所抢注商标的权利范围应受到限制

实践中，有的经营者专门从事进口商品代理销售，在代理过程中，将所代理的品牌抢先在国内注册，获得商标权后，权利人仍然进口销售，并不自行生产，也没有改变进口商品的包装等，但其以注册的商标权要求该商品的其他代理商停止进口销售行为。对此，有观点认为，其他代理商进口相同商品销售的行为构成商标侵权。因为商标权具有地域性，即使被告销售的是真品，但由于商标的识别功能是识别商品来源，不是识别商品真假，不能把商品的真假等同于商品来源的真假，基于维护商标注册制度的考虑，其他代理商销售相同商品的行为构成侵权。相反观点则认为，代理商抢注商标后无权禁止其他代理商继续进口销售相同商品。一是被告销售的商品有合法来源，不会导致混淆；二是由于原告的注册商标实际上是其所代理的国外品牌，在国外的注册商标权利人有证据证明其在我国境内在先使用并已经具有了一定知名度的情况下，国内的注册商标权人可能存在恶意抢注他人商标的情况，其无权禁止国外的商标权人在国内销售其生产的商品也无权禁止他人销售来源于该国外商标权人的商品。还有观点认为，原告销售了与自己商标相同的进口商品，但没有将该商标作为自己商标使用的意图，主观上没有把该商标与自己联系在一起，给相关公众传递的信息是该商标系境外公司的商品，没有建立商品与自己商标权的对应关系，因此，其销售进口商品的行为不属于商标使用，如果连续 3 年不使用，被告无须赔偿。

笔者认为，进口商在代理国外品牌商品销售过程中，将所代理品牌在国内注册，注册后仍然销售原装进口商品，在国外品牌权利人没有提出异议或者没有提出无效宣告，或者国内商标注册已经超过 5 年成为不可争议商标的情况下，进口商注册的商标应当受到法律保护。但此种商标的保护范围应受到一定的限制，即商标权人不能禁止他人进口同样的商品，但可以禁止他人擅自假冒进口商所注册的商标。

（1）抢注商标的权利范围具有特殊性。一般情况下，商标所识别的商品来源应当是商标权人，但对于进口商品上的商标而言，由于进口商在注册其所代理国外品牌之前，该国外品牌的商品已经在国内进行了销售，甚至具有较高的知名度，消费者已经形成了带有该商标的商品来源于国外的心理认知。此种情况下，虽然进口商抢在国外品牌权利人之前在国内进行了注册，取得了商标权，由于进口商抢注商标后，仍然从事该国外品牌商品的进口和销售，并没有自行生产，也没有重新包装以期改变相关公众对商品来源的心理认知，消费者仍然认为该商品来源于国外。于是，商标权人和消费者所认知的商标标识的商品来源出现了分离。在进行商标侵权判断时，判断相关公众是否混淆误认应以消费者所认知的商品来源为准，即商标实际发挥的识别功能，而不是简单地认为商标所标识的商品并非来源于商标权人便一概认定构成侵权。如果其他进口商进口销售相同的国外品牌商品，由于消费者所认知的商品的来源相同、品质相同，商标的识别功能、品质保证功能等不会受到侵害。因此，进口商所抢注的商标并非不受保护，只是其保护范围受到限制，商标权人不能禁止他人进口同样的商品，但可以禁止他人擅自假冒进口商所注册的商标。日本司法实践中对于进口商抢注国外商标的情况，亦依据权利滥用原则对进口商所抢注商标的权利范围进行限制。在1971年由大阪地方法院审理的"鳄鱼"案中，原告于1959年申请注册了带有"CROCODILE"字样和鳄鱼图形的商标，但很少使用。在原告注册其商标的同时，法国的鳄鱼商标（鳄鱼图形以及LACOSTE字样）已经在法国和很多国家获得了较高的知名度。当法国鳄鱼的代理人将有关的针织产品进口到日本销售时，原告依据自己的商标权提起了侵权诉讼。法院对于该案的审理，虽然集中在原告的商标与被告的商标在总体上不相同，不会造成消费者混淆的分析上，但在判决中也提出了原告是在滥用自己的商标权。判决认为，依据商标保护的地域性原则，被告无权排除原告在日本的免费搭车，但是原告利用商标注册形式的行为，属于滥用商标权，也不应当获得支持。❶

当然，对于进口商抢注国外商标的情形，如果该商标无法被撤销，而进口商亦通过自己的经营使得消费者对商标所识别商品来源的心理认知发生了改变，认为带有该商标的商品不再系国外进口，而是国内商标权人自行生产，此种情况下，他人未经许可再进口国外相同品牌的商品则可能构成商标侵权。例如，进口商抢注商标后，自己生产商品或者将进口的国外品牌商品重新包装，并且进行大

❶ 李明德. 中日驰名商标保护比较研究［J］. 环球法律评论, 2007（5）: 81.

量的广告宣传，逐渐使得消费者的心理认知发生变化。在美国纽约南区联邦地方法院审理的"Bourjois & Co. v. Katzel"案中，该法院即认为由于进口商在法国进口香粉后重新包装并贴附商标，且在商业活动中投入了大量的广告费用，其已经在美国为商品拓展了广泛的市场，在公众心目中，原告所使用的包装盒已经同原告联系起来。因此，原告有权禁止其他进口商进口销售相同品牌的商品，即使该商品确系来源于国外真正的权利人。❶

（2）进口商注册商标后"三年不使用"的审查问题。根据商标法的相关规定，商标注册后连续 3 年不使用的，其他人可以撤销该商标；在侵权诉讼中，被告可以免除损害赔偿的民事责任。因此，进口商注册国外品牌后，自己不生产销售，仍从事原来的进口业务，是否属于商标法意义上的使用。有观点认为，进口商销售了与自己商标相同的进口商品，但没有将该商标作为自己商标使用的意图，主观上没有把该商标与自己联系在一起，给相关公众传递的信息是该商标系境外公司的商标，没有建立商品与自己商标权的对应关系，因此，不属于商标使用。对此，笔者认为，一方面，前文已述，商标所识别的来源可能并非商标权人，可以是其他的生产经营者。因此，商标法并不要求所有的商标使用行为必须是使消费者与商标权人建立联系，只要起到识别商品来源的目的或者效果，即可以认定为属于商标使用。另一方面，商标使用包括直接使用和间接使用，进口商虽然没有实施直接使用该商标的行为，但不可否认其进口销售的商品上确实使用了与自己注册商标相同的商标，这种间接使用行为仍属于商标权维持意义上的商标使用行为，可以对抗他人基于"三年不使用"提出的撤销请求。

结　语

随着"一带一路"战略的不断推进，国际贸易中的商标权保护必然出现越来越多的新问题，本研究仅仅是一个开始，本院将继续跟进相关问题的研究和分析，为公正、高效裁判相关案件提供理论支撑和制度保障，为"一带一路"战略和中国（上海）自由贸易试验区战略的深入实施营造良好的司法环境！

（本课题系 2016 年上海市高级人民法院报批调研课题）

---

❶ Bourjois & Co. V. Katzel, 274 F. 856 (S. D. N. Y. 1920).

技术调查官在知识产权审判中的
职能定位与体系协调

——兼论"四位一体"技术事实调查认定体系的构建

上海知识产权法院知识产权审判第二庭课题组*

【摘　要】技术调查官制度是知识产权法院健全技术事实查明机制的重要改革和探索。在法律地位上，技术调查官与技术咨询专家、专家陪审员、技术鉴定人等外部专家不同，技术调查官是法院内部的工作人员，属于司法辅助人员中法官的技术助理，受技术调查室统一管理。技术调查官主要协助法官进行日常的技术咨询、参与具体案件的技术事实调查、与外部专家沟通协调、参与现场勘验、诉讼保全、调解等事务。技术调查官制度具有高效性、便捷性以及中立性的制度优势，其出具的技术审查意见不属于民事诉讼中的证据，仅是法官自由心证的参考。出于提高诉讼效率的考虑，技术审查意见原则上不向当事人公开，法官根据全案情况综合判断是否采纳。技术调查官的设立并不是对技术咨询专家、专家陪审员、技术鉴定人等法院委托或者聘请专家的替代。四者对于技术事实的查明并不是制度重复，而是组成彼此独立、各司其职、相互配合的有机协调的"四位一体"技术事实调查认定体系，以达到知识产权案件技术事实查明的客观、准确和高效之目的。

【关键词】技术调查官　事实查明　职能定位　四位一体

＊课题组成员：黎淑兰（课题主持人，上海知识产权法院副院长）、陈惠珍（上海知识产权法院知识产权审判第二庭庭长）、凌宗亮（上海知识产权法院知识产权审判第二庭法官）。

【**主要创新点**】技术调查官制度是知识产权法院的重要制度创新，其在法律上的地位、工作职责，技术审查意见如何使用、是否需要公开，与技术鉴定、技术咨询、专家陪审制度之间的关系如何协调等问题均需要不断地实践探索和总结。本文对上述问题进行了前瞻性的研究。关于技术调查官的法律地位，提出技术调查官是法官助理中的技术助理的观点，从而扩展了法官助理的制度内涵，有助于当前正在进行的人员分类改革的精细化。关于技术调查官的工作职责，除了现有规定的职责外，提出了可以让技术调查官参与纠纷解决，从而最大限度地发挥技术调查官的作用。关于技术审查意见是否应当公开，尝试提出应当做类型化的分析，对于涉及权利是否成立、侵权比对以及不侵权抗辩方面的意见应当适度公开。对于技术调查与技术咨询、专家陪审、技术鉴定之间的关系，提出了"四位一体"技术事实调查认定体系的概念，用全新的视角构建知识产权案件技术事实查明机制。

《全国人民代表大会常务委员会关于在北京、上海、广州设立知识产权法院的决定》的审议说明中明确提出"要探索建立技术事实调查制度"。作为主要管辖专利、植物新品种、集成电路布图设计、技术秘密、计算机软件等技术性较强的民事和行政案件的专门法院，知识产权法院的设立为技术调查官制度的建立提供了良好契机。作为技术事实调查认定的新机制，技术调查官在知识产权审判中应扮演何种角色，其出具的技术审查意见是何种法律性质，与已有的技术鉴定、技术咨询、专家陪审等技术事实查明方式如何协调，均是当前知识产权法院正式运行后亟须研究和解决的问题。希望本文的分析对于建立符合中国国情的技术调查官制度，切实发挥技术调查官制度的功能价值有所裨益。

一、技术调查官在知识产权审判中的职能定位

（一）技术调查官的法律地位

《最高人民法院关于知识产权法院技术调查官参与诉讼活动若干问题的暂行规定》（以下简称《技术调查官参与诉讼活动规定》）第 1 条规定："知识产权法院配备技术调查官，技术调查官属于司法辅助人员。知识产权法院设置技术调查室，负责技术调查官的日常管理。"从上述规定看，技术调查官的法律地位可以从以下两个方面加以理解。

（1）技术调查官是审判辅助人员中的技术助理。根据中共中央组织部与最高人民法院联合印发的《人民法院工作人员分类管理制度改革意见》的规定，法院工作人员分为法官、审判辅助人员、司法行政人员，其中，审判辅助人员包

括法官助理和书记员。技术调查官应归类于审判辅助人员中的法官助理，具体而言应为技术助理。因此，就知识产权法院的人员分类管理改革而言，审判辅助人员中的法官助理应包括法律助理和技术助理两类人员，前者主要协助法官开展法律事实以及法律适用方面调查和资料收集等工作，后者则主要协助法官开展技术事实的调查和咨询等工作。因此，与德国的技术法官制度不同，❶ 我国的技术调查官不享有审判权，不属于合议庭组成人员。

（2）技术调查官具有身份的中立性。根据已有的司法实践，当前参与知识产权诉讼的专家大体上可以分为四类：第一类是对专门性问题进行鉴别、分析、判断，并给出鉴定意见的鉴定人；第二类是受当事人聘请而出庭，并负责对案件中涉及的专门性问题进行说明的专家辅助人；第三类是向法官提供技术咨询的技术顾问；第四类是同时具有专业知识优势和一定法律知识的专家陪审员。❷ 不论技术调查官的来源是基于法院的招录，还是购买社会化服务，其是法院的内部工作人员，与技术咨询专家、专家陪审员、鉴定人等一样，具有独立于当事人的身份中立性。此外，虽然技术调查官属于法官的技术助理，但在法律地位上，技术调查官与法官之间是相互独立的，并不存在上下级隶属关系。这可以确保技术调查官在辅助法官从事技术事实的咨询、调查过程中能够独立提供技术审查意见，确保技术事实调查的客观、中立和准确。

（二）技术调查官的工作职责

《技术调查官参与诉讼活动规定》第 6 条规定："技术调查官根据法官的要求，就案件有关技术问题履行下列职责：（一）通过查阅诉讼文书和证据材料，明确技术事实的争议焦点；（二）对技术事实的调查范围、顺序、方法提出建议；（三）参与调查取证、勘验、保全，并对其方法、步骤等提出建议；（四）参与询问、听证、庭审活动；（五）提出技术审查意见，列席合议庭评议；（六）必要时，协助法官组织鉴定人、相关技术领域的专业人员提出鉴定意见、咨询意见；（七）完成法官指派的其他相关工作。"根据上述规定，结合知识产权审判实际，我们认为技术调查官的工作职责主要包括日常技术咨询、具体案件的技术事实调查、与外

---

❶ 依德国专利法第 65 条、德国法官法第 120 条的规定，德国联邦专利法院的法官包括法律法官和具有技术专长的技术法官。技术法官和法律法官享有同等的审判权利。专利法院根据案件专业技术含量的高低决定法律法官和技术法官在合议庭中的组成比例。具体而言，专业技术性强的案件由技术法官为主组成合议庭；反之，则以法律法官为审判主力。参见：徐雁．论我国知识产权专家参审制度之完善 [J]．东南司法评论，2012：316.

❷ 俞风雷，杨再扬．论知识产权审判中专家辅助制度的改革 [J]．湖北社会科学，2015（2）：144–147.

部专家沟通协调、协助开展诉讼保全、调解等。

（1）为案件审理提供技术知识储备和支持。对于知识产权案件中的技术问题，如果通过技术调查官已有的知识储备就可以解决，法官可以要求技术调查官出具相应的技术审查意见，包括开庭前提供案件技术背景的说明、分析和介绍，开庭后就案件的技术争议、技术问题、技术类证据的审查提供相应的意见。

（2）参与具体案件的技术事实调查。法官在案件审理过程中，如果认为案件所涉的技术争议较为疑难复杂，通过咨询技术调查官的方式无法查明其中的技术问题，可以要求技术调查官全程参与案件的技术事实调查认定工作。技术调查官有权查阅相关的起诉状、答辩状及证据材料，如有需要，可以组织当事人围绕技术争议事实召开庭前会议，听取当事人的意见，技术调查官也可以结合案件的技术争议问题向当事人进行询问。通过上述工作，技术调查官应当对案件的技术争议焦点、庭审时技术调查的重点等形成初步的技术审查意见，并向合议庭进行说明。根据案件需要，技术调查官也可以在合议庭的指示下，参与案件庭审，在征得合议庭许可的情况下，可以就案件的技术争议事实向当事人发问。庭审后，技术调查官应当就整个案件涉及的技术问题制作最终的技术审查意见，并列席合议庭评议，发表技术事实相关的技术审查意见供合议庭参考。

（3）与外部专家沟通协调。在存在技术咨询、技术鉴定、专家陪审时，技术调查官可以作为法官和外部专家沟通协调的桥梁。特别是需要委托技术鉴定的案件，鉴定事项的明确、鉴定材料的固定、鉴定机构的选择、鉴定意见的审查等都可以交由技术调查官完成。

（4）参与调查取证、现场勘验、诉讼保全等活动。知识产权案件经常涉及较为专业的调查取证、现场勘验、诉讼保全等活动，技术调查官的参与可以确保调查取证、现场勘验、诉讼保全的质量和成功率，为今后案件的顺利审理打下基础。技术调查官在接到相关通知后，应当事先阅看案卷材料，向法官提出具体的实施方案或者预案，并参与具体执行。

（5）参与调解等工作。在一些技术性较强案件的调解、和解等纠纷解决过程中，案件涉及的技术争议事实是否明晰往往也会对法官、当事人制定合理的纠纷解决方案产生重要的影响。技术调查官也可以在上述活动中协助法官就技术事实与当事人作必要的说明和沟通，让当事人明晰案件的技术争议，消除相关的技术事实疑虑，进而促进纠纷解决。日本民事诉讼法第98条即规定，技术调查官可以"尝试和解期间，就专门的知识见解提供说明"。

二、技术调查官在知识产权审判中的制度优势

(一)高效性

技术鉴定是指在诉讼活动中鉴定人运用科学技术或者专门知识对诉讼涉及的专门性问题进行鉴别和判断并提供鉴定意见的活动。❶ 基于技术鉴定中立性和规范性,技术鉴定一直是知识产权审判中解决技术问题的重要方式。但技术鉴定一般耗时较长,对审理效率的影响也是困扰审判实践的难题。一方面,技术鉴定的启动、鉴定材料的固定、鉴定机构的选择、鉴定专家的回避、鉴定意见的出具以及质证等,均存在严格的程序性规范,一些案件中当事人由于缺乏相应的专业能力而无法对鉴定人的鉴定意见进行有针对性的质证,对鉴定意见、过程和方法没有能力进行专业层次的质疑和探讨,只能将重点放在鉴定人资格、回避等程序性问题上,从而对鉴定材料固定、机构选择、专家回避等程序性问题提出各种各样的异议,导致鉴定程序迟迟无法顺利启动,整个鉴定过程少则数月,多则数年,致使案件久拖不决。另一方面,由于鉴定机构的鉴定能力和水平参差不齐,有些鉴定机构在鉴定过程中表现出随意性,导致鉴定意见不规范;有些鉴定机构的鉴定依据和方法不明确,导致多重鉴定与矛盾鉴定时有发生,不仅损害技术鉴定本身的科学性和公信力,更严重影响了案件审理的效率,不利于司法正义的及时实现。技术调查官制度的设立在很大程度上可以缓解知识产权审判对技术鉴定的过度依赖,对于一些相对较为简单的技术问题,法官可以直接通过技术调查官予以解决。技术调查官系法院内部工作人员,通过深度、全程参与案件审理活动,可以有效提高技术事实调查的公信力和可信度,避免重复鉴定、矛盾鉴定产生的时间和诉讼成本耗费,从而极大地提高审判效率。

(二)便捷性

技术咨询、专家陪审也是审判实践中较为常见的技术事实查明方法,很多法院建立了自己的技术咨询库以及专家陪审员队伍。2010 年颁布的《最高人民法院关于人民陪审员参加审判活动若干问题的规定》第 5 条明确规定:"特殊案件需要具有特定专业知识的人民陪审员参加审判的,人民法院可以在具有相应专业知识的人民陪审员范围内随机抽取。"最高人民法院、司法部于 2015 年印发的

---

❶ 孙海龙,姚建军. 司法鉴定与专家辅助人制度研究:以知识产权审判为视角 [J]. 人民司法·应用,2008 (3):78.

《人民陪审员制度改革试点工作实施办法》也对上述规定进行了确认。❶ 由于咨询专家库以及专家陪审员队伍中的专家大多十分繁忙，在为法官提供技术咨询或者参加案件审理的时间保障方面有时需要调整。而且人民陪审员的选择是随机的，并不是根据案件审理的技术需要定向选择，也使得专家陪审在技术事实查明中所发挥的作用受到影响。此外，技术咨询虽然具有较强的灵活性，有利于提高诉讼效率，但也有学者认为"因为法官决定咨询专家时，当事人没有机会参与决定被咨询专家的人选，无法保证被咨询专家与案件无利害关系。法院在裁判文书中也不会提起咨询事项及过程。这种做法不仅剥夺了当事人庭审的权利，违背了诉讼程序的正当性要求，而且将裁判建立在无须承担任何责任的技术咨询意见上，也无法保障事实认定的准确性"。❷ 因此，无论是专家的时间保障，还是相应的制度配套，都使得技术咨询、专家陪审制度在协助法官便捷地进行技术事实调查方面存在一定的瓶颈，这也是实践中的很多案件当事人仍倾向于进行技术鉴定的原因。技术调查官可以很好地解决技术咨询、专家陪审存在的时间保障问题。由于技术调查官是法院的内部工作人员，法官就技术问题可以随时随地与技术调查官进行沟通，技术调查官也可以随时查阅案卷、参与庭审。此外，《技术调查官参与诉讼活动规定》也明确规定了技术调查官的回避制度，在制度上确保了技术调查官参与技术事实调查的程序正当性，也有利于技术事实查明的客观性和准确性。

（三）中立性

我国《民事诉讼法》第 79 条规定："当事人可以申请人民法院通知有专门知识的人出庭，就鉴定人作出的鉴定意见或者专业问题提出意见。"❸ 专家辅助人制度的确立弥补了我国现行技术鉴定制度中当事人参与不足的缺陷，使当事人可以充分地对鉴定意见发表专业性意见，有助于法官对案件涉及的技术争议问题形成正确理解。专家辅助人原则上应当基于自身掌握的专业知识独立地发表意见，体现专家的中立性，但由于专家辅助人系当事人聘请，独立性中不可避免夹杂了依附性和倾向性。事实上，在诚信建设较为完善的发达国家，当事人所聘请

---

❶ 该办法第 9 条第 2 款规定："人民法院可以根据人民陪审员专业背景情况，结合本院审理案件的主要类型，建立专业人民陪审员信息库。"第 16 条第 1 款规定："参与合议庭审理案件的人民陪审员，应当在开庭前通过随机抽选的方式确定。"

❷ 邵勋. 论专家证人制度的构建——以专家证人制度与鉴定制度的交叉共存为视角［J］. 法商研究，2011（4）：89–96.

❸ 对于"有专门知识的人"的称谓，有的称为专家证人，有的称为专家辅助人，为了与英美法系中的专家证人相区分，本文采用专家辅助人的称谓。

专家的中立性也很难得到有效保障。澳大利亚法官管理委员会曾经做过一个调查,澳大利亚27%的法官认为专家证人在作证时经常带有倾向性,67%的法官认为专家证人在作证时偶尔带有偏向性。❶ 作为法院的工作人员,技术调查官则不存在中立性缺失的问题,其法律地位相较于专家辅助人更具有超然性和立场的客观公正性,不受制于法官,更不会受制于当事人,其提供的技术审查意见因而更具有参考价值。

三、技术审查意见在知识产权审判中的法律效力

(一)技术审查意见的法律性质

关于技术审查意见的法律性质,主要存在作为证据使用,还是类似于鉴定意见,抑或法院内部参考的不同观点。❷ 笔者认为,上文已述,技术调查官不同于技术鉴定专家,其所出具的技术审查意见自然有别于鉴定意见,而且"证据是当事人为证明其主张提交的或法院为了查清事实依职权调取的。如果要认定技术调查官的文件属于证据,只能归为法院依职权调取的证据。但法院依职权调取的证据一般是已发生事实且当事人无法获得,同时也是法官根据案情需要调取的。而技术审查意见是按照法官的指示,根据现有当事人提供的证据及其自身专业知识作出的主观性意见"。❸ 因此,技术审查意见与法院依职权调取的具有客观性的证据不同,不属于民事诉讼中现有的证据类型,只能作为辅助法官进行审理案件的参考。即使存在技术审查意见,法官仍应就技术事实组织当事人进行举证、质证,当事人也不能因为技术调查官的参与而免除其应当承担的举证责任。对此,《技术调查官参与诉讼活动规定》第9条明确规定:"技术调查官提出的技术审查意见可以作为法官认定技术事实的参考。"我国台湾地区"智慧财产案件审理细则"第18条也有类似规定:"技术审查官之陈述,不得直接采为认定待证事实之证据,且当事人就诉讼中待证之事实,仍应依各诉讼法所定之证据程序提出证据,以尽其举证责任,不得径行援引技术审查官之陈述而为举证。"

(二)技术审查意见是否公开的类型化分析

关于技术审查意见是否公开,韩国最高法院技术审查规则第4条第3款规定,技术审查官提供的观点和书面意见,不向公众公开。根据我国台湾地区"智

---

❶ 徐继军,谢文哲. 英美法系专家证人制度弊端评析 [J]. 北京科技大学学报(社会科学版),2004(3):38.

❷ 魏忆龙. 台湾设立"智慧财产法院"的评析:以泰国、日本、韩国为主的法制比较研究 [J]. 法律适用,2008(Z1):86.

❸ 强刚华. 试论中国知识产权法院技术调查官制度的建构 [J]. 电子知识产权,2014(10):87.

慧财产案件审理细则"第16条的规定，法院可以命令技术审查官就其执行职务的成果制作报告书，技术审查官制作的报告书，不予公开。但法院因技术审查官提供而获知的特殊专业知识，应给予当事人论辩的机会，方可以作为裁判的基础。

　　然而，实践中，对于技术审查意见是否公开仍然存在较大的争论。支持者认为，根据我国台湾地区"智慧财产案件审理法"第8条的规定，法院已知的特殊专业知识，应给予当事人辩论的机会，方可以作为裁判的基础。审判长或者承办法官就案件的法律关系，应向当事人晓谕争点，并适时表明其法律见解及适度开示心证。"'智慧财产案件审理细则'有关技术审查官所制作的报告书一概不予公开的规定是否适当，是否违背母法，不无疑问。法官知悉的特殊专业知识，或者源自法官本身的学历背景，或者源自于技术调查官的言辞或书面报告，不论何种情形，为避免突袭性裁判的发生，均应视具体个案的需要，尤其是针对足以影响裁判结果的特定事项，以言辞方式或者将技术调查官的书面报告适当开示给当事人，依法使当事人有辩论意见的机会。"❶ 反对者认为，报告书并非做成后就不能变动，因为本质上报告书的定位是属于法官参考的意见，即便在辩论终结后，技术审查官还可能再补充意见，此时技术审查官的说明仍可能对案件产生决定性影响，不见得当初做成的报告书就会影响法官的心证。因此，公开报告书没有实益和必要性。❷

　　我们认为，技术审查意见是否公开的讨论应当考虑设立技术调查官的制度价值，兼顾审判效率和审判质量，让当事人能够在法庭上围绕技术争议焦点充分发表各自的意见，进而确保技术事实查明的客观准确。一方面，之所以设立技术调查官制度，是考虑到当前大多数知识产权法官是法学专业出身，并不具有理工专业背景，对于案件审理中随时可能遇到的技术问题，法官可以通过技术调查官方便、及时地予以解决，提高案件审理的效率。如果技术调查官提供的技术审查意见或者技术审查报告都需要向当事人公开，听取当事人的意见，无疑会极大地影响案件审理的进程。技术调查官制度具有的高效性也不复存在。例如，有时法官可能仅需要对案件相关的技术背景、涉及的某个技术术语、技术手段等进行咨询，形成的咨询意见自然也没有向当事人公开的必要性。法官在庭审时仍然可以通过法庭调查的方式让当事人陈述相关意见。另一方面，在技术审查意见涉及关键技术争议或者影响案件裁判结果时，如果仍不向当事人公开，可能会不利于技

---

❶ 沈冠伶. 智慧财产民事诉讼之技术审查官与听审请求权保障 [J]. 月旦裁判时报, 2010 (3): 59.

❷ 杨雄文. 台湾"智慧财产法院"运作两周年述评 [J]. 广东外语外贸大学学报, 2011 (3): 12.

术事实的准确查明，影响案件审理的质量，也不利于技术调查官制度的有效运行。首先，即使技术调查官提供的意见均是客观、准确的，但不排除法官在形成自由心证过程中出现理解偏差。如果让当事人也能对技术审查意见进一步发表相关意见，反而可能取得"兼听则明"的效果，某种程度上也是对技术审查意见的检验和校准。其次，如果当事人不能对关键性的技术审查意见发表意见，仅知道案件有技术调查官参与，但对于技术调查官如何开展工作全然不知，其可能对技术调查官参与案件产生疑虑，反而倾向于申请技术鉴定。毕竟当事人可以全程参与技术鉴定，对技术鉴定充分地发表意见，还可以向出庭的鉴定专家进行质询。最后，选择性公开技术审查意见，某种程度上也是人民法院不断扩展司法公开深度的体现，对于提高司法的透明度和裁判的公信力都具有积极的意义。

因此，出于提高审理效率的考虑，技术调查官提供的技术审查意见原则上可以不向当事人公开，如果涉及关键性技术争议，影响案件审理结果时，出于程序公正和确保案件质量的考虑，可以向当事人公开，以充分听取当事人的意见。"技术审查官所提供之意见，不论是否有书面之提出，对于裁判结果如具有重要性时，均应于裁判前对于当事人两造公开，使其有所认证并有辩论之机会，此为庭审请求权保障之基本要求。"❶ 具体而言，涉及以下技术争议的事实点或者知识点的技术审查意见可以向当事人公开：①权利是否有效的事实点。例如，商业秘密是否具有秘密性、专利权利要求书是否得到说明书支持等。②侵权行为是否成立的事实点。例如，侵权比对意见、侵权技术特征是否是以基本相同的手段，实现基本相同的功能，达到基本相同的效果，并且本领域的普通技术人员无须经过创造性劳动就能够联想到的特征等。③不侵权抗辩是否成立的事实点。例如，商业秘密纠纷中的反向工程、专利侵权纠纷中的现有技术、先用权等。④其他影响案件结果的重大事实。

四、技术调查官在知识产权审判中的体系协调

相较于技术咨询专家、专家陪审员、技术鉴定人，技术调查官具有高效性、便捷性、中立性的制度优势，但这并不意味着技术调查官是对上述三者的替代。技术调查、技术咨询、专家陪审、技术鉴定完全可以相互独立、相互协作，组成有机协调的"四位一体"技术事实调查认定体系，以达到提高知识产权案件技

---

❶ 沈冠伶. 智慧财产民事诉讼之技术审查官与听审请求权保障 [J]. 月旦裁判时报，2010 (3)：58.

术事实查明的客观、准确和高效之目的。❶

（一）四者彼此独立、不可替代

知识产权案件中涉及的技术事实复杂多样，有的事实必须借助专门的仪器或者设备进行检测、分析，例如，被控侵权产品的化学成分；有的事实仅通过专家自身的知识、经验、技能就可以进行解释和说明；有的事实可能较为疑难复杂，涉及行业前沿的尖端技术问题，要求专家具备较高的知识储备；有的事实只需要专家具备行业内普通技术知识就可以胜任。因此，技术调查、技术咨询、专家陪审、技术鉴定所要完成的技术事实调查任务是可以相互区分的，四者彼此独立地完成各自领域的调查事项。具体而言，技术调查官主要负责解决较为常见的普通技术问题；技术咨询、专家陪审主要侧重于凭借专家自身知识即可解决较为复杂的技术问题；技术鉴定主要侧重于查明需要借助设备、仪器等检测、分析、比对才能解决的疑难技术问题。由此也可以得出在任职资格方面，技术调查官并不要求必须是行业内的资深专家，仅需达到行业普通技术人员的知识水平即可。"技术审查官提供法官的特殊专业知识有其高度之局限性，此亦系日本法院就智慧财产权案件设立调查官后，仍须强调并另设专门委员制度的原因所在。"❷ 当然，强调技术调查、技术咨询、专家陪审、技术鉴定彼此独立，并不意味着案件中四者必然同时存在。法官应当根据案件技术事实调查的需要，首先借助技术调查官完成技术调查工作，如果技术调查官无法完成，则可以依次通过技术咨询、专家陪审以及技术鉴定的方式进行技术事实的查明。从提高案件审理效率的角度来看，四种技术调查方式在适用上存在递进式的先后顺序。只有穷尽其他调查方法仍然难以查明案件技术事实时，才需要委托技术鉴定。日本司法实践中虽然同时存在技术鉴定、专门委员制度以及技术调查官，但由于"法官多能妥善运用调查官及专门委员制度，解决多数智慧财产纠纷，故实务上有关专利争议送请鉴定的个案比例，已不多见"。❸

（二）四者相互配合、有机协调

技术调查、技术咨询、专家陪审、技术鉴定虽然彼此独立，但相互之间并不是各行其是，而是彼此配合、有机协调。一方面，技术调查官可以成为法官与技术咨询专家、专家陪审员、技术鉴定人进行沟通协调的桥梁，将晦涩难懂的技术

---

❶ 知识产权审判已有的技术事实查明机制中还包括专家辅助人，但其是由当事人聘请，本文提出的"四位一体"技术事实调查认定体系主要指由法院委托或聘请的专家对技术事实的查明机制。

❷❸ 许正顺. 如何提高智慧财产案件之审判功能：以技术审查官之实务运作为中心［J］. 专利师，2003（11）：20.

语言转化成法官可以理解的术语，同时经过技术调查官的过滤、检验，可以极大地提高技术事实调查的高效性。另一方面，对于技术调查官提出的审查意见，专家陪审员等也可以进行校准和验证，防止技术调查官因自身经历、专业背景可能产生的技术偏差，提高技术审查意见的准确性。

五、结　语

作为知识产权法院的重要改革举措，技术调查官制度具有丰富的内涵，相信随着知识产权审判对技术调查官制度的逐步探索和实践，该制度的功能和价值将得到充分发挥，其与技术咨询、专家陪审、技术鉴定组成的"四位一体"技术事实调查认定体系将不断地协调和融合，共同致力于提高知识产权案件技术事实查明的客观性和准确性，体现知识产权审判的公正和高效。

（本课题系 2015 年上海知识产权法院重点课题）

专利侵权纠纷中制造行为的认定

上海知识产权法院知识产权审判第一庭课题组[*]

【摘　要】专利侵权纠纷案件日趋复杂，使得区分制造行为和销售行为成为认定侵权责任承担的焦点。通过调研和实证案例分析，对近几年法院审判实践中专利侵权纠纷制造行为认定存在的问题和难点进行梳理，归纳总结同类案件特点。在探讨制造侵权专利产品行为判定的法律规定基础上，深入分析不同类型专利侵权纠纷中认定制造者的疑难节点，并提出相应的审判建议以供参考。

前　言

制造侵权专利产品是所有侵害专利权纠纷的源头，侵权人为降低赔偿风险往往将自己包装成销售者。在审理专利侵权纠纷案件中，区分被控侵权产品的制造者和销售者成为难点之一。本文以常见的几类专利侵权纠纷为例，具体分析审判中的认定实施制造专利产品行为的问题所在。

一、专利侵权纠纷案件审判现状

2015 年 1 月 1 日至 2016 年 10 月 31 日，上海知识产权法院以判决认定被告侵犯专利权的知识产权纠纷案件共 119 件，案件中多数原告都主张被告实施了制造侵权专利产品的行为，在原告胜诉的案件中，被告未被认定为制造者主要原因

---

* 课题组成员：刘军华（课题主持人，时任上海知识产权法院知识产权审判第一庭庭长）、陈瑶瑶（上海知识产权法院知识产权审判第一庭法官）、孟晓菲（上海知识产权法院知识产权审判第一庭法官助理）。

有两类：第一，在产品销售网站或外包装上明确表示被告是销售者，且产品有明确的制造者信息。第二，能提供足够的合法来源证据，特别是侵权专利产品的进货与销售能明确对应，且被告对外明示自己仅是销售者。可见，目前法院认定侵权专利产品制造者的主要依据是证据能否明确证明被告仅是销售者。在多数情况下，只要原告证据能证明被告存在制造侵权专利产品的可能性就能认定制造者。

目前在专利侵权纠纷中，被告多通过专利无效宣告程序、现有技术抗辩、先有权抗辩或合法来源抗辩降低诉讼败诉风险。前三种诉讼手段要求被告通过行政程序或聘请技术专家，诉讼成本较高。因此，当销售者和制造者为共同被告，或销售者成为被告的情况下被告都会采用合法来源抗辩，即辩称自己仅实施销售被控侵权产品行为，且并不知道产品源自未经授权的制造者，以避免承担侵权赔偿责任。

二、制造侵权专利产品判定的依据

（一）制造侵权专利产品的法律责任

《专利法》第 11 条将专利侵权行为分为制造、使用、许诺销售、销售和进口五类。其中，实施使用、许诺销售、销售和进口的前提是产品来源于非经许可的专利产品制造者。《专利法》第 70 条规定：使用、许诺销售或销售专利产品的行为，如能证明产品合法来源的前提下，侵权责任人可以不承担赔偿责任。由此可见，《专利法》仅对制造专利产品行为和进口行为采用"绝对保护"，而对使用、许诺销售、销售采用的是"相对保护"。制造行为和进口行为的共性在于两种行为都是将未经授权的专利产品进入专利保护区域内流通，是其他三种专利侵权行为的源头。在专利侵权纠纷中，专利权人维权的首要目的是制止持续性侵权行为，以防止损害扩大。规制未经授权的专利产品制造行为是保护专利权人合法权益最为重要的目的。

《最高人民法院关于审理侵犯专利权纠纷案件应用法律若干问题的解释（二）》第 25 条规定：为生产经营目的使用、许诺销售或者销售不知道是未经专利权人许可而制造并售出的专利侵权产品，且举证证明该产品合法来源的，对于权利人请求停止上述使用、许诺销售、销售行为的主张，人民法院应予支持，但被诉侵权产品的使用者举证证明其已支付该产品的合理对价的除外。所称合法来源，是指通过合法的销售渠道、通常的买卖合同等正常商业方式取得产品。对于合法来源，使用者、许诺销售者或者销售者应当提供符合交易习惯的相关证据。该条合法来源抗辩的适用情形区分为两种，第一，当符合"实际不知道且不应当知道＋来源合法"两个条件，则使用者、许诺销售者或销售者可以避免承担赔偿责任，但需承担停止侵权行为的责任。第二，当符合"实际不知且不应当知道＋来源合法＋合理对价"三个条件时，使用者虽被认定为实施了侵犯专利权的行为，但避免承担赔偿和停止侵权责任。该条免除了善意专利产品使用者停止使用责任，从而极大避免专利产品终端购买者的风险。

（二）制造行为的定义

目前，法律上并没有明确界定"制造专利产品行为"。2013 年，北京市高级人民法院发布的《专利侵权判定指南》中对制造专利产品作出如下定义："制造发明或者实用新型专利产品，是指权利要求中所记载的产品技术方案被实现，产品的数量、质量不影响对制造行为的认定。……制造外观设计专利产品，是指专利权人向国务院专利行政部门申请专利时提交的图片或者照片中的该外观专利产品被实现。"2016 年，国家知识产权局发布的《专利侵权行为认定指南（征求意见稿）》中作出如下定义："制造，对于发明和实用新型专利权而言，是指作出或者形成具有权利要求所记载的全部技术特征的产品；对于外观设计专利权而言，是指作出或者形成采用外观设计专利的图片或者照片所表示的设计方案的产品。"其他规范性法律文件中对制造专利产品的定义与上述并无显著区别。现有法律规定中，对"制造"的定义仅停留在符合实质要件层面，形式要件即何种行为可被认定为"制造"，判断制造者的标准还没有明确。

（三）制造侵权专利产品责任的构成要件

源于专利无形性和公开性的特点，侵权行为人更容易在权利人无法感知的情况下实施侵权行为。多数情况下，侵权专利产品进入市场流通前，权利人并无法得知未经授权专利产品制造行为的存在。虽然专利侵权责任属于一般民事侵权责任，但由于其侵权客体的特殊性在判定专利侵权行为时主要依据《专利法》。

制造侵权专利产品责任的形式要件主要包括下列要素：①制造行为所侵害的客体必须是我国《专利法》所保护的有效专利，即侵权产品涉及的技术必须是在专利有效期内国家授权的专利权保护范围内。②制造侵权专利产品行为人必须是未经专利权人许可或授权。③行为人必须以生产经营为目的。实施制造侵权专利产品行为人的主观要件分为故意和过失两种，第一，故意制造侵权专利产品，即行为人通过专利公开技术文件或其他渠道获得专利技术，主动制造落入专利权利保护范围的产品。第二，过失侵权行为，即行为人在没有查阅相关专利文献的前提下，独立研发并制造落入专利权利保护范围的产品。无论非法制造专利产品的行为人主观上是故意还是过失，都需要承担侵犯专利权的责任，与其主观上是否有过错无关。

三、制造行为界定的难点

专利产品制造行为是专利侵权的源头，也是专利纠纷审判工作中侵权责任人认定的核心问题。但在审判实践中，制造者的认定受到诸多因素的影响，主要包括以下三个方面。

（一）法律无具体明确的规定

目前各类指导司法实践的规范性法律文件对于制造侵权专利产品的定义主要落脚点在于技术方案的再现这一实质要件，对于在何种情况下就能认定为实施了制造行为的形式要件并无具体规定。在审判中，通过技术特征比对就能判断被控侵权专利产品是否实质性侵权，但仅有技术方案判定不能认定被告实施哪些侵权行为。当行为人实施销售、许诺销售和进口侵权专利产品行为时，必须对公众进行宣传才能达到经营目的，因此专利权人能较为容易举证证明被告实施了此三类侵权行为。制造侵权专利产品行为较为隐蔽，法律规定的缺失使得专利权人往往无法直接证明被告实施了制造行为。

（二）制造与销售行为界限模糊

技术经济发展和市场模式的变革使得产品制造者的认定更加困难，主要体现在四个方面：第一，为降低成本，构成部件可能采购于不同厂商，终端产品流入消费市场前可能存在多个销售者和制造者。第二，产品技术集成度的提高，使得制造环节可能由多个制造者分工完成，使得实际部件制造者与产品的外部标识并不一致。第三，多元化品牌管理趋势，导致一件终端产品可能通过不同的销售渠道，附以不同商标，从而难以认定实际的制造者。第四，由于市场分工逐渐细化，产品从制造到销售的过程被分割成不同的环节，各个环节的表现形式也呈现多样化的特点。一件产品的技术方案、原材料采购、生产加工、包装贴牌或实际销售可能源自不同的主体。综上可知，仅从被控侵权产品外观、包装、宣传或购买渠道，并不能直接判定真正的制造者。

（三）事实认定情况复杂

从专利权人角度分析，当发生专利侵权纠纷时，权利人多能通过公证购买过程、产品外包装标识或宣传材料等渠道辨识被控侵权产品的销售者，但认定躲在背后的制造者往往难以举证。在审判实践中，专利权人往往同时起诉侵权人制造、销售和许诺销售等多个行为。这一情况主要源自两方面原因：第一，被控侵权专利产品的制造者往往躲在销售者背后。我国各地遍布大量小作坊式工厂，在侵犯实用新型或外观设计专利纠纷中，被控侵权专利产品的制造者往往难以确定，专利权人存在举证困难。第二，被控侵权产品往往仅标明一个商标或其他标识，真正实施制造专利产品的行为人难以认定。从被控侵权人角度分析，其也常用合法来源作为抗辩以逃脱赔偿责任。因此要求专利权人在诉讼中对被告人实施制造专利产品行为的证明标准达到高度盖然性。根据《最高人民法院关于民事诉讼证据的若干规定》第 73 条第 1 款的规定，双方当事人对同一事实分别举出相反的证据，但都没有足够的依据否定对方证据的，人民法院应当结合案件情况，判断一方提供证据的证明力是否明显大于另一方提供证据的证明力，并对证明力较大的证据予以确认。

四、审判实践中对侵权专利产品制造者的认定

（一）通过直接证据证明制造者

制造者常在产品的外包装、产品表面、合格证、说明书或产品系统内部附以商标或其他商业标识，用以明示制造商、监制、销售、委托方、产地等相关信息。根据《产品质量法》第 27 条的规定，产品或者其包装上的标识必须真实，并要求标明中文的产品名称、生产厂厂名和厂址。同时，《产品质量法》第 30 条要求生产者不得伪造产地，不得伪造或冒用他人的厂名、厂址。因此，当厂商将自己的姓名、名称、商标或者可资识别的其他标识体现在产品上，表示其为产品的制造者的企业或个人可作为直接证据证明被告实施了制造行为。

在"杭州耐德制冷电器厂诉佛山市苏格伦电器有限公司"案❶中，被告虽然提供证据证明涉案被控侵权产品系从第三人处购买所得，但因被控侵权产品上仅有被告的商标标识，且在合格证上标明其系生产商、销售商，并无任何其他企业标识信息，故被告仍应认定为法律意义上的制造者，被告仅是销售商的观点不能成立，也不涉及合法来源抗辩问题。在"上海科斗电子科技有限公司诉杭州古北电子科技有限公司、上海圆迈贸易有限公司"案❷中，被控侵权产品的包装盒上印有"制造商杭州古北电子科技有限公司"，法院在无其他反证的前提下认定被告杭州古北电子科技有限公司实施了制造专利产品的行为。

在产品包装上标示为制造者的证明力大于其他间接证据。在"SMC 株式会社诉乐清市博日气动器材有限公司等"案❸中，虽然被告提供的销售开单载明的标识、地址、电话等信息与第三人迈得发公司一致，且被控侵权产品的型号在另案被认定第三人迈得发公司也存在制造行为。但被控侵权产品上仅有被告的标

---

❶ 上海知识产权法院（2016）沪 73 民初 132 号民事判决书。
❷ 上海知识产权法院（2015）沪知民初字第 361 号民事判决书。
❸ 上海知识产权法院（2015）沪知民初字第 512 号民事判决书。

识，并无任何其他企业表示信息，也未标明被告仅是销售商。因此，法院在综合原告提供的被告的经营范围包括制造、加工、销售等证据后，认定被告是法律意义上的制造者。在"上海兆邦电力器材有限公司诉山东莱芜电瓷有限公司等侵害发明专利权"案❶中，被告山东莱芜电瓷有限公司否认被控侵权产品系由其制造。法院认为被控侵权产品不仅在其外包装盒及产品本体上标示有被告山东莱芜电瓷有限公司的企业名称，且其所附使用说明书上也标示了被告山东莱芜电瓷有限公司的企业名称，可见被告山东莱芜电瓷有限公司也对外明示其系被控侵权产品的制造者。因此，根据上述被控侵权产品的本体、外包装及所附书面文件标示的信息，可以认定被告山东莱芜电瓷有限公司实施了制造行为。被控侵权产品在被告山东莱芜电瓷有限公司与被告东方电瓷公司之间的买卖流转，并不能推翻被控侵权产品对外公示的制造者信息。从以上两个判决中可以看出，法院在认定被控侵权专利产品的制造者时，产品明确标识的制造者信息的公示效力较高，是最直接的证明。在仅有被告的一个商标时，结合被告的经营范围、网页或宣传手册表述其有制造业务时可以认定其实施了制造被控侵权产品的行为。

（二）通过间接证据证明制造者

在实践中，大量中小厂商并不会在产品上标明制造商，生产厂的厂名或厂址，这为专利权人和法院认定制造者带来极大困难。由于产品侵权责任与专利侵权责任案件的性质不同，《最高人民法院关于产品侵权案件的受害人能否以产品的商标所有人为被告提起民事诉讼的批复》（法释〔2002〕22号）对制造者的认定仅限适用于产品侵权责任。那么如产品销售者或所标识的制造者无法确认时，能否直接认定销售者实施制造专利产品行为？在司法实践中，专利权人可以通过各类间接证据证明被控侵权产品的制造者，常见的证据包括被告的经营范围、购买时开具的发票、宣传手册、被告网站介绍等。但当明确被控侵权产品上的标识明确标注制造者、制造商、受委托人或厂房时，在无其他证据直接证明其未实施制造行为的前提下，都应被认定实施了制造专利产品行为。因此，专利权人在诉讼中需提供能证明被告人存在制造被控侵权专利产品的能力和可能性的证据。

在"赵某某诉上海诗亚木业有限公司、上海红星美凯龙家具装饰市场经营管理有限公司"案❷中，原告仅能提供购买被控侵权产品的收银单、定货单、销货单。法院认为，原告仅提供销售凭证并不能证明被告实施制造专利产品行为，只能认定销售行为。在"武汉元丰汽车零部件有限公司诉哈尔德克斯制动产品股份

---

❶ 上海知识产权法院（2015）沪知民初字第273号民事判决书。
❷ 上海知识产权法院（2015）沪知民初字第505号民事判决书。

公司等"案❶中，原告提供了销售单据、电话录音、被告具有制造被控侵权产品能力的证明和网站销售相关证明，而被告并不能举证被控侵权产品来源于他处。据此，法院认定被告实施了制造被控侵权专利产品的行为。在"王某某诉被告上海台庆交通设施有限公司侵害发明专利权纠纷"案❷中，法院认为虽然被控侵权产品上没有任何商品及生产商信息，但被告在其官方网站及阿里巴巴网店中声称其是道路交通安全设施、停车场安全设施、高速公路安全设施以及各类橡塑制品的研发、生产、销售为一体的综合型企业。其企业基本信息显示经营模式为生产厂家，提供加工定制，主营产品或服务为杠杆移车器、液压移车器、移车器拖车器，提供加工定制，也附有车间一角的照片。被控侵权产品的照片中也有被告的三角形标志，可见，被告系以被控侵权产品生产者的身份对外进行宣传。且被告在销售杠杆移车器产品的过程中宣称其为生产厂家，提供加工定制，综合以上证据，可以认定被控侵权产品系由被告生产。

综上所述，法院在司法实践中已考虑到专利权人难以提供制造专利产品的直接证据，只要证明被告有制造专利产品的能力和可能性，并以生产者的身份对外销售，则可以依据间接证据认定被告实施制造专利产品行为。

五、特定情形下制造者的认定

（一）OEM 或 ODM 中的制造者

OEM 也称贴牌生产、代工生产，指品牌持有人不直接生产产品，提供自有技术方案或研发成果，通过委托合同或加工承揽合同让其他厂家生产产品。ODM 也称定牌制造，指品牌企业不制造产品，产品的技术方案也是制造商提供，品牌企业直接在完成产品上贴上自有品牌作为商品进行销售。国家知识产权局的《专利侵权行为认定指南（征求意见稿）》中认为，如果委托加工的产品侵犯专利权，承揽人或加工人的加工行为构成实施专利的行为，定做人或委托人的委托行为也构成制造专利产品的行为。在 OEM 模式中，产品的技术设计方案或图纸源于定作人或委托人，则其明知识产权品落入专利权保护范围，因此产品制造行为的名义制造者和实际制造者共同导致侵权后果的发展，一般认定两者构成共同侵权。在 ODM 模式中，能否认定委托人实施了制造专利行为存在一定争议。其难点在于如产品的技术方案等皆源自实际制造者，则法律上委托方应当不被视为实施制造专利产品行为。委托方容易通过双方的委托合同作为没有实施制造专利产

---

❶ 上海市高级人民法院（2014）沪高民三（知）终字第 118 号民事判决书。
❷ 上海知识产权法院（2015）沪知民初字第 563 号民事判决书。

品行为的抗辩，而实际制造者却难以确定。在目前司法实践中，如被控侵权产品明示标明委托方为生产者或仅存有委托方商标的，则会被认定为制造者。

在"伍某某、盛兴隆塑胶电子（深圳）有限公司诉上海欧尚超市、上海赛佳生活用品股份有限公司等"案❶中，被控侵权产品包装卡纸上左侧标有制造商为被告上海赛佳生活用品股份有限公司，厂址也是被告上海赛佳生活用品股份有限公司的地址。右侧则标有本品由台州市黄岩吉祥日用品厂（以下简称"吉祥厂"）制造，由上海欧发管理咨询有限公司监制，两侧显示的制造商名称不一致。而被告吉祥厂提供的证据证明被告上海欧发管理咨询有限公司监制的标有大拇指标识的产品的制造商信息系唯一确定的，即产品包装上标注的制造商名称与上海欧发管理咨询有限公司监制的本产品由某公司制造的制造公司名相同。综上可知，法院认定被告吉祥厂并非被控侵权产品的制造者。同时，被控侵权产品系被告上海赛佳生活用品股份有限公司实际制造，上海欧发管理咨询有限公司监制，两公司被认定为都实施了制造行为，构成共同侵权。目前，食品、电子产品或零售日用品的标签上常见有生产商、出品商、监制商或经销商等名词，究其本质是委托人在生产链中不同主体之间的分工。在判断专利产品制造商时，如果产品外观或包装仅有一个商标或标识，则可以认定其为法律意义上的专利产品制造者。如果产品外包装上明确标注制造商时，除有其他证据证明其不可能实施专利产品制造行为，或是假冒、印刷错误等情形，应当认定制造商实施了制造被控侵权专利产品的行为。除经销商外，出品商、监制商或生产商都应被认定与制造者共同实施了制造专利产品行为，构成共同侵权。

（二）制造仅供出口的产品

因专利权保护具有地域性，制造者为规避侵权风险，将侵权专利产品仅销往国外作为抗辩。国家知识产权局发布的《专利侵权行为认定指南（征求意见稿）》中认为：未经专利权人许可擅自制造侵权产品并全部出口到国外的行为，虽然产品全部销往国外，并不会损害专利权人在本国范围内实现专利权，但其仍然构成制造专利产品的行为，该行为构成侵权。在"3M公司诉巧艺塑胶制品（上海）有限公司"案❷中，被告辩称其制造专利产品的行为仅是国际贸易中的来料加工，且被告所有生产的产品全部销往国外，未在中国境内销售，出口被控侵权产品的行为应视为交付定制品。法院认为，被告系通过向供应商自行购买被控侵权产品所需的各种原料，然后自行组装成型号不一的被控侵权产品，并非被

---

❶ 上海知识产权法院（2015）沪知民初字第551号民事判决书。
❷ 上海知识产权法院（2015）沪知民初字第126号民事判决书。

告所称来料加工。被告仅能证明被控侵权产品的商标和包装设计来自案外人，但未能证明被控侵权产品技术方案的实现和产品本身设计来源于他处。故法院据此认定被控侵权产品从技术方案设计、购买原材料到加工成最终成品，均是由两被告完成的，两被告实施了被控侵权产品的制造行为。专利权的地域保护不能简单理解为未流入国内市场则不存在生产经营行为。在进出口加工中，被控侵权专利产品的制造行为从合同签订、生产制造或出口中，只要生产环节在国内就可以认定存在侵犯专利权的行为。其原因在于，实施制造专利产品的行为人通过专利产品获得收益，也符合以生产经营为目的的构成要件。所以，制造专利产品仅供出口不能作为未侵犯专利权的抗辩。

（三）专利产品作为零部件

零售产品多由多个机械结构或零部件，涉及多项专利或由不同的专利产品组成。由于产业分工的细化，零售产品的各个零部件可能来自不同的制造者，当一个或多个零部件涉及侵犯专利权时，如何认定零售产品制造者的侵权责任就存在疑问。《最高人民法院关于审理侵犯专利权纠纷案件应用法律若干问题的解释》第 12 条第 1 款规定："将侵犯发明或者实用新型专利权的产品作为零部件，制造另一产品的，人民法院应当认定属于专利法第十一条规定的使用行为；销售该另一产品的，人民法院应当认定属于专利法第十一条规定的销售行为。"北京市高级人民法院发布的《专利侵权判定指南》中认为，将侵犯发明或者实用新型专利权的产品作为零部件或中间产品，制造另一产品的，应当认定属于对专利产品的使用。将侵犯发明或者实用新型专利权的产品作为零部件或中间产品，制造另一产品后，销售该另一产品的，应当认定属于对专利产品的销售。在"无锡艾诺科技有限公司诉吴江振宇纺织电器厂、计某某"案❶中，法院认为原告的专利产品纱线制动器仅是被告产品储纬器的一个配件，且可以单独出售。被告在展览中将被控侵权产品作为配件对外展览，以展示其与被告产品两者配合使用后所产生的效果。虽然，储纬器上仅标明被告企业名称及商标，但不能仅据此认定被告是被控侵权产品的制造者。同时，因被告仅在展会上展示被控侵权产品，原告并无被告实施销售行为的证据，据此认定被告仅实施许诺销售被控侵权产品的行为。

六、对认定制造行为的再思考

为进一步明确制造行为的认定标准，通过审判和司法实践，笔者总结了证明行为人实施制造被控侵权产品的三点经验：第一，产品外包装标识作为判断制造

---

❶ 上海知识产权法院（2015）沪知民初字第 113 号民事判决书。

者信息的第一要素，相比其他间接证据，证明力较高。如果产品的外包装、产品主体上或产品说明书中明示制造者、生产厂商或其他可识别厂商信息的标识，则可认定为实施了制造行为。除非被标识主体能证明其被标识是源于假冒、信息错误或其完全不具备制造的可能性。第二，将企业工商登记信息、对外宣传和具备实施制造行为能力作为认定标准。仅在第一项无法判断制造者信息时，可通过被控侵权行为人的其他制造信息证明认定其为制造者。第三，制造行为完成后，不以是否进入市场流通作为侵权构成要件，对"以经营为目的"的理解应更为宽泛。

在各地逐步推出的专利侵权判定指南中，都缺少对"制造"行为形式要件的规定，如仅在外包装上标示为制造者，或仅是监制或提供技术方案，却未直接实施制造行为能否认定为制造者。对于这个问题，目前法律规定和司法实践中对"制造"行为规制的核心在于对技术方案的重现，是否是"制造"行为的直接实施人，并不影响对"制造"行为的认定。但对于技术方案提供者和实际制造者之间的责任分配问题，还存在一定的争议。在《专利法》修改过程中，需进一步明确各类行为的判断标准或构成要件，为主审法官提供具体的判断指引，才能提高司法审判的统一性。

七、结　语

专利侵权纠纷数量与日俱增，随着制造业产业链的分工细化和国际化趋势，未来纠纷类型会越来越复杂。在判定侵权专利产品的制造者时，从审判角度应综合考量证据能否证明真正的制造者，注重"名义制造者"与"实际制造者"之间的关联，保证专利权利人能维护自身利益；从专利权人角度，需要全面收集被控侵权产品的制造者信息，避免仅概括式起诉被告实施了制造、销售和许诺销售行为，从而增加维权难度。为保证专利侵权纠纷的审判工作既能实现保护专利权人的目的，也能保障市场正常秩序，促进制造业发展，需要司法实践有三个努力方向：第一，制造侵权专利产品行为的认定更为准确，以降低下游市场主体的侵权风险；第二，明确规范企业市场行为，保证终端产品的标识信息真实性；第三，完善专利侵权判定相关立法，为专利权人维权提供明确指导。

（本课题系 2016 年上海知识产权法院重点课题）

"四位一体" 技术事实查明体系
综合运用规则问题研究

上海知识产权法院知识产权审判第二庭课题组

上海知识产权法院知识产权审判第二庭课题组[*]

涉及各领域技术事实的认定及技术问题与法律问题高度融合是知识产权诉讼区别于其他类型诉讼的显著特征之一。长期以来，如何准确、高效地查明技术事实是困扰知识产权审判实践的难题。为提高技术事实查明的科学性、专业性，公正高效地审理技术类案件，需要在一定程度上开放诉讼程序，构建一套多元的技术事实查明机制。为此，上海知识产权法院提出构建技术咨询、专家陪审、技术调查、技术鉴定"四位一体"的技术事实查明体系，该体系是健全技术事实查明机制的重要改革和探索，四种查明方式彼此独立、不可替代，但又相互配合、有机协调，实践中如何有效发挥各种技术事实查明方式，需要对"四位一体"的技术事实查明体系综合运用规则进行深入研究。

一、各种技术事实查明方式的内涵与价值

在知识产权法院成立之前，法院查明技术事实的方式除法官运用自身的知识经验之外，主要依靠技术咨询、专家陪审、司法鉴定三种方式来解决案件所涉技术问题。根据 2014 年 12 月 31 日发布的《最高人民法院关于知识产权法院技术调查官参与诉讼活动若干问题的暂行规定》（以下简称《暂行规定》），技术调查

＊ 课题组成员：陈惠珍（课题主持人，上海知识产权法院知识产权审判第二庭庭长）、范静波（上海知识产权法院知识产权审判第二庭助理审判员）。

官制度在我国正式建立。至此，法院查明技术事实的方式包括技术咨询、专家陪审、技术鉴定、技术调查官四种。

（一）技术咨询制度的内涵与价值

我国立法上目前并没有关于技术咨询的法律规定，就知识产权案件中的技术事实查明而言，技术咨询一般是指法官对于案件所涉技术问题向有关专业领域内的专家进行咨询，并由专家就技术问题出具咨询意见的活动。在规范层面上，早在 1985 年《最高人民法院关于开展专利审判工作的几个问题的通知》中就明确规定，法院可以聘请专家、学者作临时或长期技术顾问。2007 年，《最高人民法院技术咨询、技术审核工作管理规定》明确，技术咨询是指司法技术人员运用专门知识或技能对法官提出的专业性问题进行解释或答复的活动。最高人民法院司法辅助工作部门负责为最高人民法院、地方各级人民法院和专门人民法院的审判和执行工作提供技术咨询服务。❶ 该条规定中，技术咨询的对象是法院内部的司法技术人员。由于知识产权案件涉及技术领域繁杂，司法实践中，多数情况下仍是寻求相关技术领域的外部专家进行咨询。技术咨询作为一种相对较为便利的技术事实查明的方式，各级法院在知识产权审判中一直在广泛使用，不少法院还建有技术专家库供法官咨询。例如 2014 年最高人民法院与中国科学技术协会合作，聘请了 10 名中国科学院和中国工程院院士作为最高人民法院的特邀技术咨询专家。❷

技术咨询制度的价值主要体现在两方面：①节约诉讼成本，提高司法效率。启动司法鉴定程序，或者申请专家陪审员都有严格的程序要求，但专家咨询程序则相对较为简单，通常由合议庭自行决定将有关的技术争点向技术专家咨询，且专家咨询意见通常只作为有关技术事实认定的参考，无须经过庭审质证，可以大幅度地提高审判效率。除此之外，专家咨询的经济成本低，与动辄数万元甚至几十万元的鉴定费用相比，技术咨询费根据案件的不同情况，通常为几百元到数千元。②专家咨询意见权威性高。各级法院聘请的技术咨询专家均为所属领域的权威人士，对于疑难复杂的技术事实或者涉及相关领域前沿的技术事实，在裁判之前咨询相关领域的技术专家，可以增强法官判决的信心。

（二）专家陪审制度的内涵与价值

专家陪审制度是指具有专门知识的人作为人民陪审员，参与案件的审理，享

❶ 参见《最高人民法院技术咨询、技术审核工作管理规定》第 2 条、第 3 条。

❷ 最高人民法院《中国法院知识产权司法保护状况（2014）》［EB/OL］．（2015 – 04 – 30）［2016 – 12 – 30］．http://www.court.gov.cn/shenpan – xiangqing – 14207.html.

有与法官同样的裁判权。关于知识产权案件中引入专家陪审员参与案件审理，最早在1991年《最高人民法院关于聘请技术专家担任陪审员审理专利案件的复函》中就明确规定，人民法院在审理第一审专利案件时，可以根据该案件所涉及的技术领域，聘请有关技术专家担任陪审员。此后，很多地方法院在知识产权案件中都尝试引入专家陪审员参与案件审理，这种制度也获得了最高人民法院的肯定。2005年，时任最高人民法院副院长曹建明讲话中指出，要充分发挥人民陪审员的作用，针对知识产权审判专业性强的实际，积极推行在专业人员中"随机抽取"参审的办法。❶ 2010年《最高人民法院关于人民陪审员参加审判活动若干问题的规定》第5条规定，特殊案件需要具有特定专业知识的人民陪审员参加审判的，人民法院可以在具有相应专业知识的人民陪审员范围内随机抽取。该规定为知识产权案件审理中引入专家陪审员确立了法律依据。

专家陪审制度的价值主要体现在以下四个方面。

（1）准确固定技术争点。技术事实查明的困难之处不仅在于如何查明事实的真相，更为重要的是，在具体个案中确定需要查明哪些技术事实，即技术争点的归纳。在运用专家咨询、司法鉴定等技术事实查明方式时，技术争点通常由法官进行归纳，技术专家或鉴定人仅仅针对纯粹的技术问题出具专业意见。专家陪审员全程参与案件的审理过程，能够在把握整个案情的情况下准确把握技术争点，保证技术事实查明的准确性。

（2）提高技术事实查明的效率。对于复杂的技术问题，法官在庭前会议或庭审中听取当事人或其聘请专家辅助人对有关技术问题进行说明时，通常并不能够准确理解，亦不可能对技术事实形成充分的心证，还须在庭前会议或庭审后寻找其他的途径来查明技术事实，影响了庭审的质效。即使双方当事人就技术事实达成了一致，在目前的诉讼模式下，法官也不能轻易放弃对技术事实的查明。专家陪审员参加诉讼，避免了法官庭审之后再寻求其他的技术事实查明方式，有助于提高技术事实查明效率。

（3）契合当事人的心理需求。在涉及技术事实较为复杂的案件当中，当事人往往聘请专家辅助人就技术事实进行阐明，由于法官通常并非所属技术领域的专家，当事人对于法官能否准确理解相关的技术问题存在疑惑。专家陪审员全程参与诉讼，能够充分有效地就技术事实与当事人进行专业沟通，而且相较于技术调查官而言，专家陪审员不仅在专业技术领域内更为权威，且专家陪审员系合议

---

❶ 曹建明. 全面加强知识产权审判工作：为建设创新型国家和构建和谐社会提供强有力的司法保障[J]. 科技与法律，2007（2）.

庭成员，享有与法官同样的裁判权，其参与诉讼既能保证准确、高效地查明技术事实，也能增强当事人的认同感。

（4）程序公正透明。由于专家咨询意见通常并不写入判决书，亦不作为证据供当事人进行质证，当事人对专家咨询意见甚至法官是否进行了专家咨询并不知情，司法的公开性相对较弱。专家陪审员直接作为合议庭成员参与庭审，就技术问题提问、直接参加合议庭评议，增强了技术事实认定的权威性，提升了司法的公信力。

（三）司法鉴定制度的内涵和价值

知识产权案件中涉及的技术事实司法鉴定，是指在知识产权民事案件审理过程中，为查明案件有关技术事实，鉴定机构根据法院委托，运用科学技术或者专门知识对涉案技术事实问题进行鉴别和判断并提供鉴定意见的活动。

司法鉴定制度的价值主要表现在以下两个方面：①程序规范、透明。我国《民事诉讼法》及其司法解释、《最高人民法院关于民事诉讼证据的若干规定》对于涉及司法鉴定的主要问题进行了明确规定，最高人民法院《人民法院司法鉴定工作暂行规定》中进一步规定了司法鉴定程序中的具体操作问题。相对于其他的技术事实查明方式，司法鉴定的立法依据充分，具体操作有章可循，程序规范透明，能够确保当事人的诉讼知情权。②鉴定意见可采信程度较高。目前国家对从事司法鉴定业务的鉴定机构和鉴定人实行登记管理制度，对于从事司法鉴定工作的机构和人员有严格的资质要求❶，对于法院委托鉴定的事项具有相应的技术能力，鉴定意见在整体上的可采信程度较高。

（四）技术调查官制度的内涵和价值

2014 年 12 月 31 日，最高人民法院发布《暂行规定》，规定了技术调查官的身份定位、主要职责以及技术审查意见的法律效力，技术调查官制度是知识产权法院成立后重要的制度创新。①技术调查官的身份定位。技术调查官与鉴定人、

---

❶ 《全国人民代表大会常务委员会关于司法鉴定管理问题的决定》第 4 条：具备下列条件之一的人员，可以申请登记从事司法鉴定业务：（一）具有与所申请从事的司法鉴定业务相关的高级专业技术职称；（二）具有与所申请从事的司法鉴定业务相关的专业执业资格或者高等院校相关专业本科以上学历，从事相关工作 5 年以上；（三）具有与所申请从事的司法鉴定业务相关工作 10 年以上经历，具有较强的专业技能。因故意犯罪或者职务过失犯罪受过刑事处罚的，受过开除公职处分的，以及被撤销鉴定人登记的人员，不得从事司法鉴定业务。第 5 条：法人或者其他组织申请从事司法鉴定业务的，应当具备下列条件：（一）有明确的业务范围；（二）有在业务范围内进行司法鉴定所必需的仪器、设备；（三）有在业务范围内进行司法鉴定所必需的依法通过计量认证或者实验室认可的检测实验室；（四）每项司法鉴定业务有 3 名以上鉴定人。

咨询专家和专家陪审员在身份定位上不同，技术调查官是知识产权法院的工作人员，属于司法辅助人员，是法官的技术助手。②技术调查官的职责。根据《暂行规定》，技术调查官的主要职责是就案件涉及的技术问题，协助法官理解和查明案件的技术问题，明确技术事实的争议焦点，并就专业的技术问题提出意见，接受法官对技术问题的询问，必要时协助法官组织鉴定人、相关技术领域的专业技术人员提出鉴定意见。技术调查官的主要职责是协助法官解决技术事实问题，不涉及案件法律适用和法律关系的判断，这也是技术调查官与专家陪审员的主要区别。③技术审查意见的定性。根据《暂行规定》的规定，技术调查官出具的技术审查意见仅作为法官认定技术事实的参考，不能作为证据使用，技术审查意见归入案件副卷备查。

技术调查官制度的价值主要体现在以下两方面：①程序高效、便捷。技术调查官是法院工作人员，法官在审理案件中遇到简单的技术问题，可以直接向技术调查官进行咨询；对于相对复杂的技术问题，需要技术调查官参与庭审的，也可以向技术调查室进行申请，相对于向法院外部寻求技术专家而言，使用技术调查官在程序上无疑更为高效和便捷。②全面、深入查明技术事实。技术调查官不仅负责解决具体的技术问题，还可以参与案件的庭审和咨询以及证据保全、现场勘验等程序，其参与案件所涉技术事实的深度和广度是其他技术事实查明方式所不可比拟的，可以更为有效地协助法官准确理解案件所涉技术事实。

二、构建"四位一体"技术事实查明体系的必要性

在技术类案件日益增多、所涉技术领域日趋复杂多样的情况下，在个案中依靠单一方式查明技术事实已经不能满足审判实践的需求。为此，上海知识产权法院提出构建"四位一体"的技术事实查明体系，"四位一体"的技术事实查明机制可以充分发挥各种技术事实查明方式的特点，实现四种技术事实查明方式的联动，大幅提高技术事实查明效率和准确性。

（一）技术类案件日益增多，所涉技术领域复杂、多样

近年来，我国经济发展进入新常态，经济发展方式正在由要素驱动、投资规模驱动为主向以创新驱动发展为主转变，创新对经济发展的引擎作用更加突出。反映在知识产权案件审判当中，呈现出以下几方面的特点：

（1）技术类案件的比例大幅增加。近年来，技术类案件在知识产权案件中所占的比例不断提高，在传统的知识产权案件中，通常只有专利、计算机软件、技术秘密类案件涉及技术事实的查明，随着技术发展和商业模式的创新，互联网领域内的著作权案件和不正当竞争案件增多，其中也涉及大量技术事实的查明，

例如有关搜索引擎、深度链接、云计算等技术问题。上海知识产权法院成立以来，共受理各类知识产权案件3359件，其中技术类案件受理情况如下：计算机软件开发合同纠纷275件、侵害计算机软件著作权纠纷256件、侵害发明专利权纠纷205件、侵害实用新型专利权纠纷277件、侵害技术秘密案件11件，共计1024件，上述技术类案件占比约为30.5%。❶

（2）案件所涉技术领域复杂、多样。近年来，技术类案件所涉及的专业领域日趋复杂多样，涉及通信技术、计算机软件、生物医药技术等新兴技术领域案件的大量涌现，给法官查明技术事实带来一定的压力。目前大多数知识产权法官并不具备理工科专业背景，即使部分知识产权法官具有一定的技术背景，但实践中案件所涉及的技术问题纷繁复杂，仅仅依靠法官自身的知识经验，以及以往相对单一的技术事实查明方式以难以满足当前审判工作中技术事实查明的需求。

（二）技术事实查明周期长，严重影响审判质量和效率

长期以来，知识产权案件中复杂技术事实查明的往往导致审判周期较长，严重影响审判质量和效率。同时，技术事实查明周期长也难以有效保障当事人的利益，在技术发展和产品更新速度日益加快的情况下，技术的生命周期正在日益缩短，技术带来的经济利益呈现出短期集中爆发的特点，而技术事实查明周期过长往往导致当事人"赢了官司、输了市场"，不能有效地保护技术创新。在北京、上海、广州知识产权法院成立后，根据最高人民法院的规定，专利、植物新品种、集成电路布图设计、技术秘密、计算机软件等涉及技术事实的民事和行政案件均由知识产权法院审理❷，将之前可以由基层法院知识产权庭受理的涉及技术秘密、计算机软件的一审案件提升至知识产权法院受理。技术类案件的集中审理既是为了保证法律适用的统一，也是要求知识产权法院探索一套有效的技术事实查明机制，提高技术事实查明的效率。

（三）单一的技术事实查明方式存在不足

目前，法院技术事实查明的方式虽有技术咨询、专家陪审、司法鉴定、技术调查官四种，某一种具体的技术事实查明方式都有其特点，但也有不足之处。尤其对于复杂的技术事实，单纯依靠某一种查明方式，难以满足案件审理的需要。

（1）技术咨询存在的主要不足之处表现为：①程序规范程度较低。目前法律上并没有就技术咨询程序进行规定，技术咨询通常由合议庭自行委托，对于专家提供的咨询材料通常不进行质证，也不告知当事人具体的咨询专家。②专家咨询意见

---

❶ 统计日期为2015年1月1日~2016年10月30日。

❷ 具体见《最高人民法院关于北京、上海、广州知识产权法院案件管辖的规定》第1条的规定。

的公开性较弱。目前实践中，专家咨询意见通常并不在判决书中披露，当事人并不知晓专家咨询意见的内容，对于当事人的诉讼知情权在一定程度有所损害。

（2）专家陪审制度的不足之处主要表现为：①专家陪审员的出庭率较低。造成专家陪审员出庭率低主要有两方面的原因，一是专家陪审员与一般的人民陪审员不同，其日常工作繁忙，社会职务较多，能够保证开庭、参与案件评议的时间不多。二是专家陪审员的专业背景与案件所涉技术领域的匹配度不高。由于知识产权案件所涉及的技术领域众多，专家陪审员的数量很少，导致大量的技术类案件缺乏相匹配的专家陪审员。②专家陪审员总体上法律知识欠缺。由于专家陪审员系合议庭的成员，其不仅需要解决技术问题，还需要就法律问题发表意见，但目前多数的专家陪审员不具备法律背景，在担任专家陪审员后也缺乏必要的法律职业训练，容易将专家陪审员弱化成一种纯粹的技术人员，形成对法律问题"陪而不审"的情形。

（3）技术调查官制度的不足之处主要表现为：①技术调查官数量有限，难以满足所有技术类案件的审理需求。限于技术调查官的编制，不可能就所有技术领域配置相应的技术调查官；对于实践中案件较少涉及的技术领域，配置专门的技术调查官在成本上也不经济。②技术调查官处理疑难复杂的技术事实具有局限性。技术调查官通常并非相关技术领域的权威专家，对于疑难复杂或所述领域前沿性的技术性问题，还需要通过专家陪审员或专家咨询制度解决。同时，对于需要通过一定技术设备进行分析、检验、测试的技术问题，技术调查官难以在现有的技术条件下开展活动，需要通过司法鉴定解决。

（4）司法鉴定制度的不足主要表现为：①鉴定周期长。司法鉴定周期普遍较长，严重影响案件的审判效率。司法实践中，知识产权长期未审结案件中，委托司法鉴定的案件所占比例通常最高。②鉴定费用高。由于知识产权案件中涉及的技术问题难易程度不一，很难像人身伤害、病理等类型的司法鉴定制定相对明确的收费标准，实践中多由鉴定机构根据技术事实的复杂程度确定鉴定费用，当事人普遍反映收费标准较高。例如在计算机软件开发合同纠纷的案件中，一些案件的鉴定费用甚至高于合同标的，导致当事人在选择是否委托鉴定上存在一定的顾虑。

三、"四位一体"技术事实查明体系运行的实证分析

（一）"四位一体"技术事实查明总体运行概况

（1）技术咨询概况。上海知识产权法院成立后，建立了咨询专家库，共聘请了18位特邀科学技术咨询专家，均为教授、研究员以上职称。18位专家来自复旦大学、上海交通大学、同济大学、中国科学院等多所知名大学和研究机构，

涉及的专业领域包括机械、化工、材料、软件、医学、化学、通信等领域。上海知识产权法院成立以来，共进行专家咨询 55 次。❶

（2）专家陪审概况。目前上海知识产权法院共有专家陪审员 18 名，来自上海交通大学、复旦大学、华东理工大学、公安部等多家高等院校和单位。上海知识产权法院成立后，专家陪审员参与陪审的一审案件共 55 件，参与案件的主要类型为专利侵权纠纷和涉及计算机软件纠纷案件。

（3）技术调查官制度运行概况。2016 年 3 月 16 日，上海知识产权法院挂牌成立技术调查室，负责技术调查官工作。在技术调查室建立之前，上海知识产权法院先后制定了《技术调查官参与诉讼活动工作规则（试行）》和《技术调查官管理办法（试行）》两个规范性文件，为技术调查室的成立和技术调查官制度的运行打下扎实基础。在技术调查室建立之后，制定了《技术调查官工作守则》，对技术调查官的日常工作进行了规范。目前，上海知识产权法院共聘请了 11 位技术调查官，涵盖材料、化工、电子、通信、网络、光电和通信等专业技术领域，来自国家知识产权局专利复审委员会、中国科学院、公安部研究所等机构。根据案件的受理情况，目前常驻法院的技术调查官 2 名，主要负责计算机软件和专利类案件中所涉技术事实的查明。自技术调查室成立以来，受理 29 件技术调查案件，完成技术咨询和办理相关事务 220 件次，参加证据保全、现场勘验 7 件次，出庭 31 次，出具技术意见书 10 份。

（4）司法鉴定概况。为进一步加强对知识产权案件中司法委托鉴定工作的规范化管理，上海知识产权法院制定了《关于知识产权民事诉讼中涉及技术事实司法鉴定的操作指引》，对启动司法鉴定的条件、鉴定机构的选择、鉴定事项的审查、鉴定材料的提交、鉴定机构权利义务的告知以及鉴定意见书作为证据采纳的程序等作了详细的规定。通过严格控制鉴定启动条件、规范鉴定程序、理顺鉴定环节与审理环节的衔接，更好地发挥技术鉴定的作用。上海知识产权法院成立后，共委托司法鉴定 12 件，其中，侵害计算机软件著作权纠纷 3 件，侵害商业秘密纠纷 2 件、计算机软件开发合同纠纷 4 件、侵害发明专利权纠纷 2 件、侵害实用新型专利纠纷 1 件，已经完成的鉴定案件 7 件。

（二）"四位一体"技术事实查明机制的运行方式

1. 构建技术类案件分流机制，合理采用技术事实查明方式

技术类案件所涉及的专业领域众多，所涉的技术问题难易程度不同，根据各

---

❶ 本节有关技术咨询、专家陪审、技术调查、技术鉴定的数据统计期限为：2015 年 1 月 1 日至 2016 年 10 月 30 日。

类技术事实查明方式的特点，选择合适的方式，对于准确、高效地查明技术事实至关重要。

司法实践中，知识产权案件中需要查明的技术事实大致可以分为以下几类：①需要借助一定的仪器设备或者搭建一定的环境进行分析、检测、鉴别才能查明的技术事实。例如，产品的化学成分、机械构造、计算机软件的功能等，对于此类问题，一般需要通过技术鉴定才能解决。②纯粹的技术理论问题。例如某一专业术语的含义、某一技术问题的技术原理等。对于此类技术问题，应当根据所涉问题的复杂难易程度分别采用不同的查明方式。对于本领域普通技术人员能够解释和说明的问题，例如在专利权利要求中涉及某一术语的解释，该术语属于所述领域的基础概念，一般通过咨询技术调查官解决。对于所述领域前沿性或分歧较大的问题，例如近年来实践中出现的涉及互联网、计算机软件、新型药物研发等高新技术领域的前沿技术问题，则需通过咨询本领域权威的技术专家或申请专家陪审员解决。③技术比对问题。此类问题大致可以分为两类，一类是侵权纠纷中涉及侵权产品的比对，主要包括专利案件中被控侵权产品的技术特征与专利权利要求的比对、计算机软件著作权侵权案件中计算机软件程序的比对、侵害技术秘密案件中权利产品与被控侵权产品的比对；另一类是技术开发合同纠纷中开发成果与合同约定标准的比对，如计算机软件开发合同中实际开发产品的功能与合同约定功能间的比对。对于此类问题，如果技术争点较少、判断难度不大，一般可通过技术调查官协助进行比对；如果技术争点较多且判断难度很大，可以向相关的技术专家进行咨询或安排专家陪审员参与庭审；如果相关的比对还需要借助仪器设备进行检验、检测，则需通过司法鉴定进行。

2. 构建以技术调查官为基础的技术事实查明机制

在所有技术事实查明方式中，技术调查官制度相对而言是效率最高、成本最低、参与程度最全面的方式。在知识产权法院集中审理一审技术类案件后，技术调查官制度对于技术事实的查明发挥了极大的作用。实践表明，技术调查官参与技术事实查明的次数远远超过其他技术事实查明方式；在参与技术事实查明的深度上，技术调查官不仅参与案件的庭审和咨询，还参与证据保全、现场勘验，为技术事实的查明提供全方位的支持，在参与技术事实查明的深度和广度上，是其他方式所不能比拟的。

技术调查官虽不可能解决所有的技术问题，但其全面深入案件所涉技术事实的调查，可以使其在技术事实查明中扮演基础角色，做好技术调查官与其他技术事实查明方式之间的衔接，妥善协调好技术调查官制度与专家咨询、专家陪审和司法鉴定制度之间的关系，对于准确高效地查明技术事实具有十分重要的意义。

技术调查官在技术事实查明中的衔接作用主要体现在以下两方面：①由技术调查官前期参与技术事实审查，再由技术专家或鉴定人解决具体的技术争议。鉴定人和技术专家通常只解决纯粹的技术问题，至于个案中应当解决哪些技术问题则由法官确定。对于可能需要委托专家咨询或司法鉴定的案件，应当召开庭前会议，由技术调查官参与技术事实查明，以辅助法官了解技术背景、厘清技术争点，最后撰写技术报告，再交由技术专家或鉴定人解决具体的技术问题。②发挥技术调查官与技术专家、鉴定人之间的专业沟通效用。当缺乏案件所涉领域背景的技术调查官，或者技术调查官难以解决案件所涉技术问题时，技术调查官可以协助法官进行技术咨询或委托鉴定。在将有关技术事实交由技术专家咨询或鉴定后，对于咨询或鉴定过程中出现的问题，技术专家或鉴定人可以直接与技术调查官进行沟通，相较和法官沟通而言，具有技术背景的人员之间进行沟通能够提升技术事实查明的效率。

3. 技术事实查明方式叠加适用机制

技术咨询、技术调查官、专家咨询、司法鉴定四种技术事实查明方式各有其特点和适用范围，并非互相排斥。在司法实践中，可以根据案件所涉技术事实的具体情况，同时采取两种或两种以上的技术事实查明方式，以确保技术事实查明的准确性。

（1）技术调查官与专家陪审员同时参加庭审。对于技术事实复杂，各方当事人分歧较大的案件，可以由技术调查官和专家陪审员共同参与诉讼。技术调查官侧重于庭前准备阶段，通过召开庭前会议，固定技术争点，辅助法官梳理案件所涉技术事实。专家陪审员则侧重于庭审阶段对技术事实的调查，通过庭审阅卷、庭审中对技术事实的补充发问等，对技术事实进行审查判断。例如上海知识产权法院在审理"新诤信知识产权服务股份有限公司诉华为技术有限公司侵害专利权纠纷"❶一案中，案件所涉技术领域为通信领域，且涉案专利为方法发明，被诉侵权方法如何确定存在一定的难度，双方当事人对于涉案专利权利要求的解读、被诉侵权方法的确定等均存在较大争议。在该案中，法院同时启用了技术调查官制度和专家陪审制度，技术调查官与专家陪审员各有分工，充分发挥各自专业优势，对于涉案专利和被诉侵权技术方案所涉的技术问题，提供了客观、专业的意见，对于全面、准确查明案件所涉技术事实起到了积极作用。

（2）司法鉴定制度与技术咨询或专家陪审制度的叠加适用。对于一些通过司法鉴定方式才能查明的技术事实，在鉴定意见的采信上，可以发挥技术专家或

---

❶ 上海知识产权法院（2015）沪知民初字第419号民事裁定书。

专家陪审员的作用。司法实践中，当事人对于鉴定所采取的方法、步骤及鉴定结论往往会提出异议，基于专业知识的欠缺，法官对于鉴定意见难以进行实质性的审查。对于鉴定意见涉及的技术争议，一方面，法官可以向有关的技术专家咨询，形成内心确信；另一方面，也可以安排专家陪审员参与庭审，专家陪审员可以当庭就鉴定过程中存在的问题向鉴定人发问，并就鉴定意见能否采纳出具专业意见。

4. 严格控制司法鉴定程序的启动

知识产权案件司法实践中，司法鉴定周期普遍较长，对案件的审判质效有一定的影响，同时鉴定费用过高，当事人诉讼负担较重。因此，应当严格管控鉴定程序的启动，减少不必要的鉴定。自上海知识产权法院成立以来，共委托司法鉴定案件 12 件，仅占所有技术类案件的 1.1%，有效地控制了案件的鉴定数量。在控制鉴定程序的启动上，主要采取了以下措施：

（1）启动鉴定程序前应穷尽其他技术事实查明方式。在以往的司法实践中，法官对于技术事实的查明存在过度依赖鉴定的倾向，在鉴定的启动上具有较大的随意性，导致一些本不需要进行鉴定的案件进入了鉴定程序，严重影响了案件的审判效率。对此，上海知识产权法院《关于知识产权民事诉讼中涉及技术事实司法鉴定的操作指引》规定，在涉及技术事实查明方式的选择上，法院应当根据案件的具体情况，在技术调查、技术咨询等其他方式难以查明案件所涉技术事实的情况下，委托司法鉴定。

（2）以当事人申请为原则，以法院依职权鉴定为例外。我国《民事诉讼法》第 65 条规定，当事人对自己提出的主张应当及时提供证据。技术事实与一般事实在法律性质上并没有实质性的差异，其举证责任在通常情况下均应由当事人承担。就申请鉴定而言，我国《民事诉讼法》第 76 条规定，当事人可以就查明事实的专门性问题向人民法院申请鉴定。当事人未申请鉴定，人民法院对专门性问题认为需要鉴定的，应当委托具备资格的鉴定人进行鉴定。对于各方当事人均不申请鉴定的，法院不应轻易启动鉴定程序，而应根据举证责任进行判定，即对技术事实查明负有举证责任的一方承担相应不利的法律后果。只有在某些专门性问题可能涉及有损国家利益、社会公共利益或他人合法权益的情况下，若当事人均不申请鉴定，法院可依职权启动鉴定程序。

四、"四位一体"技术事实查明方式需要进一步解决的几个问题

上海知识产权法院成立以来，"四位一体"技术事实查明机制整体运行良好，各种技术事实查明方式有机配合，有效提升了技术事实查明的效率和准确

性。但"四位一体"技术事实查明方式的运行中,仍存在一些问题需要进一步解决。

（一）强化法官主动查明技术事实的意识,鼓励当事人对技术事实进行充分阐述

1. 强化法官主动查明技术事实的意识

"四位一体"技术事实查明机制运行以来,部分法官对于技术事实的查明存在过于依赖该四种方式的倾向。建立健全"四位一体"的技术事实查明机制,并不意味着案件所涉的任何技术事实都需要借助该四种调查方式。无论是技术事实,还是一般事实,查明事实的责任主体都是法官,技术咨询、专家陪审、技术调查、技术鉴定是法官在依靠自身知识、经验无法查明技术事实的情况下,寻求外部技术力量以帮助查明技术事实的方式。

司法实践中,应当强化法官主动查明技术事实的意识,承办法官应当通过阅卷、庭前会议等方式,判断案件所涉技术事实的难度,首先应通过一定的学习来了解或理解与技术事实有关的知识,不一定有必要引入其他的技术事实查明方式,只有案件所涉技术事实已经完全超出法官自身能力之外时,才有必要引入其他的技术事实查明方式。

2. 鼓励当事人对技术事实进行充分阐述

在法院采取多元手段查明技术事实以来,特别是建立技术调查官制度以来,很多当事人不积极就案件所涉技术事实提供必要的证明或技术说明,而直接请求法院安排技术调查官就案件技术进行查明。当事人对案件所涉技术事实负有举证责任,如果其对此不进行充分举证和阐述,仅仅依靠法院进行技术事实查明,往往会影响技术事实查明的准确性和效率。司法实践中,首先,法官应当要求当事人对案件所涉技术事实进行充分举证和阐述,对于当事人不能提供必要证据和做必要阐述的情况下,不应轻易引入其他技术事实查明方式。其次,鼓励当事人聘请专家辅助人到庭参加诉讼。一方面,可以避免当事人怠于就技术事实进行举证,过分依赖法院查明技术事实的心理;另一方面,专家辅助人到庭参加诉讼能够更有效阐明技术事实,有助于法官、技术调查官或专家陪审员理解和查明相关技术事实。

（二）对专家咨询意见应适度公开心证,提升裁判公信力

对于专家咨询意见的法律性质,在理论上并没有形成共识,各地法院在实践中对专家咨询意见的操作方式不一,甚至同一法院在不同案件中对专家咨询意见的定性也存在差异。①将专家咨询意见定性为证据,专家意见经当事人质证后方可予以采纳。例如在"上海金地金属制品厂诉上海亘元公司金属制品有限公司侵

犯发明专利权纠纷"案❶中，法院聘请技术专家就相关的技术问题进行咨询，并组织双方当事人对此发表质证意见。②将专家咨询意见作为法官认定技术事实的参考，无须当事人进行质证。例如"南海市麦尔电器有限公司与上海昆玉服装设备有限公司、上海超飞捷服装批发有限公司专利侵权纠纷"案❷中，法院在判决书中仅披露了所聘请技术专家出具的咨询意见，但并未组织双方对此进行举证质证。③是否作为证据使用，取决于专家是否同意就咨询意见接受质询。例如四川省高级人民法院发布的《知识产权审判技术专家管理办法（试行）》中明确规定，如当事人对技术专家出具的咨询意见有异议，或有其他合法理由，可以申请对技术专家进行直接询问。法院根据案件需要，也可主动要求技术专家到庭接受当事人询问。技术专家同意就咨询意见接受当事人询问的，法院可以将专家咨询意见作为证据使用。技术专家不同意就咨询意见出庭接受当事人询问的，专家咨询意见仅作为审判人员了解相关技术问题的辅助性依据，可以不向当事人出示，但应当装入副卷保存。对技术专家出具的咨询意见，法官应根据案件具体情况，结合案件其他证据材料，综合予以认定。❸ 在司法实践中，更为常见的情况是，专家咨询意见仅作为法官增强技术事实认定的内心确认，对咨询意见无论是否予以采纳，均不在判决书中予以披露，而是归入卷宗附卷。

目前，在司法实务中，只有少数案件将咨询意见作为证据使用，并组织当事人进行质证。在绝大多数案件中，专家咨询意见仅作为法官裁判时的参考，且不在裁判中予以披露。这在一定程度上导致当事人与法官的信息不对称，降低了裁判的公开性。但是将咨询意见定性为证据，并组织当事人质证则有悖民事诉讼理论和现有的法律规定。我国《民事诉讼法》第63条规定的证据种类包括当事人的陈述、书证、物证、视听资料、电子数据、证人证言、鉴定意见、勘验笔录共八种，与专家咨询意见最为接近的证据种类是证人证言。民事诉讼中证人作证的过程是对其亲身经历和感知的事实进行客观陈述的过程，证人具有不可选择性和不可替代性。❹ 而专家咨询意见是由专业人员根据科学方法和自己的专业知识作

❶ 参见：上海市第一中级人民法院（2010）沪一中民五（知）初字第31号民事判决书。

❷ 参见：上海市第二中级人民法院（2003）沪二中民五（知）初字第10号民事判决书。

❸ 四川高院规范知识产权审判技术专家管理［EB/OL］.［2016 – 10 – 02］. http：//www. chinapeace. gov. cn/2015 – 12/17/content_ 11305172. htm.

❹ 奚晓明.《中华人民共和国民事诉讼法》修改条文理解与适用［M］. 北京：人民法院出版社，2012：145.

出的判断，具有可替代性，其所作的证据不应认定为证人证言。❶ 因此，现行的立法框架下，专家咨询意见原则上应当定性为参考意见，专家咨询制度在当事人和法官之间产生一定程度的信息不对称的问题是不可避免的。

但为保障民事诉讼辩论主义的原则，在一些案件中法官可以向当事人适度公开心证，引导当事人就技术争点发表意见。例如，如果法官就技术事实的认定拟采纳专家意见，可以适度向当事人公开心证，引导当事人进一步发表意见。对于专家意见中就解决技术问题所采取的理论、方法、步骤等问题，在法官委托咨询前，当事人未对此发表过意见的，尤其应当向当事人告知或释明，听取当事人的相关意见，避免裁判突袭。

（三）严格管控鉴定程序的进行，提升鉴定效率

上海知识产权法院成立以来，由于严格控制鉴定程序的启动，委托司法鉴定的案件数量不多，但已委托鉴定的案件的鉴定周期仍然相对较长。《人民法院司法鉴定工作暂行规定》第 21 条规定，鉴定期限是指决定受理委托鉴定之日起，到发出鉴定文书之日止的时间。一般的司法鉴定应当在 30 个工作日内完成；疑难的司法鉴定应当在 60 个工作日内完成。但在司法实践中，司法鉴定周期普遍超过 60 个工作日。上海知识产权法院成立以来，委托鉴定的 12 起案件中，已经完成的鉴定案件 7 件，平均鉴定周期 6.8 个月，其中 2 起案件的鉴定时间超过 1年。在未完成鉴定的 5 起案件中，有 3 起案件的鉴定时间已经超过 6 个月。

造成鉴定周期普遍过长的原因除了技术事实本身比较复杂之外，法院与鉴定机构之间缺乏必要的衔接，以及法院缺乏对鉴定机构有效的制约也是重要原因。

（1）建立法官与鉴定人之间的沟通协调机制。以往司法实践中，法院将有关事项委托鉴定机构鉴定后，由于在制度上缺乏衔接机制，法院对于鉴定过程并不了解，往往被动地等待鉴定结果，客观上使得鉴定机构产生了一定的惰性。2016 年 10 月 19 日，最高人民法院、司法部发布了《关于建立司法鉴定管理与使用衔接机制的意见》，明确要求建立司法鉴定管理与使用衔接机制，法院与司法行政部门立足各自职能定位，加强沟通协调，共同促进司法鉴定工作健康发展。这一意见就司法鉴定活动在宏观层面上确立了法院与司法行政部门间的衔接机制，在具体个案中，还要进一步构建法官与鉴定人之间的沟通协调机制。由承办法官负责动态跟踪鉴定进程，主动了解鉴定的有关情况，并定期向合议庭汇报鉴

---

❶ 虽然一些研究将法院聘请的技术专家称为"专家证人"，此处的"专家证人"系英美法系中"expert witness"一词的中文翻译，一般是指因接受教育和训练或者具有专业技术和经历适格的人，并非我国民事诉讼法意义上的证人。

定程序的进展状况。对于鉴定期限过长的案件，承办人应当向合议庭说明原因，并就加快鉴定程序提出解决措施。

（2）加强对鉴定机构的制约。目前鉴定机构提供的是市场化服务，法院与鉴定机构间并无隶属关系，即使鉴定机构未在合理期限内出具鉴定意见，法院并无有效的制约措施。为加强对鉴定机构的制约，可以采取以下措施：首先，与鉴定机构协商确定合理的鉴定期限。为防止鉴定机构无故拖延鉴定期限，在法院委托司法鉴定申请时，应根据技术事实的复杂程度确定合理的鉴定期限，并可与鉴定机构约定无正当理由未在合理鉴定期间出具鉴定意见的，鉴定费用应做相应扣减。其次，在鉴定过程中，鉴定机构如认为需要补充鉴定材料的，应向法院提出请求，由法院根据案件情况决定是否予以准许，鉴定机构不得直接向当事人调取鉴定材料。当事人需要进一步提供鉴定材料或者补充鉴定事项的，除明显影响裁判结果的，原则上不应准许。最后，对于鉴定质量和效率较低的鉴定机构，在后续案件的鉴定机构选择上，原则上不再委托。对于鉴定程序严重违法的鉴定机构，应告知司法行政部门，由司法行政部门采取相应的处罚措施。

（四）进一步合理配置技术调查官

技术调查官制度实施近一年来，整体运行效果良好，对于案件所涉技术事实的查明发挥了重要的作用。但技术调查官制度作为新兴事物，在技术调查官的配置上，仍有进一步完善的空间。

（1）拓宽技术调查官的来源方式。根据《暂行规定》，技术调查官是法院的在编人员，上海知识产权法院的11名调查官目前均为聘任制，而非法院在编人员。技术调查官作为法院在编人员更具中立性，也有利于法院对技术调查官的管理，保证技术调查官队伍整体的稳定性。因此，应当适当安排一定数量的在编技术调查官，拓宽技术调查官的来源方式。

（2）增加常驻法院技术调查官的数量。目前，上海知识产权法院聘请的11名调查官中，2名调查官常驻法院，其余9名均为兼职。由于兼职的技术调查官在全面参与技术事实的调查上存在困难，不能有效发挥技术调查官的作用，导致实践中法官不愿申请兼职技术调查官参与案件审理。并且，兼职技术调查官多数仅能就具体技术问题提出意见，其与技术咨询专家作用并无实质性差异。由于法院所聘请的技术咨询专家基本为所属领域的权威专家，法官更愿就相关技术问题咨询技术专家。从实践来看，在技术调查官参与的案件中，绝大部分由2名常驻技术调查官参与，兼职技术调查官参与调查的数量较少。在今后工作中，应创造条件让更多的技术调查官常驻法院，真正发挥技术调查官的作用。

（3）提升技术调查官与案件情况的匹配度。一方面，拓宽技术调查官的专业领域。目前，技术调查官的专业领域相对有限，对于技术类案件中常见的涉及机械、食品、生物医药等领域尚没有专业匹配的技术调查官，对此应当增加具有相关专业背景的技术调查官。另一方面，根据案件受理情况，增加相应专业技术调查官的数量。目前，计算机软件纠纷案件在技术类案件中所占比例较大，且相关的技术事实查明难度较大，应适当增加具有计算机专业背景的技术调查官，满足审判实践的需求。

（本课题系 2016 年上海知识产权法院重点课题）

论知识产权专业化审判新格局的构建与实现

——以上海知识产权法院专业化建设为视角

黎淑兰*

【摘　要】我国知识产权专业化审判经历了从无到有，从专门审判庭到"三审合一"综合审判庭，再到知识产权专门法院的演进历程。新设立的知识产权法院是全面深化司法改革的重要内容之一，在机构设置、队伍管理、案件管辖、审判机制等方面，与原来的审判庭模式相比都有较大创新，体现了知识产权专业化审判的新格局。结合上海知识产权法院的工作实际，知识产权专业化审判新格局的实现可以从专业化的审判理念、审判组织、审判机制、诉讼制度、审判队伍以及保障支持等六个方面加以推进。

【关键词】专业化审判　演进历程　新格局　实现路径

随着知识产权法律体系的不断完善，我国知识产权专业化审判经历了从无到有，从专门审判庭到"三审合一"综合审判庭，再到专门知识产权法院的演进历程。设立知识产权法院，是"深化科技体制改革"和"健全技术创新激励机制"的重要举措，也是我国在新形势下加强知识产权保护的重大战略决策，标志着我国知识产权专业化审判进入新阶段。站在新的历史起点上，知识产权司法保护如何充分发挥专门法院的资源、制度和专业优势，破解影响知识产权保护水平

---

* 作者系上海知识产权法院副院长。

的体制机制难题，进一步彰显司法保护知识产权的主导作用，是知识产权法院面临的课题。结合上海知识产权法院的工作实践，对新形势下知识产权专业化审判新格局的构建与实现作一探讨，以期对提升知识产权司法保护水平有所裨益。

一、知识产权专业化审判新格局的演进历程

由于知识产权在权利特征、保护方式等方面与物权相比，具有较强的特殊性，因此专业化审判成为知识产权司法保护的内在需求和必然趋势。与知识产权法律体系由确立到不断完善的发展过程相适应，总体上，我国知识产权专业化审判经历了从无到有，从专门审判庭到"三审合一"综合审判庭，再到知识产权专门法院的演进历程。

第一个阶段是知识产权审判初创期。十一届三中全会后，为适应改革开放的形势需要，我国开始全面建立知识产权法律制度。1982～1993年，我国先后颁布了《商标法》《专利法》《著作权法》《反不正当竞争法》，1987年1月1日施行的《民法通则》亦在民事权利一章中专门对知识产权进行了规定，由此初步形成了适应我国经济社会发展需要的知识产权法律体系。但由于上述法律施行时间不长，社会公众的知识产权法律意识尚待提高，知识产权案件数量较少，案件类型相对简单，因此，当时的知识产权纠纷和一般的民事纠纷一样，主要由民事审判庭和经济审判庭审理，在审理程序上沿用一般民事案件的模式。

第二个阶段是设立专门审判庭。设立知识产权专门审判庭是我国知识产权审判向专业化审判迈出的第一步。20世纪下半叶以来，随着经济全球化深入发展，世界各国纷纷加快知识产权审判机制改革的步伐，韩国、英国、日本、美国等诸多国家，或者设置独立法院、专业法庭审理知识产权案件，或者成立商业法院处理知识产权诉讼纠纷，呈现出由独立审判机构统一审理知识产权民事、刑事、行政案件的司法变革趋势。❶ 结合我国知识产权审判工作的实际情况，各地法院也开始进行审判机构专门化的探索。1993年，北京市高级人民法院和中级人民法院首先设立了知识产权专门审判庭；1994年，上海市高级人民法院和中级人民法院设立了知识产权审判庭。同年，上海市浦东新区人民法院在全国基层法院中率先建立知识产权审判庭。最高人民法院知识产权审判庭亦于1996年设立。之后，随着经济社会的不断发展，知识产权案件数量的不断增多，全国各省市三级法院纷纷成立知识产权审判庭或者专门的知识产权合议庭。据统计，截至2014年底，全国具有专利、植物新品种、集成电路布图设计和涉及驰名商标认定的民

---

❶ 吴汉东．三审合一：知识产权审判改革的特区模式［N］．人民法院报，2011-11-24（5）.

事纠纷案件管辖权的中级人民法院分别为 87 个、46 个、46 个和 45 个；具有一般知识产权民事案件管辖权的基层人民法院达到 164 个，具有实用新型和外观设计专利纠纷案件管辖权的基层人民法院为 6 个。❶

第三个阶段是探索构建"三审合一"综合审判庭。知识产权法律保护根据法律关系的性质可以分为民事保护、行政保护以及刑事保护，由此产生的纠纷分别由民事审判庭、行政审判庭和刑事审判庭进行审理。由于不同的审判庭在审理标准、裁判尺度上可能存在不一致，进而导致裁判冲突，影响知识产权保护的效果。因此，部分法院知识产权审判庭开始尝试"三审合一"审判模式。以上海法院为例，上海市浦东新区人民法院在审理因上海吉列公司享有的"飞鹰"注册商标而引发的民事、行政、刑事案件时，经上海市高级人民法院授权由知识产权审判庭统一审理该案件，由此在我国开创了"三审合一"知识产权综合审判模式的先河。该模式被我国已故著名知识产权专家郑成思教授誉为知识产权审判的"浦东模式"。此后，国务院 2008 年 6 月 5 日发布的《国家知识产权战略纲要》提出了"完善知识产权审判体制""研究设置统一受理知识产权民事、行政和刑事案件的专门知识产权法庭"。最高人民法院制定的《人民法院第三个五年改革纲要（2009～2013）》亦对此进行了明确阐述。截至 2014 年底，全国共有 5 个高级人民法院、94 个中级人民法院和 104 个基层人民法院开展了"三审合一"试点工作，并在实践中形成了"武汉模式""西安模式""重庆模式"等不同的审理模式。

第四个阶段是设立首批知识产权法院。经历了 30 多年的改革和探索，我国知识产权法律体系已日趋完善，全社会尊重和保护知识产权的意识大幅度提高，知识产权案件数量呈现快速增长的趋势，尤其是涉及复杂技术事实认定和法律适用的新类型疑难复杂案件大量涌现。随着改革开放的进一步深入和创新驱动发展战略的实施，知识产权司法保护的需求日益强烈，而司法在保护知识产权中的地位和作用也越来越重要，设立知识产权专门法院的时机和条件已经成熟。党中央审时度势，在十八届三中全会《中共中央关于全面深化改革若干重大问题的决定》中明确提出了"探索建立知识产权法院"的改革任务。2014 年 8 月 31 日，《全国人民代表大会常务委员会关于在北京、上海、广州设立知识产权法院的决定》通过，以立法的形式宣告我国设立知识产权法院。2014 年 11 月 6 日、12 月 16 日、12 月 28 日，北京、广州、上海知识产权法院相继成立。知识产权专门法

---

❶ 最高人民法院. 中国法院知识产权司法保护状况（2014）[EB/OL]. [2015 – 08 – 11]. http://www.court.gov.cn/zixun – xiangqing – 14207. html.

院的设立是中国知识产权保护的重要里程碑，标志着我国知识产权专业化审判进入新格局。

二、知识产权专业化审判新格局的制度内涵

设立知识产权法院是全面深化司法改革的重要内容之一，在机构设置、队伍管理、案件管辖、审判机制等方面，知识产权法院相较于原来的审判庭模式都有较大创新，体现了知识产权专业化审判的新格局。

第一，设置扁平化的审判及行政管理机构。知识产权法院的机构设置凸显扁平化的管理理念，体现了精简、高效的原则。北京、广州知识产权法院单独设立，但只设一个综合行政机构——综合办公室，除承担文秘、档案、财务、机要等传统意义上法院办公室的职责外，还要承担在其他法院由政治部、监察室、研究室、审管办和后勤行政等数个部门分工负责的政工人事、纪检监察、业务调研、新闻宣传、审判管理、后勤服务等全部日常保障职能。与北京、广州知识产权法院机构设置不同，上海知识产权法院与上海市第三中级人民法院合署办公。上海知识产权法院内设知识产权审判第一庭（以下简称"知识产权一庭"）、知识产权审判第二庭（以下简称"知识产权二庭"）及技术调查室，行政管理、政治工作、党务人事、纪检监察、执行工作、法警事务和后勤保障等与上海市第三中级人民法院合署。

第二，集中一批公开选任的优秀法官。知识产权法院的法官遴选并不是对原中级人民法院知识产权庭人员的简单归并，而是面向所在省（直辖市）进行公开遴选，且设定了相对较高的遴选条件，确保知识产权法官的素质和能力能够适应新格局下的审判要求。根据最高人民法院《知识产权法院法官选任工作指导意见（试行）》第4条的规定，担任知识产权法院审判员的，除需要符合《中华人民共和国法官法》规定的资格条件外，还需要具备以下条件：具有四级高级法官任职资格、具有6年以上相关审判工作经验、具有普通高等院校法律专业本科或者以上学历、具有较强的主持庭审及撰写裁判文书能力。以上海为例，上海知识产权法院除院、庭长4名法官外，首批遴选法官10名，从事知识产权审判工作平均年限8.4年。14名法官中法学博士3名、法学硕士10名；其中2名法官系全国法院审判业务专家。法官选任充分体现了法官队伍专业化、职业化、高素质的特点。

第三，实行民事、行政案件集中管辖。根据《全国人民代表大会常务委员会关于在北京、上海、广州设立知识产权法院的决定》第2条的规定，知识产权法院管辖有关专利、植物新品种、集成电路布图设计、技术秘密等专业技术性较强的第一审知识产权民事和行政案件。因此，知识产权法院在案件管辖上体现出两个特点：一是民事、行政案件"二合一"管辖。知识产权民事、行政案件"二合一"管辖可以实现专利、商标权利效力判断与侵权判断诉讼程序和司法标准的无缝对接，避免民事、行政"二元制"造成的程序循环烦冗、诉讼效率不高、司法标准不统一等问题，可以从根本上解决影响司法效率的机制问题。二是技术类案件的集中管辖。从知识产权法院管辖的案件类型看，主要集中于专业技术性较强的案件，通过对此类案件的集中统一审理，为科技创新营造良好的保护知识产权法治环境。对知识产权案件实行集中管辖和审理，已成为国际社会发展潮流和通行经验。目前，美国、德国、英国等国家以及我国台湾地区均设立了知识产权专门法院，统一审理有关知识产权案件。即使尚未设立知识产权法院的国家或地区，也将知识产权案件集中到有关的法院进行审理。我国建立专门的知识产权法院，统一集中审理知识产权案件，将进一步与世界知识产权保护接轨。❶

第四，配备辅助查明技术事实的专门人员——技术调查官。知识产权法院设立的一大亮点，就是首次引入技术调查官制度协助法官查明技术事实，提高技术类案件事实查明的准确性和高效性。最高人民法院制定的《最高人民法院关于知识产权法院技术调查官参与诉讼活动若干问题的暂行规定》明确了技术调查官制度的设立依据和适用范围、身份定位和工作职责等内容。"技术调查官属于审判辅助人员，其主要职责是协助法官查明专业技术事实和调查收集证据，可以参与案件合议，但对案件裁判无表决权。实践表明，该制度对于弥补法官技术短板、确保技术类案件的审理质量和效率都发挥了重要作用。"❷相较于现有的技术咨询、专家陪审、技术鉴定等技术事实查明方式，技术调查官制度是我国知识产权审判健全技术事实查明机制的又一探索，将进一步提高技术事实查明的科学性、专业性和中立性。作为一项新的机制，充分利用技术调查官的人员优势和制度优势，探索和研究技术类案件的审判规律和更合理化的诉讼规则，是知识产权法院今后需要不断实践和完善的课题。

三、知识产权专业化审判新格局的实现路径

成立后，知识产权法院担负着保护知识产权和加快实施创新驱动发展战略实践者、深化司法体制改革先行者、发挥司法保护知识产权主导作用引领者的职

---

❶ 吴偕林. 为什么要建立知识产权法院？［J］. 求是, 2015 (11).

❷ 黄晓云. 在创新中完善知识产权审判体制：最高人民法院副院长陶凯元谈知识产权法院［J］. 中国审判, 2014 (12).

责。作为专门法院,知识产权法院要充分体现专业化审判资源和制度优势,发挥好知识产权法院的职能作用。结合上海知识产权法院的实际,笔者认为可以从专业化的审判理念、审判组织、审判机制、诉讼制度、审判队伍、保障支持等方面推进知识产权专业化审判新格局的实现。

(一)树立专业化的审判理念

1. 坚持创新理念。创新的时代需要创新的司法,知识产权审判必须适应和反映创新的时代精神,准确把握创新的时代脉搏和发展的时代潮流。用新的理念、新的举措、新的方法应对和解决科技创新各阶段、各环节可能产生的新模式、新情况和新问题,使科技创新的成果能够得到及时、有效的保护。以创新精神和务实态度,加强知识产权保护,全面激发各类创新主体的创新动力和创造活力。

2. 坚持法治理念。知识产权司法保护是法治中国的重要组成部分,在充分发挥保护知识产权主导作用过程中应强化法治理念,尊重司法规律,做到"五个注重",即注重发挥司法保护知识产权的主导作用,注重依法独立、公正行使审判权,注重发挥知识产权审判的导向和指引功能,注重确保知识产权法律体系的全面、有效实施,注重各类创新主体的平等保护。

3. 坚持平衡理念。知识产权司法审判需要正确处理好三对关系:正确处理好保护知识产权与维护公共利益的关系,既要依法严格保护权利人的知识产权,又要防止知识产权不适当侵入公共领域;正确处理好保护知识产权与促进产业发展的关系,既要加大保护力度促进新兴产业发展,又要合理确定保护范围和强度维护产业发展的竞争空间;正确处理好保护知识产权与防止权利滥用的关系,既要依法支持权利人的正当主张,又要防止权利人滥用权利损害他人利益。

4. 坚持开放理念。全球化的时代要求知识产权司法保护必须具有开放的理念,更加注重全球视野和世界眼光,以更加开放的心态推进知识产权保护。既注重学习借鉴国际主流和通行做法,又注重通过创造性裁判引导国际司法潮流,努力做国际知识产权规则制定的参与者、引领者和主导者,切实增强知识产权审判的国际影响力。

(二)形成专业化的审判组织

1. 设置专业化审判庭。上海知识产权法院目前内设知识产权一庭、知识产权二庭两个审判庭。在前期对各类案件难度、数量等进行充分调研的基础上,按照案件类型对内设审判庭的案件管辖进行了专业化的分工:知识产权一庭主要审理涉及专利、垄断一审民事、行政案件以及著作权二审民事、行政案件,知识产权二庭主要审理涉及计算机软件、技术秘密、集成电路布图设计、植物新品种、驰名商标认定的一审民事、行政案件以及著作权以外的知识产权二审民事、行政案件。专业化审判庭的设置，有利于提炼、总结类案审判经验、审理规则，实现案件裁判标准的统一。

2. 组成专业化合议庭。在每个审判庭内部，根据不同类型案件建设专业化的合议庭，例如，建设计算机软件、技术合同、商标及不正当竞争、专利、著作权等专业化合议庭，集中审理类型化的知识产权民事、行政案件，从而有利于提高案件审理质量和效率，强化专家型法官的培养。

3. 成立专项合议庭。针对知识产权司法需求比较集中的创新集聚区，上海知识产权法院主动延伸司法职能，探索建立相应的专项合议庭，提高知识产权司法保护服务科技创新的有效性和针对性。例如，为主动适应中国（上海）自由贸易试验区（以下简称"自贸区"）扩容升级的新形势，顺应涉自贸区知识产权案件发展态势，上海知识产权法院将成立涉自贸区知识产权案件专项合议庭，加强涉自贸区科技创新知识产权司法保护的组织保障，科学界定自贸区知识产权保护的标准和强度，建立既适应自贸区发展要求，又更加符合法治化、国际化要求的知识产权司法保护规则体系。

（三）探索专业化的审判机制

1. 建立完善符合知识产权特点的审判权运行机制。严格按照审判权力运行机制改革要求，在审判组织运行、审判委员会工作规则、法官联席会议和专业法官会议、院长和庭长权力清单、司法责任制以及审判辅助人员职责分工等方面先行先试，做到"三个落实"。落实院、庭长办案规定，强化院、庭长法官身份，明确院、庭长带头办理重大疑难复杂案件的范围、数量和方式，实现院、庭长办案常态化；落实合议庭负责制，强化"让审理者裁判，由裁判者负责"原则，确保审判权依法独立公正行使，切实提升司法公信；落实法官助理职责，强化辅助审判职能作用发挥，进一步提升审判效率。

2. 构建"四位一体"技术事实调查认定体系。技术事实调查认定一直是困扰知识产权审判的难题，在引入技术调查官后，知识产权审判形成了技术调查、技术咨询、专家陪审、技术鉴定四种技术事实调查机制共存的格局。为充分发挥不同技术事实调查机制的优势，提高知识产权案件技术事实查明的准确性和高效性，我们提出构建"四位一体"的技术事实调查认定体系。一方面，四者彼此独立、不可替代。知识产权案件中涉及的技术事实复杂多样：有的事实必须借助专门的仪器或者设备进行检测、分析，例如，被控侵权产品的化学成分；有的仅通过专家自身的知识、经验、技能就可以进行解释和说明；有的事实可能较为疑难复杂，涉及行业前沿的尖端技术问题，要求专家具有较高的知识储备；有的只需要专家具备行业内普通技术知识就可以胜任。因此，技术调查、技术咨询、专家陪审、技术鉴定所要完成的技术事实调查任务可以相互区分，彼此独立完成各自领域的调查事项。具体而言，技术调查官主要负责解决较为常见的普通技术问题；技术咨询、专家陪审主要侧重于凭借专家自身知识即可解决的较为复杂的技术问题；技术鉴定主要侧重于查明需要借助设备、仪器等检测、分析、比对才能解决的疑难技术问题。当然，强调技术调查、技术咨询、专家陪审、技术鉴定彼此独立，并不意味在具体案件中四者必然同时存在。法官应当根据案件技术事实调查的需要，首先借助技术调查官完成技术调查工作，如果技术调查官无法完成，则可以依次通过技术咨询、专家陪审以及技术鉴定的方式查明案件技术事实。出于提高案件审理效率的考虑，四种技术调查方式在适用上存在递进式的先后顺序。只有穷尽其他调查方法仍然难以查明案件技术事实时，才需要委托技术鉴定。

另一方面，四者相互配合、有机协调。技术调查官可以成为法官与技术咨询专家、专家陪审员、技术鉴定人之间沟通协调的桥梁，将晦涩难懂的技术语言转化成法官可以理解的术语，同时经过技术调查官的过滤、检验，可以极大地提高案件技术事实调查的效率。对于技术调查官提供的意见，专家陪审员等亦可以进行校准和验证，防止技术调查官因自身经历、专业背景可能产生的技术偏差，提高技术审查意见的准确性。

3. 推进知识产权纠纷多元化解决机制。为促进知识产权案件的繁简分流和快速解决，进一步提高知识产权案件的审理效率和效果，知识产权法院将不断完善知识产权纠纷多元化解决机制。一是积极与相关科技创新园区、行业协会、调解组织等建立合作关系，根据不同案件的特点，引导当事人选择委托调解、专家调解、行业调解以及园区就地调解等方式促成纠纷就地快速解决。二是完善知识产权诉调对接工作机制，对于事实清楚、法律关系简单的案件，经双方当事人同意，在立案前可以先行组织双方当事人进行调解，从而降低当事人诉讼成本，节约司法资源。

（四）完善专业化的诉讼制度

1. 建立知识产权案件登记立案制度。为方便当事人立案，切实保障当事人的诉权，上海知识产权法院制定了《一审知识产权民事案件登记立案工作实施办法（试行）》，建立了分类立案材料清单制度、一次告知制度、补正材料通知制度以及相应的救济制度等。按照专利、植物新品种、集成电路布图设计、技术秘密、计算机软件、驰名商标认定、垄断等知识产权案件类型，将当事人立案需要提交的材料予以列明，包括起诉状、诉讼主体证明材料、不同案由纠纷的证据材料等，所列内容详细、清楚，当事人可以根据起诉案件类型对需要提交的材料在清单上进行勾选，一旦材料齐全即可登记立案，从而有效提高当事人立案的便捷度。

2. 完善符合知识产权案件审理规律的证据规则。一是证据披露规则。《民事诉讼法》第13条规定，民事诉讼应当遵循诚实信用原则。该法第64条规定，当事人对自己提出的主张，有责任提供证据；当事人及其诉讼代理人因客观原因不能自行收集的证据，或者人民法院认为审理案件需要的证据，人民法院应当调查收集。因此，在知识产权诉讼中，法院基于案件审理的需要可以要求权利人或者侵权人提交相关的财务资料，以查明商品销量或者获利情况。二是举证妨碍规则。《最高人民法院关于民事诉讼证据的若干规定》第75条规定，若一方当事人持有证据无正当理由拒不提供，而对方当事人主张该证据的内容不利于证据持有人的，可以推定该主张成立。因此，当法院经审查认为被控侵权人负有披露义务，应当披露涉及被控侵权人获利状况的证据，但被控侵权人通过积极行为或者消极行为不履行披露义务，或者故意披露不真实、不完整证据的，法院可以作出不利于当事人的推定。三是优势证据标准。根据《最高人民法院关于民事诉讼证据的若干规定》第73条规定，双方当事人对同一事实分别举出相反的证据，但都没有足够的依据否定对方证据的，人民法院应当结合案件情况，判断一方提供证据的证明力是否明显大于另一方提供证据的证明力，并对证明力较大的证据予以确认。因此，在确定损害赔偿数额时，并不要求证据绝对精确，只要权利人或者侵权人提交的证据达到了证据优势的程度，法院即可以采取优势证据标准认定损害赔偿事实。

3. 建立以审判为中心的案件审理制度。知识产权案件特别是技术类案件，当事人争议的焦点不仅在于法律适用，更在于技术特征比对等技术性问题。在以往的审理程序中，法庭调查和法庭辩论分开进行，往往不利于当事人对于同一个技术争议焦点集中、充分地发表意见，也容易导致质证意见和辩论意见的重复，影响案件审理的效率。为此，上海知识产权法院积极探索符合知识产权案件特点的审理制度。针对知识产权案件往往有多个争议焦点的复杂情况，打破固有的全案按照法庭调查和法庭辩论两个阶段进行的程序，以每一个争议焦点的审理为一个环节展开法庭调查和法庭辩论，使当事人陈述事实与辩论观点一气呵成，突出每个争议焦点审理的完整性，增强庭审的针对性，更有利于查明案件事实，提高庭审效率。在"惠普发展公司诉上海胤嘉国际贸易有限公司侵害发明专利权纠纷案"中，合议庭将法庭调查和法庭辩论合并进行，极大提高了庭审效率。

（五）打造专业化的审判队伍

1. 注重培养专家型知名法官。充分发挥全国审判业务专家、最高人民法院知识产权司法保护研究中心首批研究员等知名法官的示范作用，拓展专家法官的带教机制，设立知名法官工作室，扩大知名法官的辐射效应。积极创造条件，鼓励推荐优秀法官出国参加培训和对外司法交流。争取在较短时间内造就一支既懂技术，又懂法律；既熟谙本土需求，又具有国际视野的复合型法官队伍。

2. 发挥审判辅助人员的职能作用。明确法官助理、技术调查官和书记员各自的工作职责分工。具体而言，法官助理主要协助法官处理庭审、调查取证、调解、撰写文书等工作中的法律性事务；技术调查官主要协助法官解决案件审理、现场勘验、证据保全等工作中的技术性事务；书记员主要负责庭审记录、文书送达、文书校对等程序性事务，从而体现各司其职又密切配合，共同协助法官处理各项事务性工作的作用。

3. 加强理论研究和合作交流。鼓励法官、审判辅助人员加强调研，积极参加知识产权司法保护理论课题研究，充分发挥法官丰富的审判实践经验优势和司法智慧、首创精神，支持法官参与知识产权法律问题的学术交流和研讨；与相关科研院校建立人员培训、法律研讨等方面的深度合作，拓宽人才培养路径；在上级法院的支持指导下，积极探索与相关国际知识产权组织、国际司法同行建立常态化的交流合作机制，为拓宽法官的国际视野提供新的平台和渠道。

（六）加强专业化的保障支持

1. 探索创新合署办公模式。作为承担司法体制改革先行先试任务的专门法院，围绕知识产权法院的职能定位，适应合署办公的全新模式，在体制机制方面积极探索创新。以扁平、精简、高效为目标，建立一套符合合署办公模式的案件流程管理、审判质效管理、立审执衔接等制度，为司法体制改革努力创造可复制、可推广的有益经验。

2. 加强知识产权审判智库建设。通过完善知识产权案例库、裁判文书库、技术咨询专家库、法律咨询专家库、陪审员信息库等的建设，为知识产权专业化审判提供资源和知识保障。准确把握专利权、著作权、商标权和不正当竞争等不同类型案件的审理规律和裁判标准，制定类型化的案件审理指引，提高案件审理的规范化水平，统一案件法律适用标准，确保公平正义。

3. 运用信息化手段优化管理。继续加强符合知识产权司法规律的管理制度建设，借助信息化工作从传统互联网向移动互联网、从信息灌输思维向用户需求思维、从人员集合管理模式向人员分类管理模式、从静态的司法数据向动态的大数据司法的转型，实现法院专业化审判管理、人事管理、综合行政管理各个应用系统的数据相互之间无缝衔接、深度交互，实现动态、即时管理，确保审判流程的每一个节点、法院管理的每一道程序实时可视、全程留痕，从而保障实现"专业化"发展的目标定位。

知识产权专业化审判是知识产权司法保护的永恒课题，知识产权法院的设立仅仅标志着专业化审判新格局的来临，未来还有很多涉及知识产权审判的体制机制问题需要不断探索、总结和完善。上海知识产权法院将紧紧围绕"专业化、国际化、权威性和影响力"的目标定位，在"专"字上下功夫，力争走出一条符合知识产权案件审理规律和特点的专业化审判之路，进一步发挥司法保护知识产权的主导作用，传递我国知识产权司法保护的"好声音"，展现我国知识产权司法保护的良好国际形象。

（本文发表于《法律适用》2015 年第 10 期）

专利侵权损害赔偿的司法困境与出路

——以惩罚性赔偿的引入为视角

黎淑兰　刘军华　姜广瑞*

【摘　要】当今世界，知识产权成为经济发展中最具活力的生产要素。保护知识产权就是保护创新已成为国际社会的共识。为此，上海发布《关于加快建设具有全球影响力的科技创新中心的意见》中特别提出要实施严格的知识产权保护，探索实施惩罚性赔偿制度。2016 年 6 月 14 日，美国联邦最高法院罕见地就两起涉及惩罚性赔偿的专利侵权案件作出判决，进一步放宽了惩罚性赔偿的适用条件和判断标准。正在谈判中的 TPP 协议中亦规定要在专利侵权损害赔偿中增加"附加赔偿金"。因此，发达国家在推动高标准知识产权保护方面不遗余力。为适应上述新变化，在司法审判中引入惩罚性赔偿机制，既是提高我国知识产权保护公正性、权威性和国际影响力的现实需要，也是充分发挥司法保护知识产权主导作用的重要手段和抓手。本文在分析专利侵权损害赔偿现状的基础上，结合惩罚性赔偿机制的最新发展，对引入惩罚性赔偿的必要性、惩罚性赔偿的适用条件以及惩罚性赔偿的数额限制等进行了初步探索。

当前，在"大众创业、万众创新"的背景下，上海发布了《关于加快建设具有全球影响力的科技创新中心的意见》（以下简称《意见》），《意见》特别提

---

* 作者简介：黎淑兰，上海知识产权法院副院长；刘军华，时任上海知识产权法院知识产权审判第一庭庭长；姜广瑞，上海知识产权法院知识产权审判第一庭法官助理。

出要实施严格的知识产权保护。❶ 为了彻底解决"侵权成本低、维权成本高"的问题，推进上海建设成为具有全球影响力的科技创新中心，要发挥知识产权司法保护的主导作用，依法加大侵权赔偿和制裁力度，探索实施惩罚性赔偿制度。❷ 保护知识产权就是保护创新，而专利则是与创新联系最为密切的知识产权。2015年12月2日，国务院法制办公布的《中华人民共和国专利法修改草案（送审稿）》第68条即增设了故意侵权的惩罚性赔偿条款。❸ 部分法院如四川省高级人民法院对专利惩罚性赔偿制度进行了一定程度的探索，❹ 但因上位法的缺失，惩罚性的专利损害赔偿制度在司法实践中的运用仍然举步维艰。

一、专利侵权纠纷损害赔偿的现状审视

笔者以上海知识产权法院成立至2016年10月31日审结的侵犯专利权的874件一审案件为样本，除去以撤诉、驳回起诉、驳回原告诉讼请求、调解等方式结案的案件，获得以判决方式结案并有具体判决赔偿数额的案件167件。如图1所示，在该167件样本案件中，侵害发明专利权纠纷38件，占比22.8%；侵害实用新型专利权纠纷38件，占比22.8%；侵害外观设计专利权纠纷91件，占比54.4%，占据专利侵权案件的半壁江山。

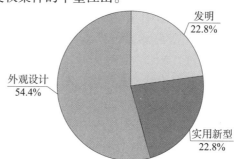

图1 上海知识产权法院167件样本案件的结案类型分布

---

❶ 《关于加快建设具有全球影响力的科技创新中心的意见》第18条。

❷ 吕国强. 知识产权制度是科创中心建设的基本保障［EB/OL］.［2016 – 08 – 10］. http：// culture. people. com. cn/n/2015/0521/c172318 – 27035028. html.

❸ 《中华人民共和国专利法修改草案（送审稿）》第68条："……对于故意侵犯专利权的行为，人民法院可以根据侵权行为的情节、规模、损害结果等因素，在按照上述方法确定数额的一倍以上三倍以下确定赔偿数额。"

❹ 四川高院尝试引入惩罚性赔偿［EB/OL］.［2016 – 08 – 10］. http：//www. iprchn. com/Index_ NewsContent. aspx？ newsId = 63201.

通过对该167份裁判文书的深入分析，不难发现：

（一）法定赔偿占绝大多数

根据中国专利法及其司法解释的规定，专利侵权损害赔偿的计算方式依次为：原告损失、被告获利、专利许可使用费的倍数、法定赔偿。由于原告举证能力薄弱、举证意愿不强等原因，司法实践中法定赔偿的适用比例居高不下。在采集到的167份有效样本判决中，全部采用法定赔偿的方式计算损害赔偿数额，没有1件案件以原告损失、被告获利或专利许可费倍数结案（其中，19件案件根据案件具体情况，在法定赔偿的下限1万元以下判赔）。

（二）赔偿数额总体不高

根据《专利法》第65条的规定，如果专利权人的损失、被告获利和专利许可使用费均难以确定的，人民法院可以根据侵权情节等因素，确定给予1万元以上100万元以下的赔偿。但实践中，我们发现虽然法律规定了100万元的法定最高赔偿限额，但绝大多数案件的赔偿数额在50万元以下。如图2所示，从收集到的样本来看，判决损害赔偿在50万元以上案件有4件，占比2.4%，20万～50万元的案件有11件，占比6.6%，10万～20万元的案件有15件，占比9.0%，10万元以下的案件有137件，占比82.0%。

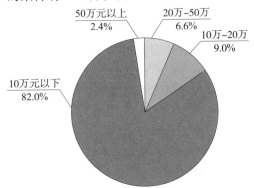

图2 167件案件判决中的赔偿数额分布

（三）法院判决赔偿数额和权利人诉请赔偿数额差距较大

如图3所示，在167件样本案件中，全额支持原告诉请赔偿数额的案件为6件，占比3.6%；法院判决赔偿数额和权利人诉请赔偿数额之比在50%以上的为27件，占比16.2%；50%以下的为134件，占比80.2%。上述比例表明，法院判赔数额超过八成低于当事人诉请赔偿数额的50%，法院判赔数额与当事人的诉请存在一定的差距。

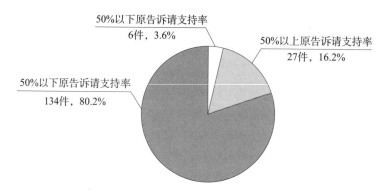

50%以下原告诉请支持率
6件，3.6%

50%以上原告诉请支持率
27件，16.2%

50%以下原告诉请支持率
134件，80.2%

图3　167件样本案件的原告诉请支持率分布

从167件样本案件中可见，由于存在当事人特别是权利人举证不积极、知识产权案件自身的特殊性带来的举证难等因素，致使法定赔偿的适用率居高不下。此外，虽然近年来我国专利申请量、授权量增长迅速，但我国专利制度仍然"年轻"，进入司法领域的专利侵权案件仍以外观设计、实用新型等创新度相对较低的专利类型为主，这也是现阶段专利侵权损害赔偿数额不高的原因所在。同时，我们还应当看到，生物医药、高端制造、移动互联网领域的专利侵权案件进入司法审判的数量在增多，国际分工的细化以及移动互联网的发展将我国专利的司法保护推到了国际化的门槛上。为顺应国际社会加强专利司法保护的趋势，加大对侵犯知识产权特别是故意侵犯知识产权行为的惩戒，有必要对我国专利侵权的损害赔偿现状加以完善，建立以侵权人主观状态为区分标准，惩罚性赔偿与补偿性赔偿共存的二元专利损害赔偿体系，以弥补现行专利赔偿制度的不足。具体来说，对于非恶意侵权案件，应以"填平原则"为导向，按照现行法律规定的权利人损失、侵权人获利、专利许可使用费倍数以及法定赔偿的顺序确定赔偿数额；对于恶意的侵权案件，则以"预防、制裁"为导向，建立与侵权人主观恶意相适应的惩罚性赔偿计算方式。

二、惩罚性赔偿的理论基础

关于是否在专利损害赔偿中引入惩罚性赔偿的问题，赞成者有之，反对者亦有之。比较有代表性的反对意见认为，惩罚性赔偿有违民法精神，不符合公平原则，且混淆了公法与私法的界限。❶但笔者认为，不论是从民事责任的性质，还

---

❶　廖志刚. 专利侵权损害赔偿研究［J］. 重庆大学学报（社会科学版），2007（3）：90.

是专利自身的特性以及实践中专利保护的不足等方面来看，引入惩罚性赔偿制度都是必要的。

（一）惩罚性是民事责任的应有之意

从民事责任的性质来看，民事责任是一种以补偿性质为主的法律责任，但不排除有的责任形式具有惩罚性。❶民事责任的补偿功能是通过补偿性民事责任实现的，而预防和评价功能则是通过惩罚性民事责任完成的。我国《侵权责任法》在第 1 条立法目的中明确规定："为保护民事主体的合法权益，明确侵权责任，预防并制裁侵权行为，促进社会和谐稳定，制定本法。"可见，预防侵权行为的发生并对恶意的侵权行为进行制裁是我国侵权责任法的基本功能。从这一立法目的出发，该法第 47 条即规定了生产、销售缺陷产品的惩罚性赔偿制度，❷这是我国法律层面第一次出现"惩罚性赔偿"的字眼。因此，通过惩罚性赔偿机制达到预防侵权行为发生的目的，是民事责任的应有之意，侵犯专利权民事责任的承担自然也不能例外。

（二）惩罚性赔偿的引入是由专利自身特性决定的

首先，专利权极易受到侵犯。专利技术具有复制易、传播快、控制难的特点。专利权人不能以占有专利客体的方式阻止他人对其专利权的侵害。专利权可以同时被许多人使用，自身却不会有任何损耗。而传统财产权的权利主体一般可以通过对权利客体的占有，防止他人对其财产权的非法干涉。此外，因专利侵权所造成的间接损失，如商誉、市场认知度、产品竞争优势等很难得到有效的补偿。因此，专利权很容易受到侵害，这是导致专利权保护难度大的重要原因之一。

其次，知识产权侵权人的低成本性和高获利性。专利权通过公开换保护，这使得他人获取、利用作为专利权客体的信息的经济成本低，而且时间快，即专利侵权的成本低廉。侵害人无偿使用了他人专利权，极大地降低了经营成本，却获得产品或服务上的价格竞争优势，非法抢占了专利权人的市场份额。由于侵害专利权成本低、利润大，刺激了侵害专利权行为的发生，这是导致专利权保护难度大的又一重要原因。

最后，知识产权诉讼取证难、成本高、风险大。侵害专利权的证据材料，如侵权产品的生产成本、销售价格、销售利润等，很容易被篡改、删除，导致收

---

❶ 王小红. 论惩罚性民事责任［J］. 法律科学, 1996（1）: 60.

❷ 《侵权责任法》第 47 条：明知产品存在缺陷仍然生产、销售，造成他人死亡或者健康严重损害的，被侵权人有权请求相应的惩罚性赔偿。

集、固定侵权证据比较难。此外，专利诉讼通常要付出较高的人力、物力、财力成本，这是导致专利权保护难度大的另一个重要原因。

（三）专利刑事、行政保护的局限性

首先，专利不适宜刑法保护。由于专利权被授予后，在专利有效期间内，任何人都可以申请宣告专利权无效。正是由于专利权效力往往处于极不稳定的状态，因此，将严重侵害专利权的行为规定为犯罪行为缺乏可操作性，极有可能出现有罪判决生效了，但专利权被宣告无效的尴尬局面。因此，我国刑法对严重侵犯著作权和商标权的行为都予以了刑法规制，但并未规定侵犯专利权的刑事责任。❶

其次，专利行政保护的局限性。由于侵害专利权纠纷往往存在法律问题和技术问题交织，专业性强，而行政机关通常缺乏专业化的执法人员，难以对是否构成侵权作出准确的认定，也就难以保证行政执法的公平、公正以及效率。此外，专利权行政保护主要保护手段为责令停止侵权，并进行罚款。但权利人不能从行政罚款中获得经济赔偿，因此，这会大大降低专利权人申请行政保护的积极性。

（四）现行法律对惩罚性赔偿制度的引入预留了立法空间

我国《侵权责任法》第5条规定，其他法律对侵权责任另有特别规定的，依照其规定。这对于在《专利法》中引入与现行承担侵权责任的"填平原则"不同的惩罚性赔偿预留了立法空间。此外，惩罚性赔偿制度在我国的《消费者权益保护法》《商标法》《食品安全法》等部门法领域已经出现并在司法实践中加以运用。

三、惩罚性赔偿的适用条件

（一）美国联邦最高法院最新判例的启示

2016年6月13日，美国联邦最高法院对 Halo Electronics, Inc., v. Pulse Electronics, Inc, （No. 14 - 1513）与 Stryker Corp. v. Zimmer, Inc. （No. 14 - 1520）❷ 专利侵权案作出最新判决。在这两份判决中，美国联邦最高法院推翻了联邦上诉法院在 Seagate 案❸中确立的有关惩罚性赔偿的严格认定标准，采用相对宽松的、赋予法官更大自由裁量权的认定标准。

---

❶ 我国《刑法》规定的假冒专利罪并非对专利侵权行为的刑事制裁，而是对"用自己的产品冒充他人享有专利权的专利产品"的行为的刑事制裁。

❷ ［EB/OL］. ［2016 - 10 - 20］. https：//www. supremecourt. gov/search. aspx？Search = HALO + ELECTRONICS&type = Site.

❸ In re Seagate Technology, LLC, 497 F. 3d 1360 (2007) (en banc).

1. Seagate 案确立的惩罚性赔偿的认定标准

2007 年，联邦巡回上诉法院在 Seagate 案中确立了适用惩罚性赔偿的侵权人主观故意的判断标准。在该案中，联邦巡回上诉法院认为，是否为故意侵权的证明标准应为专利权人提供清楚、有说服力的证据（clear and convincing evidence）。是否适用惩罚性赔偿应采用客观、主观两步测试法（two – part test）加以考察。从客观方面来说，专利权人必须证明侵权人客观上已经知道或者证据已经非常明确地表明其很有可能知道其行为构成侵权，却仍然鲁莽地进行涉案侵权行为（the infringer acted despite an objectively high likelihood that its actions constituted infringement of a valid patent）。从主观方面来说，专利权人必须证明侵权人知道侵权的风险，或者侵权风险非常明显以至于侵权人应当知道（the risk of infringement was either known or so obvious that it should have been known to the accused infringer）。在之后的十余年间，Seagate 案确立的故意侵权的证明标准以及主客观两步测试法一直是美国司法判决专利侵权是否采用惩罚性赔偿的"判例法"，直至 2016 年美国联邦最高法院对上述两起案件作出改判。

2. 美国联邦最高法院有关惩罚性赔偿的最新发展

美国联邦最高法院认为联邦巡回上诉法院在 Seagate 案中确立的两步检测法过于严格，使得只有在极其恶劣的侵权案件（egregious case）中才有惩罚性赔偿的适用余地，这不恰当地排除了另外一些严重侵权案件适用法定赔偿的可能性。联邦最高法院在上述两起案件中明确："一切故意侵权行为"都会受到应有的惩罚。具体来说，美国联邦最高法院在上述两案件中明确了以下内容：

首先，判断适用惩罚性赔偿的侵权人主观故意的证明标准仍为优势证据标准（a preponderance of evidence standard），而非联邦巡回上诉法院在 Seagate 案中确立的专利权人应提供清楚的、有说服力的证据（clear and convincing evidence）标准。对此，联邦最高法院认为，Seagate 案要求的证明标准与美国专利法第 284 条的要求不一致。美国专利法第 284 条没有规定特殊的举证责任，也没有如此高的证明标准。就专利侵权而言，历史上一直奉行的是优势证据标准，从未有过高于此标准的证明责任，惩罚性损害赔偿不应该有例外。联邦最高法院将惩罚性赔偿的证明标准回归优势证据标准，进一步降低了专利权人的举证负担。

其次，联邦最高法院认为 Seagate 案两步测试法中的第一步即客观鲁莽行为（objectively recklessness）的要求不当。如果每一件案件都要求权利人证明侵权人存在客观上的鲁莽行为，可能导致那些"肆意的（wanton）和恶意的（malicious）侵权者"都排除在惩罚性赔偿之外了。联邦最高法院首席法官罗伯茨认为，惩罚性赔偿金的规定自美国专利法制定之初就已经存在了。Seagate 案的该项要求放纵了故意侵权者。如果侵权人在案件审理期间提出专利有效性或其他非侵权的实质抗辩，则可能因为不存在客观的鲁莽行为而免于惩罚性赔偿。罗伯茨法官在判决中写道，责任的评估应该根据侵权者在作出侵权行为时的知情程度，而不是辩护律师在法庭上巧舌如簧的本事。专利侵权人主观上的故意性，即在知情的情况下仍然实施侵权行为是适用惩罚性赔偿的充分条件，与侵权行为是否客观鲁莽无关。❶ 因此，联邦最高法院认为，是否适用惩罚性赔偿的唯一要件为侵权人的主观故意，该主观故意应从被诉侵权行为开始时加以认定（culpability is generally measured at the time of the challenged conduct），而与侵权人之后的客观行为（如提起无效程序、咨询律师、专业技术人员意见等）无关。

（二）我国惩罚性赔偿的适用条件设定

针对我国实践中普遍存在的专利侵权救济不力的现实状况，在司法审判中引入惩罚性赔偿是必要的。但是，我们应当看到，惩罚性赔偿是一把"双刃剑"，在惩罚侵权人的同时也可能诱发权利人为谋取超额惩罚性赔偿而滥用诉权。因此，惩罚性赔偿适用条件的设定要在保护权利人利益与避免权利被滥用之间保持平衡。但保持二者的平衡并非易事，从上述美国关于惩罚性赔偿适用条件的调整中可略见一斑。《中华人民共和国专利法修改草案（送审稿)》第 68 条❷将惩罚性赔偿的适用条件限定于"故意侵犯专利权的行为"。但该条规定仍过于抽象，实践中缺乏操作性。笔者认为，专利侵权案件中适用惩罚性赔偿可以参照《侵权责任法》第 47 条有关产品缺陷惩罚性赔偿的相关规定设定适用条件。该条规定："明知产品存在缺陷仍然生产、销售，造成他人死亡或者健康严重损害的，被侵权人有权请求相应的惩罚性赔偿。"从该条规定可以看出，产品缺陷惩罚性赔偿的适用条件如下：首先，"明知产品缺陷仍在生产、销售"，明确侵权人的主观状态为故意，且为直接故意，排除过失、间接故意状态下的适用；其次，"造成他人死亡或者健康严重损害的"，说明惩罚性赔偿的适用需造成严重后果；最后，"被侵权人有权请求相应的惩罚性赔偿"，说明惩罚性赔偿的适用采用被动主义，即以被侵权人的请求适用为前提。因此，笔者认为，专利侵权惩罚性赔偿的适用条件应设定为：侵权人主观上存在侵权故意、侵权损害后果严重、由当事人请求适用。现详述如下。

---

❶ 美国最高法院加大故意侵权者逃避责任的难度［EB/OL］.［2016 - 10 - 20］. http：// www. sipo. gov. cn/ wqyz/ gwdt/201606/t20160629＿ 1277470. html.

❷《中华人民共和国专利法修改草案（送审稿)》第 68 条"……对于故意侵犯专利权的行为，人民法院可以根据侵权行为的情节、规模、损害结果等因素，在按照上述方法确定数额的一倍以上三倍以下确定赔偿数额"。

1. 侵权人主观上存在侵权故意

首先，惩罚性赔偿中的故意应为直接故意。根据民法理论，过错分为故意、过失两种形态。故意指行为人预见自己的行为可能发生某种不利后果而希望（直接故意）或放任（间接故意）该不利后果发生的主观心理状态。过失是指行为人对其行为结果应预见或能够预见而因疏忽未预见，或虽已预见，但因过于自信，以为其不会发生，以致造成损害后果。过失根据法律对行为人要求的注意程度不同又分为一般过失与重大过失。❶ 惩罚性赔偿作为惩罚侵权人的一种责任方式，应当将其限制在主观过错程度较高的直接故意，排除间接故意和过失适用的余地。正如美国联邦最高法院在麦考密克（McCormick）案❷中指出的一样，专利侵权应当区分侵权人是善意（good faith）侵权或者因疏忽（ignorance）而侵权，还是肆意（wanton）或者恶意（malicious）的剽窃（pirate）行为。对于前者，就是一般的侵权行为，应以权利人的实际损失为赔偿标准，对于后者，可以课以加倍的赔偿金，其目的不仅是补偿权利人的损失，而且具有惩罚的目的。自此以后，联邦最高法院确立了惩罚性赔偿金的适用标准：故意侵权行为。❸ 因此，我国在专利侵权损害赔偿中，应将惩罚性赔偿仅适用于侵权人具有直接故意的情形；而侵权人在间接故意、过失的情况下适用现行的补偿性赔偿，即建立以侵权人主观状态为区分的二元侵权损害赔偿体系（见图4）。

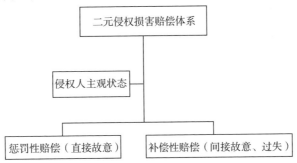

图4　我国二元侵权损害赔偿体系

其次，判定直接故意的参考因素。美国作为在专利侵权损害赔偿中适用惩罚性赔偿最为成功的国家，在如何认定侵权人是否为故意侵权进行了长久的探索。

---

❶　[EB/OL].［2016 - 10 - 21］. http：//www.chinalawedu. com/sifakaoshi/ziliao/wal604189589. shtml.

❷　Seymour v. McCormick，57 U.S.（16 How.）480（1853）.

❸　张慧霞. 美国专利侵权惩罚性赔偿标准的新发展［J］. 知识产权，2016（9）：105.

在 Read Corp. v. Portec，Inc. 案❶中，联邦巡回上诉法院列举了认定故意侵权的 9 项参考因素，这对我们在司法实践中引入该项制度具有重要的参考意义：①侵权人是否蓄意抄袭他人的想法或设计；②当侵权人知道他人专利权存在后，是否调查过专利权的保护范围，并且善意地相信该专利无效，或自己行为不会构成侵权；③侵权人在诉讼中是否有故意隐瞒行为；④侵权人的经营规模和财务状况，惩罚性赔偿不应相应地损害侵权人的非侵权业务；⑤侵权的可能性；⑥侵权行为持续时间的长短；⑦侵权人是否采取补救措施；⑧侵权人的动机；⑨侵权人是否存在故意隐匿侵权行为的意图。

美国作为判例法国家，通过个案引申出的判例规则的部分或全部可以作为在后案件的参考。我国属于成文法国家，规则的制定应具有更广泛的普适性。具体到惩罚性赔偿的直接故意判定因素来说，笔者认为可以从以下几个方面加以考察：①多次侵权、重复侵权、以侵权为业的行为；②收到专利权人的警告函后拒不停止侵权行为的；③明知专利权存在仍故意抄袭、运用该专利的（如存在离职员工、生意伙伴、加工承揽等合作关系的）；④侵权过程中采取措施掩盖其侵权行为的；⑤其他故意侵权情形。

2. 侵权损害后果严重

经分析，美国联邦最高法院通过两则判例进一步放松了惩罚性赔偿的适用条件，即侵权人的主观恶意是适用惩罚性赔偿的充分条件。对此，笔者认为，惩罚性赔偿作为具有惩戒性质的民事责任的承担方式，对其适用范围应当进行严格的限制。也就是说并非全部的故意侵权都必须适用惩罚性赔偿，而只对于那些情节严重的专利侵权行为方可适用。"如果侵权情节不严重的，那么只适用补偿性赔偿制度就可以矫正，恢复公平正义。"❷ 因此，即使侵权人侵权，但未给权利人造成严重后果的，一般不适用惩罚性赔偿。至于哪些侵权行为属于情节严重，笔者认为，可以通过法律明文规定的形式从侵权行为持续时间、发生次数、造成的损失及被侵害专利权的市场价值等角度予以明确，详见下文惩罚性赔偿数额的确定因素部分论述。

3. 由当事人请求适用

首先，关于惩罚性赔偿的适用方式。笔者认为，专利侵权惩罚性赔偿必须依权利人的申请，并经法院查明后方可适用。民事损害赔偿请求权是当事人民事权利的一种，是私权，是否适用应当完全由当事人自己决定。此外，根据民事诉讼

---

❶ Read Corp. v. Portec，Inc.，970 F. 2d 816（Fed. Cir. 1992）.

❷ 史玲，王英军. 惩罚性赔偿制度在我国知识产权法领域的适用［J］. 法学研究，2012（1）.

法不告不理的基本原则，法院也不得主动适用惩罚性赔偿这一严厉的处罚措施，必须由当事人请求适用。

其次，关于惩罚性赔偿的提出时间。笔者认为，惩罚性赔偿的适用请求原则上应当在起诉时通过书面形式向法院提交，并明确列入民事起诉状的诉讼请求中，例外情况下可以口头申请，并记录在案。但是，如果当事人并未在起诉时申请，根据《最高人民法院关于适用〈中华人民共和国民事诉讼法〉的解释》第232条❶的有关规定，权利人最迟应当在法庭辩论结束前向法院提出。

最后，如果权利人未在一审中提出申请适用专利侵权惩罚性赔偿而在二审中提出，是否应当准许？对此，笔者认为，《最高人民法院关于适用〈中华人民共和国民事诉讼法〉的解释》第328条规定，在第二审程序中，原审原告增加独立的诉讼请求或者原审被告提出反诉的，第二审人民法院可以根据当事人自愿的原则就新增加的诉讼请求或者反诉进行调解；调解不成的，告知当事人另行起诉。但惩罚性赔偿并非"新增加的独立的诉讼请求"，因为补偿性赔偿是惩罚性赔偿的基础，只有补偿性赔偿成立了，才可能适用惩罚性赔偿，因此，该申请只能与补偿性赔偿一起提出。因此，在一个案件中，法院已经对补偿性赔偿作出了判决，根据一事不再理原则，权利人无权再就该纠纷起诉至法院，惩罚性赔偿赖以存在的基础——补偿性赔偿不能起诉了，那么惩罚性赔偿也就不能起诉了。❷ 因此，权利人在一审中未提出惩罚性赔偿的适用请求，根据现行法律规定，其在二审中不得再行提出，也不得单独就惩罚性赔偿再另行起诉。

四、惩罚性赔偿数额的确定

（一）赔偿数额的参考因素

在英美法中，对于惩罚性赔偿数额通常没有固定标准或金额的规定，往往是由法官列举一系列考虑因素来确定。例如，美国法院曾在 Pacific Mutual Life Insurance Co. v. Halip 案中列举了惩罚性赔偿的 6 个参考因素❸。笔者认为，惩罚性

---

❶ 《最高人民法院关于适用〈中华人民共和国民事诉讼法〉的解释》第232条：在案件受理后，法庭辩论结束前，原告增加诉讼请求，被告提出反诉，第三人提出与本案有关的诉讼请求，可以合并审理的，人民法院应当合并审理。

❷ 周志远. 论我国专利惩罚性赔偿制度 [D]. 上海：华东政法大学，2014：22 - 23.

❸ 即①侵权行为所造成的损害后果与惩罚性赔偿金之间是否具有因果关系；②侵权人实施不法行为的可责难程度及持续时间；③侵权人以前是否实施过类似侵权行为及侵权行为发生的时间频率；④侵权人的经济能力；⑤权利人所支出的维权成本；⑥侵权人若因该不法行为受到过刑事惩戒或承担过其他民事损害赔偿责任，那么赔偿数额相应减少。

赔偿倍数及数额的确定可以参考我国现行法律中有确定法定赔偿的相关因素。具体包括：①侵权人的主观过错程度。虽然上文分析，惩罚性赔偿仅能适用于直接故意，虽同为直接故意，但故意侵权仍有程度上的区分，此外，行为人是否试图掩盖侵权行为也应考虑在内，如侵权人是否有销毁账簿、掩盖、拒不提供侵权证据等行为。②所侵犯专利权的种类及市场价值因素。不同类型的专利权人创造的投入和成本以及所产生的价值、收益都不同，应区别对待。③侵权行为的情节。包括侵权行为的方式、手段、损害后果、侵权行为持续的时间和影响范围、有无多次侵犯专利权并被制裁的记录等。④侵权人从不法行为中的获利情况。⑤权利人的维权成本。⑥侵权人因侵权行为所受到行政或刑事处罚的数额。当侵权人被处行政罚款或罚金时，考虑到惩罚性赔偿的制裁性质，可考虑不再适用惩罚性赔偿或者适用较低的惩罚性赔偿数额，以避免重复制裁情形的发生。

（二）比例的确定

为了防止惩罚性赔偿数额确定的随意性导致司法不公，应对惩罚性赔偿的数额予以限制，这是学界和司法界的共识，但是各国对于如何限制做法不同，一般采取两种方式：一种是比例限制式，即将惩罚性赔偿设定为补偿性赔偿数额的一定倍数内；另一种是最高数额限制式，即为惩罚性赔偿设定一个"天花板"。因为社会经济一直在动态发展，用最高数额对惩罚性赔偿的数额加以限制可能出现赔偿数额与经济社会发展脱节的情形发生，为此，可能需要对该数额不断加以修正，而这又不利于法律的稳定性。因此，笔者认为惩罚性赔偿采用比例限制的方式更为妥当。

对于最高倍数限制规定为几倍较为合理，笔者认为以 3 倍为宜，理由如下：首先，从比较法上看，美国专利法，我国台湾地区 2001 年"专利法"均规定为最高不得超过补偿性赔偿金 3 倍的惩罚性赔偿，这为我国立法提供了借鉴；其次，从国内立法上看，《最高人民法院关于审理专利纠纷案件适用法律问题的若干规定》第 21 条规定的按照专利许可使用费标准的倍数合理确定赔偿数额和《商标法》第 63 条规定的惩罚性赔偿数额倍数均是 1~3 倍；最后，中国社会科学院法学研究所的《中国民法典·侵权行为法编草案建议稿》第 91 条规定："故意侵害他人生命、身体、健康或具有感情意义财产的，法院得在赔偿损害之外判决加害人支付不超过赔偿金 3 倍的惩罚性赔偿金。"❶ 因此，不论是从适用惩罚性赔偿较为成熟的国家和地区的司法实践，还是从我国其他部门法对惩罚性赔偿的制度探索来看，笔者认为，在补偿性赔偿金数额的 1~3 倍确定惩罚性赔

❶ 周志远. 论我国专利惩罚性赔偿制度 [D]. 上海：华东政法大学，2014：25-26.

偿数额是一个比较合理的区间。

（三）基数的确定

经分析，惩罚性赔偿数额设定为补偿性赔偿数额的 3 倍以内为宜，但在确定 3 倍的比例基数时应当注意：

首先，惩罚性赔偿 3 倍限额不能以法定赔偿的数额为基数。我国专利法规定了原告损失、被告获利、专利许可使用费倍数、法定赔偿的补偿性赔偿数额的确定方式，但惩罚性赔偿的基数确定应仅限于以原告损失、被告获利、专利许可使用费倍数确定的补偿性赔偿数额，不得以法定赔偿数额作为基数。这是因为，在确定法定赔偿数额的时候已经将侵权人的主观状态、侵权行为的情节、专利类型等因素考虑在内，如果惩罚性赔偿数额以法定赔偿数额为基数，则会将上述因素再次作为参考因素考虑在内，不符合逻辑。

其次，原告有权选择惩罚性赔偿数额计算所依据的基数。补偿性赔偿和惩罚性赔偿的计算方法如图 5 所示。

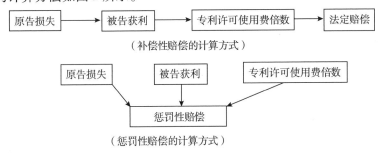

图5　补偿性赔偿和惩罚性赔偿的计算方法

从图 5 可以看出，惩罚性赔偿的 3 倍比例计算以原告损失、被告获利、专利许可使用费倍数为基数，且三者间没有适用的先后顺序，权利人可以根据案情选择其中之一作为计算依据。关于司法实践中存在的原告损失、被告获利以及专利许可使用费难以查清的现状，笔者认为，惩罚性赔偿的适用条件之一为侵权情节或损害后果严重，因此，对侵权人的侵权情节及损害后果进行初步举证是权利人申请惩罚性赔偿的前提。与此相应，《最高人民法院关于审理侵犯专利权纠纷案件应用法律若干问题的解释（二）》第 27 条的规定大大降低了权利人通过侵权人获利方式确定赔偿数额的举证难度。第 27 条规定："……在权利人已经提供侵权人所获利益的初步证据，而与专利侵权行为相关的账簿、资料主要由侵权人掌握的情况下，人民法院可以责令侵权人提供该账簿、资料；侵权人无正当理由拒不提供或者提供虚假的账簿、资料的，人民法院可以根据权利人的主张和提供的证据认定侵权人因侵权所获得的利益。"严格适用本规定，权利人、侵权人的举证积极性都将大大增加，这为原告损失、被告获利等补偿性赔偿数额的查明提供了便利，也为惩罚性赔偿数额的确定打下良好的基础。

结　语

在上海建设具有全球影响力的科创中心的背景下，在专利的司法审判中探索引入惩罚性赔偿机制是向全球创新主体发出的一个强有力的信号，即司法将会给创新提供最强有力的保护。但惩罚性赔偿制度是一把双刃剑，我们应该本着审慎的态度严格地规范适用，明确其适用范围、条件和标准，以发挥其最佳效果，这需要在司法实践中进一步加强探索总结并不断加以丰富完善。

（本文荣获第六届中国应用法学博士后论坛暨中国应用法学研究所成立 25 周年研讨会征文一等奖）

行政无效程序影响下专利民事纠纷审判效率提升路径检视

陶冠东[*]

【摘　要】我国当前专利司法实践奉行绝对二元分立体制，行政机关负责专利权有效性审查，司法机关在案件审理中推定涉案专利权有效，即使专利权效力存疑，也不得对其进行审查判定，专利权效力的最终确定只能由专利行政机关作出。在此制度安排下，司法机关固然可以通过驳回专利权人的诉讼请求临时性解决问题，涉案问题专利的实质性解决仍有赖于通过专利行政机关的无效宣告程序，但由此带来的又是漫长的案件审理中止和复杂的专利无效程序，影响了司法程序的公平效率。事实上，二元分立体制下专利行政机关与司法机关的权力划分有其固有的体制性问题，其有赖存续的行政机关社会公信力和专业优势等社会现实也已发生变化，兼之随着社会经济技术的不断发展，专利保有率和专利纠纷量的不断增长，对专利民事纠纷中行政无效带来的影响进行审慎检视以作出必要应对已成为必然。

基于二元分立体制的基础理论和社会现实，结合我国专利司法中的实践经验，笔者认为在审视行政无效程序在专利民事纠纷中的影响时，应充分考虑行政机关与司法机关的权力分配格局，不应贸然突破，在此过程中，需要充分考虑案件审理中司法机关之间的判断不一致、民事、行政交叉时司法机关与行政机关的

---

* 作者系上海知识产权法院知识产权审判第一庭法官助理。

判断不一致以及被控侵权人滥用专利无效宣告程序等方面的问题，合理把握变革二元分立体制的范围和条件，遵循相对性和有限性原则。同时，在司法改革背景下，笔者认为可以充分发挥新成立的知识产权法院的作用，尝试在专利民事侵权案中对专利有效性全面审查，探索建立更为行之有效的专利纠纷解决模式。

随着现代专利保护制度的形势变迁和执法实践的日益深入，二元体制下司法机关对于不能实质审查专利权的消极作用越来越大。在此体制下，专利民事纠纷与专利行政诉讼循环交叉，专利民事侵权纠纷得不到及时解决，影响了司法效率与公平追求。基于此，在司法甚至是立法层面上对二元分立体制进行修正，赋予法院在专利侵权案件审理中对专利有效性进行必要审查的应予允许。本文对专利民事与行政二元体制的理论基础及其存在的现实依据进行分析，根据我国当前司法实践中存在的问题，结合域外相关国家和地区的理论及其实践，分析在专利民事侵权案件审理中对专利权有效性进行审查的理论可行性及其现实可能性，思索解决行政无效程序影响下案件审理效率提升的路径。

一、专利无效审查中行政程序作用的理论基础及其现实依据

二元分立体制的理论基础在于民事纠纷与行政决定的两界分立，司法机关与行政机关的权限相互独立，在专利民事纠纷的案件审理中司法机关推定涉案专利处于有效状态，不得基于自身判断对专利的有效性问题进行审查，相关认定应由行政机关作出。❶ 从专利权的属性上看，二元分立体制认为专利权兼具公法和私法的双重属性：一方面，专利权的行使属于民事权益，专利侵权纠纷是社会主体对意定被控侵权人的民事性质的私权纠纷；另一方面，专利权的获得基于国家公权力，是由国家专利行政机关依据法律规定、审查规则以及相关政策认定的，其权力行使行为属于公法性质的国家行为。二元分立体制的现实依据则在于国家行政机关社会公信力的维护和行政机关在专利有效性审查中的专业优势信任。关于行政机关的公信力，是由于专利授权决定一经公布，即对社会产生公信力，社会公众基于对行政机关的信任而认同公布专利的有效性，即使行政机关授权确权行为有所不当，在被有权机关撤销或者改变之前，仍应推定专利权的有效性，需受其拘束力制约。关于行政机关在专利有效性审查中的专业优势信任，则是考虑到专利的有效性判断往往需要熟知相关技术领域公知常识性的专业知识并有一定的创新认识，行政机关基于其部门职责和工作属性，在机构设置、人员配备以及社

---

❶ 关于专利权推定有效原则，欧洲专利制度下这样，美国亦是如此。所不同之处在于，专利权的有效与否由法院决定。参见李明德. 美国知识产权法院 [M]. 2 版. 北京：法律出版社，2014：117.

会资源方面有着司法机关所不具备的比较优势。

基于二元分立体制理论体系下的司法机关由于其权力属性、职责权限和人员构成等方面的原因，不适宜在民事纠纷的案件审理中直接对专利权的有效性作出判断。即便是涉专利行政无效的案件审理中，司法机关也只能对专利行政机关的合法性和正当性作出裁判，无权直接认定相关专利的效力，只能裁判专利行政机关重新裁定。事实上，无论是专利制度创设的初始，抑或是发展经年的现在，都有众多国家和地区选择适用二元分立体制，德国❶、日本❷以及我国台湾地区等都是这一制度的施行地。❸ 笔者同时注意到，上述国家或地区虽对二元分立体制作出了一定变革，却并未实质性地更改其权力划分的基础，行政机关仍是专利有效性判断的法定机关。

作为二元分立体制的施行地，我们国家一直严格遵循这一理论下的权力划分体制，在已有统一性要求的情况下，部分地方司法机关仍以裁判指导文件的方式对此原则予以确认和强化。如北京市高级人民法院在其制定的《专利侵权判定指南》中就曾明确要求相关法院在专利侵权的案件审理中"在权利人据以主张的专利权未被宣告无效之前，其权利应予保护，而不得以该专利权不符合专利法相关授权条件、应予无效为由作出裁判。"❹

行政机关在专利民事侵权纠纷案件的审理中发挥着至关重要的作用，虽然最高人民法院多次指出审理法院不需必然性中止相关案件的审理❺，可以依据案件事实对案件进行审理，但在司法实践中，审理法院为避免民事侵权的认定与专利无效宣告的决定不一致引发的困境和后续可能的其他纠纷，中止案件审理往往成为重要选择。事实上，专利无效行政本身也存在其司法程序，路径烦琐、耗时费力，由此带来的是相关专利民事纠纷案件长期的不确定等待，陷入难以预期的审

---

❶　根据德国专利法，侵权诉讼由普通法院专属管辖，请求宣告专利无效的诉讼由联邦专利法院即作为上诉法院的联邦最高法院专属管辖。在侵权诉讼中，法官必须遵循专利局、专利法院或者最高法院的决定或者裁判，不得对专利有效性进行审查。参见范长军. 德国专利法研究［M］. 北京：科学出版社，2010：142.

❷　日本大审院明治37年裁决：即使专利存在无效事由，但一旦专利获得了登记，只要使该专利登记的审决还没有确定，其效力就不丧失，此时普通裁判所不能对专利的合理与否及其效力有无进行判断，侵害专利权的被告必须凭借审决使专利无效。转引自朱理. 专利民事侵权程序与行政无效程序二元分立体制的修正［J］. 知识产权，2014（3）：38.

❸　朱理. 专利民事侵权程序与行政无效程序二元分立体制的修正［J］. 知识产权，2014（3）：38.

❹　北京市高级人民法院《专利侵权判定指南》第6条。

❺　2015年颁布的《最高人民法院关于审理专利纠纷案件适用法律问题的若干规定》第9条中明确了有限的几种可以不中止审理的例外情形。

理困境。❶

二、专利行政程序作用下专利民事纠纷的不应性思考

事实上，在大陆法系部分国家和地区选择二元体制的同时，也有很多国家和地区实施的是非二元体制，从其根本上来说，无论是二元分立体制的选择，还是非二元分立体制的适用，其基本依据都是法律属性、现实依据以及社会发展等多方面因素。

第一，专利权的法律属性与二元分立体制制度属性的兼容问题。专利本身兼有公法与私法的双重属性，具体而言，在公法层面上，专利是行政机关代表社会公众对技术创新的贡献度进行审查，体现了国家意志；在私法层面上，专利是民事主体享有的私权利，可以自由处分。我国专利授权确权程序虽然赋权于专利行政机关，但在专利授权确权程序中，均有社会力量引入程序，其目的在于通过外界力量为专利授权确权的可靠性进行把关。❷ 第三方程序的引入意味着专利授权确权并非专属于专利行政机关，使其公法属性掺入了部分私法因素。从根本来说，专利权的授予或是确认实质上仍是私权，只是在私权的确认过程中需要对其合理性进行审查，二元分立体制下行政程序和民事纠纷的隔断性处理对专利权有效性的实质认定实无裨益。

第二，专利行政机关公信力维护的价值基础在专利民事纠纷中体现并不明显。行政机关的公信力有赖于其决定为社会公众认可之后，借此作出相关行为的相关秩序维护，专利权作为公法基础上产生的私权，其权利主体是具体当事人，而非特定性社会公众。专利权作为推定性权利，在民事侵权纠纷产生之时，其效力问题即处于审理法院、对方当事人以及相关社会公众的检视之下，在案件审理过程中，涉案专利的效力审查具有相对性和局限性，个案专利的不利性评判并不足以对国家行政机关的公信力产生负面影响或者说某种冲击。需要指出的是，专利行政的公信力理论事实上已经被大多数国家所抛弃，在此语境下，其权威性有待司法程序的确认和审视。❸ 行政机关的公信力基础，即安定秩序实际上只是法价值追求之一，并非唯一，也非首要或是基础，"无论是立法者还是在遇到疑难案件时不得不像立法者那样思考的法院，在涉及具体规范时需要考虑与权衡众多

---

❶ 2015 年颁布的《最高人民法院关于审理专利纠纷案件适用法律问题的若干规定》第 9 条中明确了有限的几种可以不中止审理的例外情形。

❷ 对于第三方程序的引入，在专利申请和无效阶段均有此方面的规定。

❸ 刘东亮. 行政行为公定力理论之检讨 [J]. 行政法研究，2001 (3)：53 - 59.

可能彼此竞争的价值和事实因素"。❶ 无论是专利民事侵权案件的审理，抑或是专利行政程序决定的作出，实质性解决问题、解决效率、行政与司法二者的权能分工等都是法院在审理过程中需要注意的因素，这些对行政行为的公信力必然会产生制约。因此可以说，形式意义上的专利行政机关公信力，不应成为司法机关解决专利民事纠纷过程中的阻碍性因素。

第三，随着司法机关自身条件和社会资源的丰富，行政机关的专业性优势作用不再明显。随着专利司法实践发展，司法机关在专利技术事实查明、专利性判断方面已经积累了相当的经验，人才队伍得到了锻炼，审判业务水平得到了提升。首先，司法机关在人才队伍建设中采取了多项措施。为解决技术性问题理解困难的人员困境，司法机关在人才队伍建设方面大量努力，在新进人员招录时注重其专业技术背景，在知识产权法院设立以后，建立了技术调查官制度。其次，司法机关审判机制进一步专业化，在争议焦点确定、技术问题查明、专利性评判等方面均建立了相对较为成熟的工作机制。最后，社会技术资源作用的充分发挥，司法机关建立了咨询专家、专家证人等社会资源利用体制。在此种意义上，专利行政机关在判断技术问题上的人才、资源优势在当前背景下已逐渐失去了现实基础。

三、专利行政无效程序作用下专利民事案件审理的困境

现代专利保护司法实践过程中，绝对化二元分立体制对专利权保护、科技创新发展不利，也有违社会公平正义最终价值的真正实现。在单纯的专利民事侵权纠纷中，❷ 行政程序对民事纠纷的作用是单向性的，行政程序的进度影响着民事纠纷的审理进度甚至是结果，如上所言，二元分立体制下的民事纠纷案件的审理会由此陷入长期的未知困境，影响了法院的审理进度、双方当事人的正当权益甚至是社会公众的相关利益。

在专利存在无效理由的情况下，审理法院由于不能对涉案专利效力作出实质性评判，会损害司法的权威性。在专利侵权诉讼中，如果审理法院保护实质上不符合专利授权条件或者不应给予现有保护范围的形式上专利，则是在事实上给予了相关专利权人超出其社会贡献的契约权利，❸ 变相损害了社会公众尤其是被控

---

❶ 沈岿. 行政行为公定力与妨害公务：兼论公定力理论研究之发展进路 [J]. 中国法学, 2006 (5)：78.

❷ 需要指出的是，在专利行政无效程序中，司法机关虽对行政机关也产生影响，但这并非民事纠纷，而是行政案件。

❸ 社会契约论认为，专利是发明人与社会公众订立的契约，发明人贡献智慧，社会给予垄断。

侵权人的正当权益，有违专利制度的初衷，与公平正义的社会价值追求有悖。在审理法院能够基于自身专业知识、现有证据材料或者其他方式得出涉案专利授权确权存疑的情况下，二元分立体制下的规则要求会使法院陷入类似"做一个守法的坏人，还是做一个违法的好人"的道德选择困境，不利于维护司法机关作为社会公平正义守护者的形象。

相比部分国家和地区的专利制度，我国专利无效宣告程序规定的较为烦琐。在国家知识产权局专利复审委员会对涉案专利作出相关决定后，不服一方当事人可以提起专利无效行政诉讼；在行政一审法院作出一审判决后，国家知识产权局专利复审委员会或是当事人不服，还可以据此提起二审申请；在二审判决作出后，根据行政诉讼法以及相关司法解释的规定，后续发展还可能出现再审，而在当前司法实践中，此类案件并不少见。由此带来的是，整个社会都要为此付出代价，无论是涉案双方当事人，还是相关案件的审理法院，甚至是专利行政机关，都需要为此投入大量的人力、物力和时间，以期解决问题。

在专利制度建立初期，专利数量和并不多的无效请求量使得我们社会尚可支撑二元分立体制中行政无效程序带来的负面成本。但随着社会经济技术发展，随着近年来的专利数量逐渐增多，争议性问题不断凸显，我们必须正视这一体制下行政无效程序在专利民事纠纷中的地位问题，降低制度性问题带来的社会成本。正是意识到上述问题的存在，最高人民法院在司法解释中明确规定中止案件审理并非必要选择，❶ 但在司法实践中，审理法院为避免认定事实与行政机关审查决定出现偏差的问题出现，在涉案专利进入行政无效程序时，中止案件审理仍然会成为重要选择，使问题解决置于悬置状态。对于当事人来说，尤其是被控侵权人而言，遭遇专利侵权指控时发起专利无效宣告程序甚至成为"诉讼策略"，逼迫专利权人与其谈判，最终达成非诉讼目的。对于司法机关而言，当事人专利行政无效程序过度发起引起的长期未结案大量存在，严重影响了审判效率，占用了正常性司法资源。对于社会公众而言，相关问题长期性的悬而未决，使得相关群体和个人无法对相应技术作出研究开发、技术规避、学习交流、科学研究等理性判断，不利于专利制度基础性目标的实现。我们当前面临的司法现实却是，专利行政无效的审理法院对于专利行政机关的决定也只能撤销或是判令重做，无权对相关专利的有效性作出直接判定。

专利制度实施至今，社会公众的专利意识和维权观念的逐渐增强，专利领域

---

❶ 《最高人民法院关于审理专利纠纷案件适用法律问题的若干规定》第9条、第10条、第11条。

专业人士的不断增加，标志着我们国家已经形成了专利运行体系。在专利保有量和问题出现率不断攀升的情况下，专利行政机关或者说司法机关人员数量、专业素质、责任意识或是文献资源、技术手段等方面的提升已难以应对当前面临的社会现实。我国当前对实用新型和外观设计专利申请并不进行实质性审查，此二者专利数量在我国专利体系中占比甚高，而其在专利民事纠纷中的比例也较高。在司法实践中的不可忽略的重要现实是，部分问题专利并无实际技术价值，其作用仅在于为专利权人提供打击竞争对手的工具，专利权滥用已成为司法实践中的常见性问题。司法机关在审理中对专利有效性的审查无力，使得相当数量问题专利带来的问题得不到解决，不正当地压缩了社会科技创新和技术发展的空间，制度性地造成了不应有的社会成本。

四、行政无效程序负面效应降低的路径思考

无论是哲学意义上的理论思考，还是实践过程中的教训和经验总结，任何事物都有其有利和存弊的一面，哪种制度都难以事无巨细、绵密周延地作出全面细致的规定，当前施行的专利民事与行政无效二元分立体制亦然。● 在降低二元分立体制对专利民事纠纷案件审理不利因素的考虑中，应当对此过程中已经出现或是可能发生的问题给予充分的重视，寻求解决路径。从我国当前专利实践以及部分对二元分立体制进行变革的国家和地区的情况来看，笔者认为，在民行分立、权力分配等基本构架未做调整的情况下，司法机关应当合理把握修正二元分立体制适用条件，充分发挥当前审判体制的作用，注意审理法院与行政机关的判断不一致和不同审理法院的判断不一致两方面的问题。为此，需要严格把握专利民事纠纷裁判的有限性和相对性。

司法机关在专利民事侵权纠纷的审理中对专利效力的审查应当是有限的，不涉及专利权的有效性判断。在有效性判断上，应将专利权的有效性判断范围限定于明显存在无效的情形，即审理法院根据当事人提供的证据、社会的公知常识或是法院查明的事实，可以较为容易地认定涉案专利应该属于无效情形。在当前司法实践中，主要存在两种情形：专利权保护范围不明以及与他人在先合法权利冲突的外观设计。对于保护范围不明的专利，穷尽权利要求解释方法以后，仍不能合理确定权利要求的含义，也不能通过其他方式解释澄清时，无法将被控侵权技术方案与涉案专利进行侵权比对，法院应认定被控侵权技术方案不构成侵权。对于与他人在先合法权利相冲突的外观设计，因外观设计本身不涉及技术问题，纳

● 易玲，熊英灼. 认同中的抵抗：当技术与专利审判相遇时 [J]. 科技与法律，2015（5）：22.

入专利法的保护范畴更多的是因为我国专利制度建立初始创新能力较弱，为激发创新数量的现实需要，实际上无论是专利行政机关，还是司法机关，甚至是普通消费者，在外观设计的相似与否的判断问题上并无根本性认识偏差。外观设计与在先权利冲突与否，需要对其侵犯他人在先权利与否进行审查，本质上就是普通民事侵权纠纷，并非专利行政机关所长，也不是其职权范围，从这方面考虑，司法机关在此问题上亦有更多的专业优势。也就是说，司法机关在专利有效性审查的尺度上应以"明显"为标准，对于难以认定现有证据是否导致涉案专利明显无效时，审理法院可以根据案件事实和自身情况，选择继续推进案件的审理，或是中止案件的审理，待专利行政机关对涉案专利作出决定时再行审理。事实上，最高人民法院在其司法政策中，对专利民事纠纷案件中审理法院可以自行判断的情形，即对"明显具有无效或者可撤销理由的知识产权"不予保护。在此文件中，"明显性"的强调则是为了同一专利的不同司法机关之间，以及司法机关与专利行政机关之间对专利有效性的判断能够一致，不致出现相互结果偏差的局面。

司法机关在专利民事侵权纠纷的审理中对专利效力的审查应当是相对的，遵循个案原则。在此原则下，涉案专利纠纷的审理需孤立判断、个案认定，个案专利有效性的认定结果不对本院其他案件的审理产生影响，更不及于其他法院，效力仅对涉案当事人有效，专利权有效性仍基于专利行政机关的决定。事实上，为了有效提升审判效率，笔者引入可以在一定情况下不直接评判涉案专利的有效性问题，通过制度性的方式解决相关争议。❶ 如上所言，同样施行二元分立体制的日本作出了一定变革，其重要措施之一是施行"争点效"制度，对在先判决中如对涉案专利的有效性作出了实质性判断，且当事人在案件审理中享有了充分的机会对专利权的效力问题进行了正本，在后专利民事侵权案件审理中，一般不再允许该当事人或者利害关系人在此问题上作出与在先陈述不一致的主张或者抗辩。同样的制度在并不施行二元分立体制的美国专利制度中也有体现，即其实施的"争点排除规则"或者"间接禁止发言"。❷ 上述制度可以视为专利行政程序中"禁止反悔"原则在司法程序中的扩大化适用，而且为了避免在先司法程序可能存在的问题，该制度同时设定了例外情形，在审理法院根据证据认为在先判决确实存在错误且足以影响案件审理结果的情况下，仍可就相关问题发表

---

❶ 在当前司法实践中，如涉案专利有效性存疑，专利权人未能提供专利权评价报告或者其他证据证明其专利推定效力的情况下，法院可以驳回其诉讼请求。

❷ 纪格非.《"争点"法律效力的西方样本与中国路径 [J]. 中国法学, 2013 (3): 109 – 120.

意见。

可以看出，无论是坚持二元分立体制并作出变革的国家，还是非二元分立体制的国家，在制度的选择上有诸多共通之处，这样的做法既可以保证不同法院对同一专利有效性判断的一致性，也为特殊情况下实现工作保留了制度空间，有利于维护司法审判统一性，也有利于维护当事人的合法权益。

正如笔者所言，在理论层面上，行政程序影响下的专利民事侵权判定二元分立体制与专利权本身有着天然的不适性；在现实依据上，行政机关的权力维护和专业优势也逐渐消解，正是基于上述现实及其带来的问题，部分国家和地区对其作出了必要的变革。以日本和中国台湾的司法实践观察，这种变革在一定程度上避免了诉讼中止带来的审判拖延，在促进专利案件审判效率的提高方面发挥了重要作用。❶ 如中国台湾"智慧财产法院"专利案件的结案率超过 2/3，远高于此前一般法院审理此类案件的结案率。❷ 需要说明的是，无论是日本还是中国台湾，其法院对专利有效性的判断仅是相对性的，不产生对世性效果，专利权效力的对世性发生仍需专利无效程序解决。

结　语

制度模式的选择，基于历史选择的同时，更应基于社会现实需要，在制度价值作用已经显化的情况下，应对带来的社会效果作出全面评判，二元分立体制的修正是基于社会现实需要的必然选择。在解决民事侵权与行政无效交织的过程中，应考虑问题的实质性解决，兼顾效率和公平，注重权力分配边界，根据社会需要和未来趋势把握边界。当前正值体制改革的探索阶段，有关司法机关可以在机制体制以及法律法规允许的前提下，充分发挥自身优势，探索建立更为有利的问题解决路径。

当前，北京、上海、广州已分别建立知识产权法院，在机制体制建设、人才队伍配备以及社会力量利用等方面都取得了较为成熟的体系，在案件事实查明、技术问题判断以及审判程序适用等方面也取得上级领导、专业人士和社会公众认可的有利形势下，建议推动其在民事侵权案件中涉专利有效性判断时，充分发挥专门性司法机关的制度性优势，利用其自身能力和社会资源，扩大其对涉案专利

---

❶ 以日本修正二元分立体制后的专利实践效果来看，在 2005 年 4 月至 2009 年 6 月，大约 80% 的专利权效力判断中，法院与特许厅的判断是一致的。参见产业构造审议会知识产权分科会专利制度小委员会报告：关于专利制度的法制课题，2011 年 2 月。

❷ 范晓玲. 台湾"智慧财产权院"的建制与智慧财产权诉讼新制 [M] //张凯娜. 两岸知识产权发展研究. 台湾：元照出版有限公司，2011：124.

审查范围，允许其对涉案专利的全部无效理由进行审查并判断，在符合司法改革精神和法律制度规定的前提下，探索解决行政无效程序在民事侵权纠纷案件中带来的负面社会效应。

（本文荣获全国法院第二十八届学术讨论会优秀奖和
上海法院系统学术论文研讨会优秀奖）

经济学视角下专利评价标准的问题思考

陶冠东[*]

陶冠东[*]

【摘　要】商业成功作为专利获得创造性的辅助性证明标准，从经济社会价值的角度衡量专利的创造性调解，是社会对技术方案另一种形式的认可。自商业成功被纳入创造性评判标准以来，未尝有一件专利申请因主张商业成功获得专利。其原因在于，商业成功与创造性之间并不存在必然的逻辑联系，而其关系的建立涉及的推理关系纷繁复杂，实践中也无明确的审查标准，且专利审查实践也倾向于严格标准，赋予发明人几乎难以完成的证明要求。事实上，基于技术方案的商业成功，实际上更能体现经济社会对技术创新的认可度，反映社会的技术需求。在鼓励技术创新、激励技术应用日益成为国家乃至世界趋势的今天，应当更加关注此类专利申请，明确其审查标准，更加灵活地处理问题。

【关键词】商业成功　技术创新　专利审查　经济学

　　商业成功作为申请专利获得创造性的辅助性证明标准，是发明专利社会经济价值的直接体现，具有很强的技术导向性，是经济社会对技术创新的另一种形式的认可，更直接也更真实。然而，商业成功在专利申请实践中，一直难以为专利审查机关或者司法机关所认可，自商业成功被纳入专利评价体系20余年来，几乎没有一项专利申请因主张商业成功而获得专利。笔者认为，在当前实践中的审查条件标准和司法裁判规则下，几乎没有专利申请人可以完成所要求的证明责

---

　　* 作者系上海知识产权法院知识产权审判第一庭法官助理。

任，商业成功的创造性评判被变相地置于虚无状态，失去了其应有的意义。

一、商业成功创造性主张的实践困境

《专利审查指南 2010》第二部分第四章第 5.4 节规定，如果发明获得商业成功是由于发明的技术特征直接导致的，则一方面反映了发明具有有益效果，同时也说明了发明是非显而易见的，因而具备创造性。但是，如果商业上的成功是由于其他原因所致，例如销售技术的改进或者广告宣传造成的，则不能作为判断创造性的依据。

条文意义上的专利审查指南为主张商业成功获得创造性的专利申请提供了明确的法律通道，即专利申请人只需证明发明的技术特征直接导致了商业成功，说明发明非显而易见，并排除其他因素如销售技术、广告宣传等与商业成功关联性的情况下，专利申请人的主张便可获得认可。事实上，自商业成功作为辅助性标准被纳入专利申请审查体系以来，我国并未对任何一项主张商业成功寻求创造性的专利申请给予过支持，❶ 专利申请人获得的为数不多的阶段性支持也在随后的程序中被复审机关或者司法机关驳回。

究其原因，专利申请审查机关秉持的观点以及部分进入司法程度中司法机关在代表性案例中的态度，或许能够说明问题。如"韦某某与国家知识产权局专利复审委员会专利行政纠纷"案中，法院认为"原告既没有举证证明其商业上的业绩，也没有证明该业绩是由于本专利的技术特征直接导致的，因此对于原告该主张法院不予支持。"❷ "东莞清溪三中万宝表业厂与国家知识产权局专利复审委员会专利行政纠纷"案中，法院认为"万宝表业厂……也不能证明这种市场业绩是唯一地由本专利的技术方案带来的。"❸ "郑某某与专利复审委员会专利行政纠纷"案中，法院认为"商业上获得成功只是判断创造性的条件之一，仅根据相关产品在商业上的成功并不能认定技术方案具有创造性。"❹

最高人民法院在"女性计划生育手术 B 型超声监测仪"判决中表示，专利审查机关，即国家知识产权局专利复审委员会申请再审时认为，商业成功获得创造性支持应具备三项标准：第一，基于某个区别技术特征，而非现有技术方案；第二，不能是销售策略、销售手段等其他因素导致；第三，基于技术方案的产品

---

❶ 唐宇，张涛，耿苗. 从两个案例看对商业成功的专利保护〔J〕. 企业技术开发，2014（28）：19.
❷ 北京市第一中级人民法院（2006）一中行初字第 653 号行政判决书。
❸ 北京市第一中级人民法院（2004）一中行初字第 951 号行政判决书。
❹ 北京市第一中级人民法院（2003）一中行初字第 454 号行政判决书。

能够被销售出去，且技术效果使其获得商业上优于现有产品的产品。最高人民法院也认为，"对于商业上成功的考量应当持相对严格的标准，只有技术方案相比现有技术作出改进的技术特征是商业上成功的直接原因的，才可以认定其具有创造性。"❶ 由此可见，专利申请实践对于商业成功的创造性评价持"相对严格"标准，只有区别技术特征是商业成功的"直接原因"时，且能够有效排除营销策略、广告宣传等其他因素带来的影响时，创造性主张才有可能获得认可。该案是最高人民法院第一次对作为专利创造性判断辅助因素的商业成功进行详细分析和阐述，❷ 对商业成功的创造性判断具有重要意义，为此类问题的处理确立了规则。

在"卡比斯特制药公司与国家知识产权局专利复审委员会专利行政纠纷"案中，最高人民法院虽然认定该公司取得了商业成功，但没有认定其商业成功是区别技术特征所导致，从而未对其请求予以支持。❸

二、专利审查主要标准的局限与商业成功的选择

"三步法"标准是判断专利申请是否具备创造性的主要审查标准，❹ 也是创造性判断的充分必要条件。就创造性判断而言，"三步法"标准已经是创造性判断中的基本操作范式，被审查和司法实践广为接受，作为辅助性证明标准，商业成功并非每个个案中所必然的考量步骤，所以常态下对于专利审查而言，经过"三步法"标准的判断后必须得出有或无创造性的结论。❺"三步法"标准判断过程中，任何一步都基于事后虚拟的"本领域普通技术人员"的事前想法或者做法，实际上却是根据发明的方案倒推确定"发明实际解决的技术问题"，所谓的"后见之明"在所难免。在"三步法"标准适用过程中，很重要的一种可能性往往会被忽略：实践中，太多的人对于问题熟视无睹，发明技术问题本身可能就需要付出创造性劳动；在发现问题之后，寻找解决方案却可能易如反掌。也就是说，"三步法"对此类问题的处理并不合适。基于此方面的考虑，各个国家和地

---

❶ 吴蓉. 专利创造性判断中的商业成功：最高人民法院（2012）行提字第8号判决评析 [J]. 知识产权，2013（9）：44.

❷ 唐宇，张涛，耿苗. 从两个案例看对商业成功的专利保护 [J]. 企业技术开发，2014（28）：20.

❸ 最高人民法院（2012）知行字第75号行政判决书。

❹ 我国《专利审查指南2010》在判断一项发明是否可授予专利权时，基本接受了欧洲专利局的做法，采用"三步法"：①确定最接近的现有技术；②确定发明的区别特征和发明实际的技术问题；③判断要求保护的发明对本技术领域的技术人员来说是否显而易见。

❺ 朱明雅，郭鹏鹏. 商业成功与创造性判断 [J]. 中国发明与专利，2011（5）：67.

区在如"三步法"等客观标准之后，又增加了其他考量因素，如商业上的成功、超过预期的效果、克服了技术偏见、在先的失败等。

当然，商业成功等其他因素在专利审查体系中居于辅助地位，在"三步法"标准无法得出明确结论时才予以考虑。❶ 之所以将商业成功列入辅助证据，则是因为它们与创造性之间并不具备逻辑上的必然联系，既非创造性存在的充分条件，也非必要条件，只是供审查员或者法官综合权衡时的辅助考虑因素。❷

如上所述，由于商业成功与创造性之间不存在内生的逻辑必然性，其关系的建立具有很大的偶然性，存在诸多干扰因素，如营销策略、广告宣传等，因此，它们之间的联系也就需要经过多层假设和推理方能成立，排除其他因素带来的可能影响。商业成功与创造性之间逻辑关系的建立是一个逻辑倒推的过程，推导过程中需排除营销策略、广告宣传等其他因素对商业成功带来的影响，直至证明该技术方案中的区别技术特征带来了商业成功，从而证明发明具备创造性。

然而，专利申请人需要面对的不利现实是，或者说需要克服的障碍在于，在发明人作出发明之前，并没有受此吸引而成功作出该发明。因此，在当前的审查制度下，发明该技术方案并非易事。❸ 同时，市场对该产品作出积极反应，也说明该产品不同于先前的产品，可能具有一定的创新成分。专利制度下的技术方案最终目标在于获取市场价值，实现经济收益，该技术方案可能的商业成功能够为其他主体感知，驱使社会公众向该技术领域发展。此处的商业成功有其必定的假设前提，要求专利申请人证明该项技术方案获得的商业成功基于且仅仅基于该项技术方案项下的区别技术特征取得，推理过程中其他因素的附带影响则会使商业成功的创造性主张不再具有说服力。

在此标准下，审查机关在申请人或专利权人主张其发明或者实用新型获得了创造性时，需对发明或者实用新型的技术方案是否真正获得了商业上的成功，该商业上的成功是否源于发明或者实用新型的技术方案相比现有技术作出改进的技术特征，而非该技术特征以外的其他因素所导致的。❹

---

❶ 《专利审查指南 2010》第二部分第四章第 5 节，发明是否具备创造性，通常应根据本章第 3.2 节所述的审查基准进行审查。应当强调的是，当申请属于以下情形时，审查员应当予以考虑，不应轻易作出发明不具备创造性的结论。

❷ 崔国斌. 专利法：原理与案例 [M]. 2 版. 北京：北京大学出版社，2016：301.

❸ 崔国斌. 专利法：原理与案例 [M]. 2 版. 北京：北京大学出版社，2016：302.

❹ 吴蓉. 专利创造性判断中的商业成功：最高人民法院（2012）行提字第 8 号判决评析 [J]. 知识产权，2013（9）：44 - 46.

三、商业成功审查标准的比较性分析

将商业成功作为一项辅助性判断因素，其他国家和地区也有类似相关规定。欧洲专利局审查指南第 C 部分第 4 章"可专利性"中规定，审查指南提供了评述创造性的辅助性因素，包括……发明在商业上取得了成功……。日本的专利审查指南在对商业方法专利创造性的判断上，也将商业上获得成功明确作为一项判断标准，但这类商业成功，仅仅限于根据专利申请人的主张和举证、基于要求权利要求的发明本身的特征所产生的事实。❶

相对于我国严格的审查标准，较早适用商业成功创造性判断的美国在此问题上的态度则相对较为开放，其制度安排中的举证责任分配对专利申请人也较为有利，只要求相对人排除商业成功与创造性之间存在关联的其他因素，并未将其分配给专利申请人，而是由相对人提供。相对人如果反驳专利申请人的商业成功主张与创造性之间存在联系，必须自行承担举证责任，证明专利申请人的商业成功是由于其他因素，如营销策略、广告宣传等方面的原因。对于这一举证责任分配的安排方式，美国专利法权威著作中的观点具有一定的代表性：由于商业成功与创造性之间并不直接相连，专利申请人通过主张商业成功证明技术方案的创造性时，需要充分证明该商业成功与申请的技术方案的先进性之间的关系。需要专利申请人证明存在商业成功，而成功的商品与权利要求之间存在联系。❷ 专利申请人并不需要证明其商业成功不是专利意外的其他原因导致。要求专利申请人排除其他的可能因素，对于专利申请人而言过于苛刻，不符合一般的证据规则。

在此问题上，国内理论界则有不同的考虑。有学者认为："在商业上取得巨大成功对发明创造性的支持是比较弱的，只有此种成功是由于发明的技术特征直接导致的，该发明才具备创造性。本案原告提供的发明'价值评估'以及'推广统计表'，证明该专利有巨大的商业利用价值，但不能证明该发明所取得的商业上的成功是由于该技术特征直接导致的。"❸ 根据这一理论，专利申请人在证明商业成功与创造性直接存在关系之后，仍需进一步排除非发明因素与商业成功之间的关系。

需要指出的是，虽然美国专利实践中对商业成功的创造性问题持开放立场，

---

❶ 朱明雅，郭鹏鹏. 商业成功与创造性判断［J］. 中国发明与专利，2011（5）：66.

❷ MARTIN J A, RANDALL R R, JOHN R T, et al. Cases and materials on patent law［M］. 2nd ed. Eagan：Thomson West, 2003：367 – 369.

❸ 张广良. 知识产权实务及案例探析［M］. 北京：法律出版社，1999：280.

早在 1944 年就已经有因主张商业成功而获得联邦最高法院对专利创造性支持的案例；在 1966 年，美国联邦最高法院在 Graham 案中也明确提出将"商业成功"列为判断发明的非显而易见性（创造性）的一项辅助性判断标准。也有部分人士在此问题上持保守立场，Adelman 教授认为，"商业上的成功可能源于大众的一种广泛需求，那么无须专利的保护就能够保证权利人从中获利，这时如果还赋予其垄断地位的专利，将进一步扩大这一差距。因此，法院应当谨慎判断这种专利的效力。"❶ Robert P. Merges 在《商业成功与专利标准：创新的经济视角》一文中，则直率地认为商业成功对于证明创造性的帮助非常有限。❷

四、现行商业成功专利审查的标准思考

考虑到当前我国科技创新的提高、市场经济的发展、对外交流的便捷以及我国专利审查水平等多方面的因素，审查制度或者人员素质已不是阻碍商业成功获得创造性的主要因素，在其背后有着特定的社会现实因素考量。在商业成功创造性问题评价对商业成功判断因素的考虑，归根到底是对创造性标准的考虑，反映出一个国家对一项发明专利授权标准的控制。❸ 即便是对商业成功持开放姿态的美国，在著名的"Amazon 一次点击案"中，法院的态度也曾多次反复，其背景则是当时商业方法专利申请量和授权量的急剧增加，该案的判决与鼓励商业方法申请专利的社会大背景相适应，反映了社会发展趋势和经济需要。

《专利法》第 1 条立法目的中明确指出，专利制度的重要目的在于通过对发明创造的鼓励推动，促进科学技术进步和社会经济发展。商业成功是社会经济发展的判断指标，但其基础仍在于"发明创造"，即仍应以技术方案的肯定性评价为基础，作为辅助性证明标准，商业成功只能是技术贡献的补充。作为经济指标的商业成功被纳入专利创造性评价体系中，并非基于技术角度，而是从市场经济学角度出发，体现了对商品市场经济中业绩的认可。在商业成功的专利申请实践中，用来佐证商业成功的事实依据，往往也是经济上的数据，如销售业绩、利润增长、财务报表、统计数据等，与"三步法"标准通过技术特征比对衡量技术贡献有着不同的处理思路。商业成功更加侧重经济和动机而非技术方案，比纯粹的技术因素更加容易影响人们对非显而易见性的判断，并且可以帮助判断者避免

---

❶ MARTIN J A, RANDALL R R, JOHN R T, et al. Cases and materials on patent law [M]. 2nd ed. Eagan: Thomson West, 2003: 368.

❷ ROBERT P. M. Commercial success and patent standards: economic perspectives on innovation [J]. Calif. L. Rev. 1988 (76): 803.

❸ 朱明雅，郭鹏鹏. 商业成功与创造性判断 [J]. 中国发明与专利，2011 (5): 67.

"事后诸葛亮"的思维。

笔者认为，虽然通过商业成功来表明发明具备创造性存在较大难度，在适用上存在很多复杂的困难，但随着国内技术创新发展尤其是与商业成功关系较为紧密的计算机软件类发明创造的增多，可以合理地预见今后以商业成功主张发明具备创造性的专利申请必将增加。❶ 因此，有必要对相关规定进行必要的细化说明和规则调整，进一步明确判断思路，为专利申请人和相关审查机关提供更具操作性的参考。

一方面，对于专利申请人而言，考虑到商业成功与专利获得并不必然的关联，主张商业成功寻求专利授权时，应基于以下几方面的原则：第一，主张的基础必须是某个或者某几个技术特征；第二，申请的技术方案应具备新颖性；第三，商业成功必须基于区别技术特征，该技术特征应与商业成功相关联，证明程度应当能够达到使审查员产生如果无该特征就没有商业成功的程度。另一方面，对于专利审查机关而言，应当明确专利审查中商业成功的证据类型，或者主要类型，给予专利申请人以明确的指示。❷ 作为获得商业成功的事实材料，可以从以下几个方面进行考虑：①产品销量的纵向对比，专利产品投入市场后应取得明显的销售业绩；②在有着同类产品的情况下，考虑同类产品的横向比较，专利产品的性能、业绩、评价等应高于同类产品；③一定范围内有较好的业绩；④其他证明材料，如财务报表、销售业绩、国家奖励、行业评价等。

在为数不多的商业成功获得阶段性支持的专利申请中，后续程度驳回的理由主要在于专利申请人未能将其他因素予以排除，不能完全证明其技术方案中区别技术特征与商业成功关系的唯一性。笔者认为，从举证责任方面来说，商业成功虽然有着较为普遍认同的评价标准，如销售数量、产品利润、地域范围、奖励奖章等主要评价指标，却并不存在一个确定的具体范围，没有人能够列举甚至穷举商业成功的评价指标，将商业成功其他因素排除的举证责任分配予专利申请人，实际上是让其完成不能的任务。从专利基本理论而言，专利是国家代表社会与发明人签订的契约，发明人为社会贡献技术发明，国家代表社会给予发明人一定时期的垄断，使其享受该技术项下产生的经济收益，在此过程中，专利授权的双方是社会与发明人，具体而言是其他市场竞争主体、产品消费者，国家并非专利对

---

❶ 欧阳石文. 商业成功支持发明的创造性探析 [J]. 中国发明与专利, 2011（10）：103.

❷ 在证明材料上，认定驰名商标的标准或许具有一定的参考价值。认定驰名商标应当考虑下列因素：①相关公众对该商标的知晓程度；②该商标使用的持续时间；③该商标的任何宣传工作的持续时间、程度和地理范围；④该商标作为驰名商标受保护的记录；⑤该商标驰名的其他因素。

价主体。专利权是私权,是民事权利,在商业成功申请专利中,发明人获取的非合理性专利授权,受到侵害的主体是其他市场竞争主体、产品消费者,对于非合理性因素,即所谓的"其他因素"主要评价指标外的排除,应交由它们承担,而非国家审查机关或者司法机关在没有明确标准的前提下依职权进行。

结　语

商业成功作为"三步法"标准创造性判断的补充性辅助证据,是基于商品社会经济价值角度对发明可否获得创造性的评价因素,反映了对专利制度和专利权合理性的另一种价值解读。专利制度鼓励发明创造,促进科技技术进步和经济社会发展目标的实现,有赖于发明创造成果的经济生产力转化,从这一角度上说,体现经济社会发展目标的商业成功应当予以更多的重视,在专利申请实践中,应当展现相对谨慎的开放姿态。

商标侵权纠纷中销售商免赔条款的理解与适用

陈惠珍[*]

本文涉及的销售商免赔条款是指现行《商标法》第 64 条第 2 款规定的"销售不知道是侵犯注册商标专用权的商品，能证明该商品是自己合法取得并说明提供者的，不承担赔偿责任"。审判实践中，作为销售商的被告方常常会引用该条款作为被要求承担侵权赔偿责任时的抗辩。在以往的审判实务中，能适用该款免赔的商标侵权案件数量较少，对该款适用条件的研究也相对欠缺。随着权利人直接起诉销售商的案件逐渐增多，有必要对这一条款进行深入解读，以利于更好地理解和适用。

一、销售商责任的立法变化与举证责任分配

1982 年《商标法》颁布时，对销售假冒注册商标商品行为是否侵权未作明确规定，其第 38 条列举式规定的侵犯注册商标专用权行为仅为未经许可使用他人注册商标、擅自制造和销售他人注册商标标识及给他人注册商标专用权造成其他损害 3 种行为。1993 年修正的《商标法》第 38 条增加规定了"销售明知是假冒注册商标的商品"属侵犯注册商标专用权行为。2001 年修正的《商标法》第 52 条仍然保留了销售假冒注册商标商品属侵犯注册商标专用权行为的规定，但在行为特征中去掉了"明知"的主观条件；同时，在第 56 条的赔偿责任中，以第 3 款明确规定"销售不知道是侵犯注册商标专用权的商品，能证明该商品是自

---

* 作者系上海知识产权法院知识产权审判第二庭庭长。

— 155 —

已合法取得并说明提供者的，不承担赔偿责任"（本文讨论的销售商免赔条款）。2013 年修正的《商标法》在第 64 条第 2 款保留了上述免赔条款。

2001 年《商标法》修正前后关于假冒注册商标商品销售商责任的变化，体现出法律加强了对注册商标专用权的保护。1993 年修正《商标法》规定的"销售明知是假冒注册商标商品"属于侵犯注册商标专用权的行为，该规定从法律规范性质来看，应该属于请求权成立规范。对于请求权成立规范而言，权利人负证明责任，即商标权利人有责任证明销售假冒注册商标商品的行为人是"明知假冒注册商标商品而为销售"。"明知"本来就是一种主观心理状态，将"明知"的证明责任分配给权利人，使其担负了过重的举证责任，权利人要证明了行为人有恶意，才能使其承担侵权责任。2001 年修正《商标法》规定的免赔条款，首先是确定了销售假冒注册商标商品是侵权行为这一前提，然后再在行为人证明自己善意的情况下，可以免除赔偿责任。从法律规范的性质来看，属于抗辩规范。这样一来，销售商责任从原来的由权利人承担举证责任的"恶意担责"变为由行为人承担举证责任的"善意不担责"，体现出立法向权利人的倾斜。

二、关于免赔条款的适用条件

就免赔条款的含义从文义上可以分解成两层意思：一是销售商不知道是假冒商品，二是销售商合法取得该假冒商品。在审判实践中被告方往往也多以"不知情"和"合法购买"来抗辩，并要求适用该条款。但是作为经营者，对其销售的商品除了应支付对价合法取得物权以外，对附着于物上的知识产权也应尽审查注意义务。因此，"不知情"不能成为其免责的理由，"合法购买"更多的是指以对价取得，也只解决了该商品物权的合法性问题，并不当然解决所附着的知识产权的合法性问题，"合法购买"不等于"合法取得"。所以，免赔条款的适用应是有特定条件的。

首先是主观要件——销售商不知道是假冒注册商标商品。这里的"不知道"不应指销售商"主观认识上的不知道"，而应指"有合理理由不知道"。在我国，注册商标实行公告制，注册商标的公告在法律上具有拟制的全民公知的效力。销售商作为经营者，对其经营并推向市场的商品上所标注商标的合法性应负有审查注意的义务。商标法将"销售假冒注册商标商品"行为直接定性为侵犯注册商标专用权行为，就已包含了销售商对商标使用的合法性具有审查注意义务的立法原意。销售商"有合理理由不知道"，可以从以下方面认识：一是指从销售商主观方面看，销售商已尽到合理审查义务仍未能知道是假冒注册商标商品；二是从该假冒商标商品的特点看，是否存在商标显著性不够强或标有商品生产商的商标同时也标注了侵权商标等情况，或者该假冒商品符合一个正常商品的市场要素，以至于销售商有合理理由不知道其为侵权商品。如某商场销售乙公司出品的榴梿干多年，商品包装袋正面显著位置标有乙公司文字商标，背面有乙公司作为甲公司总代理的说明，背面底部位置标有甲公司的"☀️"（拟人化的太阳笑脸）商标标识。乙公司原是甲公司代理商，但两公司后因矛盾而中断合作。乙公司在随后的商品包装上将原标注甲公司的☀️"太阳笑脸"商标标识改标☀️图形标识，其他都未作改变。甲公司公证购买了商场出售的改变标注的商品后，对乙公司和商场提起商标侵权诉讼。法院认为：乙公司构成商标侵权并应承担赔偿等民事责任，但商场因已注意了供货商文字商标授权文件，且乙公司有权使用原告商标时的标注与涉案近似标识的标注都不太明显，而乙公司的文字商标标注相当明显。故法院判令商场承担停止销售的责任而未判其承担赔偿责任。

其次是客观要件——销售商合法取得该假冒商品。法条原文是"能证明该商品是自己合法取得并说明提供者的"，前半部分指是否合法的定性，后半部分指具体来源渠道，即提供者。这两层含义既互为独立又互有影响，证明了合法取得必然也已经证明了具体提供者，但指明了具体提供者并不当然能得出合法取得的结论。在有证据证明商品合法取得、销售商也一般不知道是侵权商品的情况下，销售商自然可不负赔偿责任。如 B 公司是证照齐全的酒类批发公司，A 公司从 B 公司批发进货"洋河蓝色经典天之蓝"白酒后零售。工商部门接到消费者投诉后调查确认此系假酒，B 公司承认这批酒是其内部人员通过个人渠道进货。商标权利人诉请 A 公司、B 公司共同承担侵权赔偿责任。法院认定 B 公司应承担侵权赔偿责任，而 A 公司从证照齐全的 B 公司进货，B 公司的批发销售行为表面上符合酒类批发的规程，A 公司从 B 公司取得了"酒类流通随附单"❶，也索取了 B 公司的营业执照、酒类批发许可证、食品流通许可证等证照的复印件，故 A 公司已经尽到了审查注意义务，无须承担赔偿责任。

当然，合法取得的证据在实践中往往并不如上例这么明显和容易判断，还是存在很多困惑。我国《商标法实施条例》第 79 条规定了可以认定为"合法取得"的情形有："（一）有供货单位合法签章的供货清单和货款收据且经查证属

---

❶ 我国对酒类实行专门的流通管理制度，"酒类流通随附单"是我国 2006 年 1 月 1 日实施的《酒类流通管理办法》规定的酒类经营者在批发、采购过程中必须使用的保证酒类从出厂到销售终端全过程信息可追溯的最重要的单证。2016 年 11 月 3 日，商务部发布的《商务部关于废止部分规章的决定》《酒类流通管理办法》也在废止之列，但并不意味着酒类流通监管会处于监管空白。

实或者供货单位认可的；（二）有供销双方签订的进货合同且经查证已真实履行的；（三）有合法进货发票且发票记载事项与涉案商品对应的；（四）其他能够证明合法取得涉案商品的情形。"这主要是从进货凭据的合规性、合理性方面的列举规定。由于实践中经济环境相当复杂，相关商品的流通是否合法还应从取得商品的方式、价格是否合理以及商品流通的渠道与该商品本身特点是否相符等方面考察和把握，不应过分强求规范发票等合法性要素，应以能证明真实、客观来源，并基本符合当前经济环境的合法性为标准。如某商户因销售假冒**"妙洁"**保鲜袋而被诉商标侵权，其辩称系合法取得并提供了经某百货配货中心确认的销货清单，又如另一商户因销售假冒"老奶奶＋拼音"商标的小吃食品被诉商标侵权，其提供某贸易公司具明详细品名的送货单及确认供货的情况说明，作为合法取得的抗辩依据，法院在上述案件中均判令销售商停止销售侵权商品而未判其承担赔偿责任。

综上所述，由于客观情况的复杂性，前述主观要件和客观要件其实也很难决然分开，对主观要件的判断除非存在销售商明知的证据，一般也是通过客观表征来判断销售商是否知道商标侵权的主观状态的。因此，对于销售商免赔条款的适用，还是应结合个案的实际情况和法律规定的主客观要件综合分析判断。

商标权权利穷竭理论的反思与重塑

——以三起新类型商标侵权案件为视角

凌宗亮[*]

【摘　要】商标权的效力仅仅存在于特定商品的市场流通阶段，旨在确保经过市场流通后，消费者购买的商品与商标权人原初投放市场的商品具有绝对的同一性。否则，商标权人有权禁止发生变化商品的继续流通。因此，商标权穷竭应遵循最终销售穷竭。如果已经退出流通领域的商品经由回收利用再次进入市场流通，就侵权商品而言，商标权人自然有权禁止；但对于商标权人原本合法投放市场的商品，如果该商品虽然存在修理、更换非核心零部件等变动，但仍然与商标权人原初投放市场时的商品具有相对同一性，商标权人便无权禁止回收商品的再次流通。如果该回收商品的变动已经达到再造新商品的程度，虽然商标仍然是原初贴附的，但由于商标载体发生实质性变化，新载体上使用的商标并没有经过商标权人许可，商标权人有权禁止发生实质性变化商品的再次流通。这不是商标权最终销售穷竭的例外，而是商标权的应有之义，即商标权人有权禁止他人"擅自在相同商品上使用自己的商标"。

【关键词】商标权效力　市场流通　回收利用　商品同一性

商标的生命在于使用，但就使用于特定商品的商标而言，商标的"生命"在何种时空范围内存续却尚未引起重视。司法实践对审理非典型性商标侵权行为

---

* 作者系上海知识产权法院知识产权审判第二庭法官。

所表现出的莫衷一是，迫使我们不得不回溯到商标法的源头去追问商标权效力存续的时空边界等商标法元命题，在微观层面关注商标权在具体商品上的权利运行轨迹，关注商标权基于具体商品的生产、流通、使用而发生的效力状态变化，从而为变化莫测的司法实践提供一体化的理论支持，以统一司法适用的裁判标准。

一、非典型性商标侵权适法不统一的司法困惑

案例 1：装修公司使用侵权商品的行为定性

被告接受委托包工包料为他人进行酒店装修，之后被告从装修市场购买了"伟业"牌地板用于装修。原告发现该地板系侵害其商标权的商品，遂向法院起诉。对此，有人认为，被告的行为系使用假冒注册商标的商品，并不属于《商标法》规定的商标侵权行为，遂驳回了原告的诉讼请求。有人则认为，被告的这种使用方式与商品最终用户的使用是不同的。商品最终用户的使用是纯消费性使用，不具有营利性，而被告却是在经营中使用，且被告采取的是包工包料的形式，建筑材料是总工程价款的一部分。因此，被告的行为类似于销售侵权商品的行为，应当比照《商标法》关于销售侵权商品的有关规定进行规范。

案例 2：回收利用有标识的旧酒瓶是否构成商标侵权

原告在其生产销售啤酒的瓶子上烙上了自己的商标。被告回收了上述啤酒瓶重新灌装自己生产的啤酒对外销售。原告认为被告擅自在其生产销售啤酒的瓶子上使用原告的商标，构成商标侵权。对于回收利用有标识的旧酒瓶是否构成商标侵权，有人认为回收利用啤酒瓶固然符合环保的政策导向，但酒瓶的转移占有只代表了物权的转移，与商标权无涉，不能认为酒瓶转移的事实赋予了其占有人使用旧瓶上商标的权利。因此，被告的行为构成商标侵权。另有观点则认为，消费者均知晓旧啤酒瓶是可以回收利用的，被告回收利用旧酒瓶是资源的再利用，被告的行为未构成商标侵权。

案例 3：旧手机换新壳的商标法定性

被告从市场上回收旧的苹果手机，更换新的带有苹果商标的外壳后，以翻新机的名义对外销售。销售价格明显低于新手机的价格，而且在销售过程中，被告明确向消费者告知这是翻新机。对于被告的行为是否构成商标侵权，有的观点认为被告将回收的苹果手机翻新后，外壳上的苹果商标仍用来指示苹果公司生产的手机，并没有导致消费者的混淆，不构成商标侵权。有的观点则认为旧手机翻新行为使注册商标的质量保证功能遭到破坏，极有可能导致消费者将翻新手机与新手机的来源产生混淆，该行为能够被商标直接混淆侵权所涵盖，侵权人无权援引

商标权用尽原则来抗辩其不侵权。❶

上述 3 个案例的案情看似各有不同，但最终都可以落脚到商标权的效力应在何时穷竭和在何种载体上穷竭这一商标法元命题。

首先，商标权的效力何时穷竭。就特定的商品，商标权的效力是伴随商品生产、流通、使用的全过程，还是仅限于商品流通领域；商标权权利穷竭是在商品首次销售时穷竭，还是到达最终消费者或者说最终销售时穷竭；最终用户购买侵权商品后，权利人是否有权禁止最终用户进行营利性的使用。

其次，商标权效力在何种载体上穷竭。鉴于商标权具有非物质性，其需要借助所标识的具体商品作为载体。对于权利人合法售出的商品，一般认为以该商品作为载体的商标权穷竭了。如果权利人合法售出的商品在质量、零部件、包装等方面发生变化，权利人仅有权禁止商品的首次流通，还是包括二手商品的再次流通；对于再次进入流通领域的二手商品，权利人在何种条件下有权禁止二手商品的继续流通？

二、商标权效力何时穷竭

（一）对现有商标权穷竭理论的反思

现有理论一般认为，商标权穷竭是指对于经商标权人许可或以其他方式合法投放市场的商品，他人在购买之后无须经过商标权人许可，就可将该带有商标的商品再次售出或以其他方式提供给公众。权利用尽的理论依据主要在于两个方面，一是权利人投资已经获得回报，二是平衡商标权人和商品所有权人的利益以确保商品的自由流通。但商标权首次投放市场穷竭的观点不仅无法对商标反向假冒侵权行为作出合理的解释，也没有注意到商标权与著作权、专利权所承载利益存在的区别，未能兼顾消费者对商标权享有的利益诉求。

首先，现有理论无法对商标反向假冒侵权行为作出合理的解释。商标反向假冒侵权是指未经商标注册人同意，撤掉、隐去或者更换其注册商标并将该商品又投入市场的行为。我国《商标法》第 57 条第（5）项也对此进行了规定。如果按照现有权利穷竭的理论，商标权在商品首次投放市场后便已经穷竭，中间销售商进行的撤掉、隐去或者更换注册商标的行为便不再受商标权人的控制，商标权人无权禁止。对此，有观点认为，商品经商标权人或其被许可人第一次销售后，

---

❶ 祝建军. "旧手机翻新行为"的商标法定性：iPhone 苹果商标案引发的思考［J］. 知识产权，2012（7）：70.

商标权人的使用权并未穷竭，穷竭的仅是禁止他人在商品销售中使用商标的权利。❶ 也有观点认可商标权利用尽确实无法解释商标反向假冒，但认为"商标权权利用尽原则不适用于反向假冒行为"。❷ 笔者认为，使用权与禁止权是商标权完整不可分割的权利内容，二者的界分仅仅是为了说明商标权权利范围的特殊性，并不意味着使用权与禁止权是彼此独立的两个权利。如果使用权没有用尽，那么商标权便谈不上用尽。此外，如果权利穷竭理论无法对特定的商标侵权行为进行解释，说明该理论存在不足，我们不能以"例外"为由进行搪塞，而应该努力寻找更加合理、更具周延性的权利穷竭理论。

其次，现有理论忽视了消费者对商标权享有的利益诉求。带有商标的商品投放市场以后，其涉及的利益主体不仅限于商标权人与商品所有权人，还涉及消费者基于商标而享有的防止混淆、确保质量同一性等利益诉求。"商标法之所以将保护消费者利益作为其重要目的，是因为商标与消费者具有特别密切的联系，甚至可以说，消费者行为是商标法建立的基础。"❸ 因此，商标权与专利权或著作权存在差异，对于投放到市场的专利产品或作品，权利人通过独占销售已实现了其经济利益，知识产权的功能已经实现。因此对该投放市场的产品，权利人的独占销售权或发行权一次行使完毕。而商标权作为识别性标记权则不同，尽管商标权人通过商标商品的首次销售，已实现了一定的经济利益，但是商标权的功能仍未发挥完毕，商标权人仍要通过继续行使商标权来表彰商品的信誉以及维护消费者的利益。换言之，市场流通中的商品实际上涉及商标权人、商品所有人及消费者三方利益的平衡。现有理论仅看到了商标权人与商品所有人的利益，而忽视了消费者的相关利益。事实上，在商品首次投放市场时，商标权人的利益亦未完全实现。商标权人的利益不仅限于经济报酬，更在于商标知名度及其商誉的培育。只有商品经过流通顺利到达消费者，消费者才可能对相关商标产生印象或者联想，从而积累商标的知名度或商誉。因此，商标权不应首次销售便穷竭。

（二）商标权的效力存在于商品流通过程中

"商标发挥作用的环境是市场，离开了市场，消费者不再需要识别商品，生产者不再需要标示特定商品。正是在市场的交换中，商标建立的特定联系才具有意义。"❹ 因此，商标权的效力存在于商品流通过程中。

---

❶ 伍鉴萍，郭文. 商品商标权权利穷竭研究 [J]. 云南大学学报（法学版），2004（1）：34.
❷ 王莲峰. 商标法案例教程 [M]. 北京：清华大学出版社，2008：145.
❸ 张永艾. 商标权穷竭原则质疑 [J]. 政法论丛，2004（1）：25.
❹ 冯晓青. 知识产权法利益平衡论 [M]. 北京：中国政法大学出版社，2006：157.

首先，从商标的起源和功能看，商标是商品跨时空进行流通的产物。在物品上做标记的做法，古已有之，但这种标记或者是基于政府或行会追究产品责任的需要，或者起到产品所有权宣示作用，并非为了在市场交易中让消费者便于认牌购物。"在简单交换经济中，产品多限于在本地集市买卖，生产者与购买者多直接交易，因此是否在其产品上标明特定标记，对生产者而言并无商业上的必要。"❶ 对消费者而言，由于此时基本上是面对面交易，消费者可以直接根据生产者或店铺进行"认人购物"或者"认店购物"。但是，随着商品经济的不断发展，市场上商品的种类日益丰富，商品交易越来越多地呈现出跨时空性，消费者不再可能通过与生产者的直接接触选购商品。此时商标便应运而生。商标通过其识别来源的功能保证了消费者可以买到称心如意的产品。此时，消费者相信，同样的商标标示着同一个生产者，而该生产者正是自己所信赖的产品提供者。

其次，从商标使用的界定来看，商标法意义上的商标使用行为以商品进入市场流通为前提，是在商品流通过程中或者为了商品流通而使用商标的权利。商标法意义上商标使用行为并非简单地将商标标记贴附在商品上，而是将该标识作为区分商品来源的商标来使用。我国商标立法对商标使用的认识也存在完善的过程。起初，我国《商标法实施条例》第 3 条规定："商标法和本条例所称商标的使用，包括将商标用于商品、商品包装或者容器以及商品交易文书上，或者将商标用于广告宣传、展览以及其他商业活动中。"该规定给人的理解是"只要是用了人家的商标，不管怎么用，都算是使用"。❷ 为此，2013 年修改《商标法》时对此进行了完善，该法第 48 条在上述规定的基础上作了进一步限定，即商标的使用必须是"用于识别商品来源的行为"。笔者认为，《商标法》虽然对商标使用行为进行了识别功能的限定，但仍有进一步完善的必要。商标可以在商品流通过程中发挥识别商品来源的功能，也可以在退出流通领域、在最终用户使用过程中发挥来源识别的功能，特别是一些奢侈品的购买者，其之所以购买一块"劳力士"手表，并不仅仅在于手表的功能本身，更在于"劳力士"的识别功能以及在此基础上对身份、地位的彰显。购买者使用"劳力士"手表也是在表明手表的来源。在此种意义上，对商标使用的界定固然要考虑商标所发挥的功能，还应考虑商标使用的场域，即何种时空范围内使用商标才属于商标法意义上的商标使用。因此，商标的使用可以界定为"在商品流通过程中或为了促进商品流通，将

---

❶ 黄海峰. 知识产权的话语与现实：版权、专利与商标史论［M］. 武汉：华中科技大学出版社，2011：218.

❷ 孔祥俊. 商标法适用的基本问题［M］. 北京：中国法制出版社，2012：120.

商标用于商品、商品包装或者容器以及商品交易文书上，或者将商标用于广告宣传、展览以及其他商业活动中，用于识别商品来源的行为。"我国台湾地区"商标法"便将商标使用限定为"以营销为目的"，美国兰哈姆法也规定商标使用是在"贸易过程中"的使用。❶ 无论是"以营销为目的"还是"贸易过程中"，都内含了商品流通的要求。

（三）商标权效力在最终销售时穷竭

也许有人会认为侵权商品的使用者有可能会造成旁观者的混淆，为了保护旁观者的利益，商标权的效力有必要延伸到售后。售后混淆的概念最早源于美国，在"马世达钟表及无线电公司诉康士坦钟表公司"案中，马世达钟表及无线电公司擅自仿造康士坦钟表公司的一款造型独特的"大气钟"。美国联邦第二巡回上诉法院经审理认为尽管侵权产品购买者通过商品的标签及价格等因素通常不会发生混淆误认，但来访者通常可能不会注意侵权商品上的厂商名称，因此，法院依据此种来访者可能的混淆而认定马世达钟表及无线电公司的行为构成商标侵权。笔者认为，且不论售后混淆在美国司法实践尚存在极大争议，售后混淆理论本身也存在漏洞，是商标权人极力扩张其权利范围的产物，不应盲目引入。

首先，商标侵权判断中的消费者不应扩大到一般公众。售后混淆理论实质上将商标法所保护的消费者扩大到一般公众，不论其有无购买相关商品的意愿，只要有人发生混淆，商标权就应予以保护。然而，商标权保护的不是标识本身，而是标识所具有的识别功能，是为了便于消费者选购商品。虽然商标的功能不断丰富，扩展到质量保障、身份彰显、广告宣传等功能，但"商标这种事物原本是为区别商品或服务的来源应运而生的。这是商标的根本功能，也是它生存的唯一理由。离开了这一根本功能，任何想主观上强加给商标以其他的功能，历史证明是徒劳的"。❷ 如果就特定商品而言，某个人没有购买该商品的意愿，即使他看到别人购买的侵权商品可能发生混淆，但商标法也没有保护他的理由和根据——他仅仅是看到了而已。因此，商标法保护的消费者应该是相关商品的购买者或者潜在购买者，即相关公众，而非一般公众。我国商标立法及司法解释亦保护的是相关公众。《最高人民法院关于审理商标民事纠纷案件应用法律若干问题的解释》第1条规定，将与他人注册商标相同或者近似的文字作为企业的字号在相同或类似商品上突出使用，容易使相关公众产生误认的，属于给他人注册商标专用权造成其他损害的行为。即使是驰名商标的认定，《商标法》第14条考虑的也是

---

❶ 文学. 商标使用与商标保护研究 [M]. 北京：法律出版社，2008：16.

❷ 徐聪颖. 略论符号消费背景下商标功能的拓展 [J]. 河北法学，2010（2）：132 – 135.

"相关公众对该商标的知晓程度"。

其次，相关公众实际很难发生售后混淆，即使发生，也不会对商标权人造成影响。由于旁观者一般情况下并不会实际接触侵权产品，仅仅是旁观，当他看到别人手上的 LV 手提包时，旁观者并无从判断该手提包的真假，并不知道手提包的质量如何，除非侵权产品的做工很粗劣。对于做工粗劣的产品，旁观者也不可能认为其是真品。即使旁观者确实将假品误以为真品，这种混淆并不会对商标权人的利益造成不良影响，反而是在为商标权人免费做广告宣传，旁观者甚至会产生购买的冲动。如果旁观者实际接触或使用了侵权商品，由于侵权商品无论是在做工还是质量方面都不如正品，旁观者亦能知晓商品的真假，不会发生混淆。

三、商标权效力在何种载体上穷竭

基于物尽其用、节约资源的需要，已经到达最终用户退出流通领域的商品可能经由经营者的回收再次投放市场流通。如果原本即是侵权的商品，商标权人自然有权禁止；但如果原本是合法商品，商标权人是否有权控制，则涉及商标权在何种载体上穷竭的问题。

（一）商标权与商标权的载体

商标权具有非物质性，必须依附于特定的载体上，也就是通常所说的商标标识贴附在特定的商品上，每一个商品都是商标权的载体。在商品首次投放市场后的流通过程中，由于商标权并未穷竭，商品无论几经辗转，商品的流转并不意味着商标权的转移。商标权首次销售穷竭理论认为："商品在流通过程中难免不会因人为因素或自然因素而发生变化，如商品受损、质量变异、包装毁损。若出现这些情况，商品仍旧流通于市，会对商标权人的商誉产生不良的影响。尽管商标权已发生穷竭，但在商品出现变化的情况下，商标权人有权阻止在商品上使用其注册商标，此即商标权穷竭的例外。"但一种逻辑自洽的理论不应有如此多的例外，事实上，这并非商标权穷竭的例外，恰恰是商标权在商标流通过程中发挥效力的体现，即商标权人有权确保其原初投放市场的带有其商标的商品在商品流通过程中保持同一性，直到最终消费者完成购买。即商标权的载体应保持同一性，这既确保商标能够发挥识别来源、质量保障等功能，也是保护消费者利益的基本要求。

（二）首次流通遵循商标权载体的绝对同一性

商标权人有权禁止发生变化商品的继续流通，但不无争议的是，商品发生何种程度的变化，权利人才有权介入。如果商品的改动已经使原初投放市场的商品成为一个新的商品，由于新的商品并未经过商标权人的许可，权利人自然有权禁止该新商品的继续流通。如果上述变化并没有使商品发生实质性变化，例如仅仅是外观或包装上的改变或者是某些信息的变化，商标权人是否有权禁止？笔者认为在首次流通过程中，基于保护商标权人和消费者利益的需要，只要商品发生变化，商标权人均有权禁止发生变化商品的进一步流通。

一方面，从保护商标权人利益的角度来看，商标功能的发挥、商标权人积累商誉的关键在于商品的首次流通。商品经过最终消费者使用后虽然可能附着商标再次进入流通领域，但由于不同使用者对商品的使用时间、使用强度、爱护程度各有不同，使用后的二手商品无论是在外观方面，还是质量、性能方面均无法与首次投放市场的新品相比，不同的二手商品之间也会表现出较大的差异，此时商品上附着的商标已经不可能具有保证二手商品质量的功能，识别功能也仅仅意味着该商品原初是商标权人生产的。因此，商标的识别功能、质量保障功能等主要是在商品首次流通中实现。如果在商品首次流通过程中，商标权人无权对商品进行严格的控制，确保最终消费者购买的商品就是其原初投放市场的商品，商标权人便无法实现相同来源的商品具有相同的质量、外观。即使是对商品的质量、外观进行优化、美化，虽然可能不会给消费者造成不良影响，却破坏了商标权人对于商品同一性所做的努力。如果消费者下次购买的商品是没有优化的商品，消费者甚至可能会认为权利人在品质控制方面出现了懈怠，转而购买其他厂家生产的商品。

另一方面，从保护消费者利益的角度来看，消费者基于之前购物体验对权利人商标留下的美好印象，希望在下次购物时，该商标所标识的产品能够和之前所购买的商品具有相同的品质，是一个没有任何瑕疵的商品。如果商品的外观、质量、信息发生变化，即使是诸如将大包装改成小包装、更改产品产地等不会影响商品质量的变化，如果任由这些发生变化的商品继续流通，消费者先前的购物体验便会被打乱，甚至有可能会对商品的来源产生混淆，认为重新包装的商品仍然是商标权人原初投放市场的商品，或者认为商标权人在同时生产不同包装的商品。同时，消费者的利益也会受到一定程度的影响。因为其"认牌购物"，却买到一个存在瑕疵的商品。在商品质量发生变化的情况下，更是如此。"商标的基本功能是向消费者保证商标产品来源的同一性，使消费者能够不受任何混淆地将特定商品与来源不同的商品区分开来。因此，商标所有权人禁止任何可能损害来源担保功能的使用商标的行为的权利，属于商标的特定主体的一部分。"❶

---

❶ 王春燕. 平行进口法律规制的比较研究［M］. 北京：中国人民大学出版社，2012：56.

（三）再次流通遵循商标权载体的相对同一性

在商品到达最终消费者后，商标权已经穷竭。消费者可以自由地对商品及商品上的商标进行处分。但经营者是否有权对消费者使用后的二手商品进行回收再利用，却不无争议。国际保护知识产权组织（AIPPI）于 2008 年 9 月 10 日召开的波士顿代表大会上专门对此进行了讨论。阿根廷组认为，如果对带有商标商品的修理旨在恢复商品的原初状态，即与原初投放市场的商品没有变化或改善，而且行为人明确告知知识产权品被使用和修理过，那么对该商品的销售是被允许的。中国组认为，就回收利用带有商标的商品而言，只要回收商品在销售时不会导致消费者误认为它们是商标权人新生产的、刚投放市场的产品，这种回收利用就是被允许的。法国组则认为，回收利用带有商标的商品事实上是被禁止的。如果对商品的改变是实质性的，改变了商标权人原初投放市场时的商品状态，只有将商标移除才不会构成侵权。但由于移除商标会损害商标识别商品来源和保障产品质量的基本功能，是商标侵权行为。所以事实上回收利用不可能进行。

笔者认为，与首次流通不同，在二手商品再次流通过程中，只要经营者对二手商品的改动没有达到新商品的程度，二手商品仍然与原商品保持相对同一性，由于此时商标权的载体与权利人原初投放市场时基本相同，权利人仍需受商标权最终销售穷竭的限制，无权禁止该商品的继续流通。如果再次流通商品的变化达到经营者重新制造新商品的程度，那么由于此时的商标与原初投放市场商标的权利载体不同，商标权人自然有权禁止经营者在新载体上使用权利人的商标。这不是商标权穷竭的例外，而是商标权的应有之义，即在相同商品上使用他人商标，应当经过商标权人许可。

首先，前文已经述及，商品回收再利用与商标功能无涉。回收利用的商品均为已经使用的二手商品，其商品质量与新商品肯定存在区别，只要经营者在销售过程中明确该商品为二手商品或翻新商品，消费者在购买时也明确知道该商品不是新品，其对二手商品质量的预期自然与新商品不同，二手商品的流通不会导致消费者对商品来源、质量等产生混淆。就商标权人的利益而言，"旧货再旧，仍属真品，换言之，为商标权人或其授权许可后流通于市的产品。虽然该产品经由使用成色上有所降低，但是仍存在使用价值和交易价值。因商标权人本身在首次销售时已经获取了相应的利益，对此后商品流转的价值，并无从中渔利的法理基础"。❶

其次，只要对二手商品的改动未到达再造新商品的程度，商标权人无权禁止

---

❶ 魏大海. 旧货翻新再销售商标侵权之裁判 [J]. 中华商标，2013（9）：76.

该商品的继续流通。由于二手商品经过使用,在质量、外观等方面往往会存在瑕疵,经营者回收后对商品进行简单修理、更换零部件等的改动往往是为了商品再销售的需要,以最大限度地发挥二手商品的使用价值。鉴于消费者对二手商品的品质存在一定认知和预期,只要这种改动与商标权人原初投放市场时相比,并没有使商品发生实质性改变,该商品仍可以视为是来源于商标权人的商品。如果经营者对回收商品的改动达到了再造新产品的程度,例如更换了产品的核心部件,使得本来已经报废的产品重新进入流通。此时,该商品已经不是商标权人原初投放市场的商品,而是经营者自行制造的新商品,如果允许经营者继续使用原商标进行销售,将会导致消费者的混淆误认,商标权人自然有权予以禁止。需要指出的是,与商品首次流通中撤换商标构成反向假冒侵权不同,在商品再次流通过程中,由于商标的功能已经得到实现,不管商品有无改动,经营者均有权将商品上的原商标撤下或更换,此时并不构成商标反向假冒侵权。

四、新类型商标侵权案件的司法应对

基于上文的论述,商标权的效力并不是无处不在,而是存在一定的时空边界,即商标权只存在于特定商品的市场流通过程中。就合法投放市场的商品而言,商标权只存在于商品首次流通过程中,商品到达最终消费者时商标权发生穷竭。对于回收利用的二手商品,除非经营者对该商品的改动达到再造新商品的程度,商标权人无权禁止回收商品的再次流通。就侵权商品而言,商标权同样在商品到达最终消费者时穷竭,但回收二手侵权商品再次投入流通,仍受商标权人的控制。

面对具体的商标侵权纠纷,裁判者首先应当判断系争的商标使用行为是否属于商品流通领域,如果属于商品流通领域,才有进一步判断是否属于商标法意义上的使用以及是否导致消费者混淆误认的必要。在本文案例1中,装修公司使用的假冒商品已经退出了商品流通,商标权人自然无权禁止。不能因为装修公司从中赚取了差价,就将商品使用行为视为销售行为。即使装修公司的行为存在不正当性,也应由《合同法》《消费者权益保护法》来调整,而不是《商标法》。事实上,无论是纯消费性使用,还是营利性使用,知假买假者都因为使用侵权商品而赚取了差价。

其次,如果系争商标使用行为属于流通领域,则应进一步判断商品是合法投放市场的商品,还是侵权商品。就后者而言,无论是首次流通,还是再次流通,商标权人均有权禁止。就前者而言,则应区分合法投放市场的商品是首次流通,还是再次流通。首次流通遵循商标权载体的绝对同一性,再次流通则遵循相对同

一性。就案例 2 中回收带有商标的旧酒瓶而言，由于旧瓶已经装了新酒，且并非是商标权人原初投放市场的啤酒，虽然酒瓶相同，但啤酒已然发生根本变化，商标权人当然有权禁止该商品的继续流通。该行为实际上属于擅自在相同商品上使用他人商标的行为。案例 3 中的旧手机换新壳与案例 2 不同，虽然手机换了新壳，但仅是"旧貌换新颜"，换了外壳的手机实质上仍是苹果手机，只要经营者明确告知该手机是翻新手机，便不会导致消费者的混淆误认，商标权人无权禁止该手机的销售。

（本文发表于《上海政法学院学报（法治论丛)》2016 年第 3 期）

企业名称与商标冲突疑难问题解决路径探讨

陈璐旸 *

【摘　要】面对企业名称与商标之间冲突产生的两个难题：一是当事人以在后注册商标侵犯其在先登记企业名称权为由起诉时，如何应对并切实保护在先合法权益；二是当企业名称与驰名商标产生冲突时，企业名称如何避让驰名商标，应从具体案例着手，并从法律、法理、学说等不同角度寻求解决方向和路径，即逐渐放开在先企业名称与注册商标冲突时侵权者责任承担的形式，妥善运用联想理论对驰名商标权利人的合法权益予以保护。

【关键词】企业名称　驰名商标　在先权利　权利冲突　联想理论

　　企业名称与注册商标之间的纠纷，一直是法院审理的难点和理论界探讨的热点。由于企业名称专有权和商标专有权的取得方式不同，注册登记机关也不同，因此企业名称（字号）和商标之间很可能会因为相同或近似，产生权利冲突。在后权利也可能因为意在搭在先权利的"名气便车"，而产生侵权或不正当竞争行为。简单来说分为两类：第一类是在先企业名称和在后注册商标之间的纠纷，如广州市高士实业有限公司诉好美家装潢建材有限公司商标专用权纠纷案❶、江苏红蚂蚁装饰设计工程有限公司诉上海红蚂蚁装潢设计有限公司侵害商标权及不

---

　　* 作者系上海知识产权法院知识产权审判第二庭法官助理。
　　❶　上海市第二中级人民法院（2009）沪二中民五（知）初字第 26 号一审民事判决书、上海市高级人民法院（2010）沪高民三（知）终字第 44 号二审民事判决书。

正当竞争案❶、苏州小羚羊电动车有限公司诉天津捷安达车业有限公司、高某某侵犯企业名称权纠纷案等❷。第二类是在后企业名称和在先注册商标之间的纠纷，如上海克莉丝汀食品有限公司诉苏州市克莉丝汀食品有限公司等商标侵权纠纷❸、施华洛世奇有限公司诉北京施华洛婚纱摄影有限公司侵犯商标专用权及擅自使用他人企业名称案❹等。

一、问题提出

法院在处理这类权利冲突时遵循诚实信用原则和保护在先权利原则。需要注意的是，在先权利不能僭越原来使用范围，擅自改变使用方式，否则亦会构成侵权。然而，由于我国法律对于商标采取的是"强保护"，对于企业名称采取的是"弱保护"，现实中遇到具体案件，两个权利碰撞在一起时，保护的天平可能会向商标倾斜。例如，一些企业攀附某知名企业名称商誉，将其字号或企业名称简称注册为商标使用，对于这类现象，是否能以在后注册商标侵犯在先企业名称权提起诉讼？根据《最高人民法院关于审理注册商标、企业名称与在先权利冲突的民事纠纷案件若干问题的规定》，原告以他人注册商标使用的文字、图形等侵犯其著作权、外观设计专利权、企业名称权等在先权利为由提起诉讼，符合《民事诉讼法》起诉规定的，人民法院应当受理。但有人质疑：注册商标之间的纠纷，法院尚且难以直接受理，当事人需通过商标争议程序获得相应救济❺，若当事人以注册商标侵犯其企业名称专有权为由起诉，法院受理后所能采取的裁判方式对受侵害方权益能否起到切实的维护作用，是否会僭越行政程序？一旦认定侵权，法院能否根据诉请判决商标持有人停止使用注册商标？这些问题值得探究。

若在后登记与注册商标相同或类似的字号在相同或相类似商品上突出使用，容易引起相关公众误认，根据《最高人民法院关于审理商标民事纠纷案件适用法律若干问题的解释》第 1 条规定，该行为属于侵犯注册商标专用权行为。若将他人驰名商标登记为企业名称中的字号，并将字号标注于不相同或不相类似的商品、服务上，可否认定为侵犯驰名商标专用权的行为？实践中，驰名商标的反淡化保护已经渗透至字号领域。若将字号标注于不相同或不相类似的商品、服务

---

❶ 上海市高级人民法院（2013）沪高民三（知）终字第 7 号民事判决书。

❷ 江苏省苏州市中级人民法院（2009）苏中知民初字第 0317 号民事判决书。

❸ 上海市第二中级人民法院（2003）沪二中民五（知）初字第 92 号民事判决书。

❹ 北京市第二中级人民法院（2008）二中民初字第 10067 号民事判决书。

❺ 参见《最高人民法院关于审理注册商标、企业名称与在先权利冲突的民事纠纷案件若干问题的规定》第 1 条第 2 款。

上，已经构成《商标法》上的商标使用行为，自然可以适用《商标法》对驰名商标进行保护。但若仅作为字号或企业名称进行使用，比如在签订合同、商务宣传中使用字号（企业名称），这种非传统商标法意义上的使用行为是否构成对驰名商标的侵犯，可否适用《反不正当竞争法》加以保护？

二、解决路径探寻

上文提出的两个问题：一是当事人以在后注册商标侵犯其在先登记企业名称权为由起诉时，如何应对并切实保护在先合法权益；二是当企业名称与驰名商标产生冲突时，企业名称如何避让驰名商标。如何解决这两个疑难问题，笔者将尝试从不同视角探寻路径。

（一）在先登记企业名称与在后注册商标冲突

若一方以在后注册的商标侵犯其在先登记的企业名称为由，向法院提起诉讼，这类案件如何处理才能切实保护在先权利人的利益？现阶段我国主要由《反不正当竞争法》对侵犯企业名称权的行为进行规范。《反不正当竞争法》规定，擅自使用他人的企业名称或者姓名，引人误认为是他人商品的经营行为构成不正当竞争。企业登记主管机关依法登记注册的企业名称，以及在中国境内进行商业使用的外国（地区）企业名称，应当认定为反不正当竞争法意义上的"企业名称"。具有一定的市场知名度、为相关公众所知悉的企业名称中的字号，可以认定为反不正当竞争法意义上的"企业名称"。从上述规定、法律及司法解释可以看出，企业名称要受到真正意义上的司法保护，必须满足下列要件：①境内企业名称必须经过核准登记，取得专用权；②外国企业名称必须在中国境内进行商业使用；③知名度也是在审理侵犯企业名称权案件时的重要考虑因素。《反不正当竞争法》调整的行为本身以存在主体竞争关系为前提，对于企业名称的保护也以引起主体混淆为结果要件，总而言之，《反不正当竞争法》对于企业名称的保护限制条件多、不够全面。如上海精密科学仪器有限公司诉被告上海精学科学仪器有限公司、成都科析仪器成套有限公司擅自使用他人企业名称一案❶，法院最终认定原告企业名称简称"上海精科""精科"在业内具有一定知名度，被告注册"精科"商标并使用该注册商标的行为侵犯了原告企业名称权，构成不正当竞争，判决停止该不正当竞争行为，然而对于被告是否还能继续以其他方式使用该注册商标并未提及。从表面上看，判决将原告所指控的被告关于注册商标现有的使用行为一网打尽，却并不能防控未来。由于被告仍具有该注册商标专有权，若

---

❶ 上海浦东新区人民法院（2010）浦民三（知）初字第 769 号民事判决书。

其将该注册商标换种方式进行使用，是否还会构成不正当竞争，则需要另行辨析，可能引起又一场诉讼。所以注册商标侵犯企业名称权时，《反不正当竞争法》对于企业名称的保护并不是根本性保护。若想要《反不正当竞争法》对具有广泛知名度的企业名称进行较强的保护，那么需要被告存在攀附恶意并存在不规范使用注册商标的情形。如苏州小羚羊电动车有限公司诉天津捷安达车业有限公司、高某某侵犯企业名称权纠纷案，法院认定被告行为主观上具有攀附小羚羊电动车有限公司商誉的故意，客观上超出核定使用范围不规范使用注册商标，因此判决被告立即停止销售带有"小羚羊"字样的电动自行车。然而，在先知名企业名称不可能像驰名商标那样获得跨类保护，《反不正当竞争法》在侵权认定条件、侵权责任承担方式、赔偿数额设置上均不尽如人意，给在先权利者的保护和对侵权者的打击力度显得"力不从心"。

可否从《商标法》中寻求对在先企业名称的保护途径呢？《商标法》第32条明确规定申请商标注册不得损害他人现有的在先权利。正是由于商标权容易与一些他人已经取得的权利，如外观设计专利权、著作权、企业名称权等发生冲突，在先权利人可以通过3个月异议程序以及5年的无效宣告程序对自己的权利进行救济，5年一过，在先权利人若提起诉讼，法院裁判并不能从根本上禁止被告使用恶意注册商标，只能依据《反不正当竞争法》对已经发生的行为予以规范。对于经过行政程序予以确立的两种权利的冲突，法院司法经历了形式主义向实质主义的转变，根据实质主义观点，被控侵权的权利是否经过行政程序授权，对于将有关知识产权权利冲突纳入民事诉讼范围并无影响。❶ 根据《最高人民法院关于审理涉及驰名商标保护的民事纠纷案件应用法律若干问题的解释》，被告使用注册商标复制摹仿或者翻译原告驰名商标，构成侵犯商标权，人民法院可以依诉请判决禁止被告使用该商标。该司法解释的规定已然放宽了责任承担的方式。既然如此，何不顺势放开侵犯在先知名企业名称纠纷侵权方责任承担的形式，从而切实保护在先权利人的合法权益，免除其后顾之忧，也能对注册商标搭知名企业名称便车的行为起到一定的威慑作用。

对于在后注册商标，但是经过长期使用，已经足以与在先企业名称区分开来，是否还需要考虑其最初的"恶意"？根据《最高人民法院关于审理商标授权确权行政案件若干问题的意见》，对于此类诉争商标与在先商业标识的冲突，应准确把握《商标法》保护在先商业标志权益，充分尊重相关公众已在客观上将相关商业标志区别开来的市场实际，注重维护已经形成和稳定的市场秩序。这条

---

❶ 孔祥俊. 商标法适用的基本问题［M］. 增订版. 北京：中国法制出版社，2014：162－164.

处理原则给司法者留下足够的裁量空间。

（二）企业名称对驰名商标的避让

《商标法》对于驰名商标的特殊保护，即跨商品类别保护，是以在商品或服务上商标性使用与驰名商标相同或类似的标识为前提的。适用《反不正当竞争法》对驰名商标进行保护也需要首先存在市场竞争关系，不同行业类别之间很难认定成立竞争关系。因而，若一企业将与驰名商标相同或类似的企业名称规范性使用，且其生产或经营的内容也与驰名商标对应的商品或服务不搭界，则按照现有的法律，该企业使用企业名称的行为不构成商标侵权，也不构成不正当竞争。根据驰名商标"反淡化理论"，这种使用行为削弱了商标的显著性和识别性，也是一种侵害商标权行为。然而"反淡化理论"给予驰名商标的绝对保护并未在司法实践中广泛适用。另一种相反的观点是传统"混淆理论"，《最高人民法院关于审理商标民事纠纷案件适用法律若干问题的解释》对企业名称侵犯注册商标专用权的行为的认定是以传统的混淆理论为基础，然而对于驰名商标的保护早已突破了"混淆理论"。第三种观点则认为解决该问题的方式是"联想理论"。该理论基于"反淡化理论"，只要这种使用造成了消费者的联想，就削弱或减低了有关商标指示商品或服务来源上的能力，削弱或淡化了该驰名商标与特定商品或服务之间的强有力的关联性❶，因而构成对驰名商标的侵害。根据"联想理论"，企业对于企业名称使用的性质并不限于商标性的使用，例如企业在对外签订合同时使用与某驰名商标相同或类似的企业名称，将企业名称标识于所生产的产品上，这种使用若削弱或减低了驰名商标与特定商品或服务之间的关联性，则该种行为即构成侵犯对方商标权的行为。

笔者认为，"联想理论"确实能提供一种解决企业名称与驰名商标之间纠纷的思路。但是需要注意的是，适用"联想理论"具有如下前提：第一，被控侵权的企业名称与驰名商标之间所涉商品或服务领域并没有特定的关联性，若存在关联性则可以直接从侵犯商标专用权方向寻求保护；第二，驰名商标的知名度需要达到家喻户晓的地步，这是因为，家喻户晓的驰名商标与特定行业内相关公众知晓的驰名商标，其受到保护的范围肯定是不一样的。《最高人民法院关于审理商标授权确权行政案件若干问题的意见》指出，对于已经在中国注册的驰名商标，在不相类似商品上确定其保护范围时，要注意与其驰名程度相适应。运用"联想理论"时，广泛知晓的驰名商标显著性和标识性更强，即使所属行业不一

---

❶ 林山泉. 驰名商标与企业名称权冲突之解决：以"联想理论"为思考基准［J］. 知识产权，2006（3）：50.

样，使用与该驰名商标相同或类似的企业名称也会造成消费者某种程度的联想。例如，若有一家生产服装的企业的企业名称是星巴克，在对外宣传或企业形象经营过程中，人们必定会将其与星巴克咖啡联系起来，未必会造成经营主体的混淆，但会减损注册商标星巴克与其特定商品的关联性。将特定领域驰名的商标登记为不同领域的企业名称，则未必会引起这种减损效果，因为离开该领域，知晓的群体并不多，在联系其他行业考虑某种关联时，商标的驰名度已经被天然稀释。

三、结　论

企业名称作为一种商业标识，凝聚了巨大的无形财产价值，越来越受到重视。然而涉及企业名称的相关法律、法规却寥寥无几。《反不正当竞争法》的特质决定了其并不能作为全方位保护企业名称的法律。对于司法者而言，没有法律可循的情况，可从现有的法律体系中寻找可以参考借鉴的法律原则，如诚实信用原则与保护在先权利原则。但是法律原则并不能代替具体法条，否则很容易造成这样一种局面：由于对法律原则的理解和把握存在偏差，相同类型案件处理的思路与结果不甚相同。因此，笔者建议，是否可以参照国外系统立法的模式❶，将一些本质、功能上具有联系和共性的商业标识纳入《商标法》的保护体系。

（本文发表于《电子知识产权》2016 年第 2 期）

---

❶　例如，德国现行商标法全称《商标和其他标志保护法（商标法）》，该法保护商标、商业标志和地理来源标志。

计算机软件案件的审理要点

陈惠珍[*]

【摘　要】计算机软件案件是知识产权法院"专属"管辖的案件类型之一。根据最高人民法院《民事案件案由规定》，此类案件分为计算机软件合同纠纷、计算机软件著作权权属纠纷和侵害计算机软件著作权纠纷。处理计算机软件纠纷要根据不同的案件类型采用不同的审理思路。实践中，单纯的软件权属纠纷比较少见，故本文主要结合审判实践，分析、阐述软件合同与软件侵权案件的审理要点。

一、计算机软件合同案件的审理要点

软件合同案件有三类，即软件开发、软件著作权转让、软件著作权许可使用合同纠纷案件。实践中，单纯的拖欠开发费、转让许可费等的合同纠纷较少，也不复杂，审理难度大的主要是因对软件功能未达预期引发的纠纷。这类纠纷表面看多为主张欠费的违约之诉，但实质却是履行标准争议或标准约定不明引起的纠纷。这类案件的总体审理思路是根据合同性质、目的、具体约定及合同法的相关规定明确双方的权利、义务。具体需把握以下三个要点。

（一）明确合同性质

对合同性质的判断，合同名称可以作为参考，但主要应根据合同约定的权利义务、合同标的、实际履行情况等综合判断。尤需注意两个区别：一是软件许可

---

[*] 作者系上海知识产权法院知识产权审判第二庭庭长。

使用、软件转让与软件著作权许可使用、软件著作权转让的区别。实践中经常会碰到软件许可使用合同和软件转让合同，其内容是一方许可另一方以一定的对价使用软件或受让软件，并享有日常维护和升级的权利。这种"使用"是对软件功能的使用，"转让"则是转让软件载体，实际上是软件的销售，与软件的著作权没有任何关系。软件著作权的许可使用或转让是指软件著作权中的一项或多项财产权利许可另一方使用或转让给另一方。二是软件销售与软件开发的区别。如果合同标的是开发完成的成品，则属于软件销售合同。如果在提供软件成品的同时，还根据客户需求对部分模块重新配置、开发的，则属于软件开发合同。

（二）确定判断违约的依据

解决软件合同履行争议的难点在于软件是否符合约定的技术标准和效果，这在三类软件合同纠纷中都存在。在软件著作权转让或许可纠纷中，若合同有明确约定的，可以逐项比照以作判断；若合同没有明确约定，则需咨询了解相同行业对同类软件的功能、容错等方面的一般指标，并结合合同的主要目的，判断争议软件是否达到或基本达到一般的行业要求和合同目的。

在软件开发合同纠纷中，由于开发需求往往是随开发进展逐步明确和固定的，所以双方之间的补充协议、往来函件、会议纪要、备忘录等材料都可能构成确定软件开发需求的依据。当然，需求方应在合理的时间和范围内明确需求，否则无疑是不公平地加重了开发方的合同义务。如果经过上述事实审查，无法得出明确的判断标准的，案件审理的重点应转移到举证责任的承担上，由于实际情况复杂，会有举证责任的多次转移，需要仔细加以把握。

（三）决定是否启动技术鉴定

对软件的功能和技术效果是否符合合同约定的判断，往往需要进行技术鉴定。技术鉴定需要注意以下三点：

一是分析技术鉴定的必要性和可能性。只有当通过其他的方法无法对事实作出判断且具备鉴定条件时，才能启动鉴定程序。如果连开发需求都不明确或不能确定鉴定对象时，则无须也无法启动鉴定程序。

二是严格界定技术鉴定的范围。诉讼双方在陈述事实和主张时，往往出于趋利避害的本能避重就轻，使技术问题和一般事实问题混在一起。法官应将案件事实按照案件涉及的法律关系要件进行详细梳理，区别出与技术有关的事实问题和与事实有关的技术问题，然后归纳出需要鉴定的问题，不能无端扩大专业技术问题的范围，放弃法官应尽的职责。

三是鉴定程序的合法性。首先是委托程序合法，如鉴定机构的资质审核、回避程序等；其次是鉴定过程合法，如鉴定材料的获取、固定及鉴定的过程规范等；最后是鉴定结论采信过程合法，如结论应当庭质证、必要时专家到庭接受质询等。

二、计算机软件侵权纠纷的审理要点

计算机软件同时具有"作品性"和"工具性"特点❶，以何种法律保护软件最为合适，一直是各国热议的问题。目前，软件的著作权法保护已成为国际趋势，同时也存在部分软件的专利法保护和商业秘密法保护。本文只探讨软件著作权侵权纠纷的审理要点。

侵害计算机软件著作权的行为有多种，直接冒名发表、发行、侵犯署名权等侵权行为并不多见，较为常见且审理有难度的是侵犯软件复制权的侵权纠纷。另外，破坏软件保护措施的侵权行为，在事实认定方面存在一定的特殊性。因此，这里仅分析涉及这两种侵权行为时的审查要点。

（一）软件复制侵权行为的审查要点

软件复制包括全盘复制和部分复制。全盘复制软件的情况多数存在于销售侵权软件、计算机硬件销售商预装软件或软件终端用户使用侵权软件，此类案件只要能查明有销售、预装或终端使用行为，复制的事实就不难认定。审理中较难认定的是比较隐蔽的复制手段，主要是采用被侵权软件的实质部分与侵权人自己开发的部分进行叠加复制，或仅作些伪装性的改动。这类案件要查明是否存在复制行为相当困难，法院一般按照"实质性相似＋接触＋排除合理解释"的原则进行审查判断。

因计算机软件的表达涉及源代码、目标代码、编写语言等专业问题，被控侵权软件与权利软件是否实质性相似，往往需要技术鉴定。故法院需要查明技术内容以外的事实并为技术鉴定做准备。一是查明"接触"事实。即查明被控侵权方以前曾有研究、复制权利人软件的机会，如曾有人在权利人处工作、参与软件开发等。二是固定侵权证据。由于软件的修改、删除可在瞬间完成，固定侵权软件非常重要，必要时法院可根据当事人申请或依职权采取证据保全措施。三是确定鉴定材料。法院须让双方明确应作鉴定比对的软件版本以确定鉴定材料。

（二）破坏软件技术保护措施行为的审查要点

常见的软件技术保护措施包括设置序列号、注册用户名等软加密技术以及附

---

❶ 所谓"作品性"，是指计算机软件具有受著作权法保护的"作品"性质，是一种"可被复制于某种有形载体之上的智力创作成果"；所谓"工具性"，是指它与计算机等可读介质合为一体后，能够具有信息处理能力，以标志一定功能、完成一定任务或产生一定结果。计算机软件本身兼具与文学作品相似的表达形式和实用工具的功能性两种属性。

带加密盒、钥匙盘等硬加密技术。由于权利人很难有证据证明侵权人实施了破解行为，对其认定有时需要采用事实推定的方法。但事实推定并不是凭空想象的，必须依据确定的基础事实。具体为：①权利人为其软件设置了保护措施的事实；②侵权人实际复制或使用了权利人软件的事实；③侵权人没有避开软件保护措施的合理理由，即侵权人未合法取得软件的口令、序列号或加密硬件等，也不存在权利人软件出错的情况。只有在上述三项基础事实都明确的情况下，才有可能得出侵权人实施了破坏软件技术保护措施的结论，因此，此类案件的审查要点就是查明以上事实。

（本文发表于《中国审判》2015 年第 11 期）

作为新型民事权益的体育赛事转播权及其法律保护

凌宗亮[*]

【摘　要】体育赛事转播权蕴含巨大的经济价值已成为不争的事实，对体育赛事转播权是否具有可版权性的探讨，不应限于体育赛事的竞技性或身体动作的功能性而一概拒绝给予版权保护。合理的分析逻辑应是对各式各样的体育赛事进行类型化，根据体育赛事是否具有艺术美感价值类型化为对抗性体育赛事和艺术性体育赛事。前者主要是竞技性的，不属于可著作权的"文学、艺术和科学"领域，运动员们的动作表达并不是表达特定思想，故不属于著作权法中的作品。后者基于其艺术美感价值，进入了可著作权的领域范围。在满足艺术与功能可分的情况下，应具备获得著作权保护的可能性。鉴于对抗性体育赛事所蕴含的巨大经济利益与著作权法保护的独创性表达利益并不相同，其不受排除规则的限制，并不因此进入公共领域，而是可以基于《民法通则》的规定作为一种新型民事权益受到保护。视侵权人和体育赛事组织者是否存在竞争关系，权利人可以援引《反不正当竞争法》一般条款或者《侵权责任法》第 2 条的规定保护自身合法权益。反观正在征求意见的《中华人民共和国民法总则（草案）》，其第五章民事权利客体有关"数据信息"的规定仍有局限性，无法包容体育赛事等新型民事权益，故可以将网络虚拟财产、数据信息统一规定在该草案第 110 条，并修改为更具包容性的"数据信息等无形财产权益"。

---

* 作者系上海知识产权法院知识产权审判第二庭法官。

随着体育产业的飞速发展，体育赛事相关的经济价值不断攀升，腾讯公司与美国 NBA 签署 5 亿美元为期 5 年的合作协议，体奥动力（北京）体育传播有限公司（以下简称"体奥动力"）更是以 80 亿元人民币的天价与中超联赛股份公司（以下简称"中超公司"）达成中超联赛的全面合作。但如此"高昂"的体育赛事在法律保护上却面临身份缺位、制度缺失的尴尬。一般认为，体育赛事不同于转播体育赛事形成的体育赛事节目，后者可以作为作品或录像制品受到著作权法的保护，❶ 但体育赛事本身能否受到著作权法的保护；如果不符合原创性的要求，是否仍可以作为其他权益受到保护，应当如何进行保护等问题，仍是困扰知识产权理论及司法实践的难题，亟须进行深入细致的分析和探讨。

一、体育赛事的可版权性不应一概而论

（一）体育赛事能否受著作权法保护的争论

对于体育赛事能否受著作权法保护，现有观点大体上可以分为三类，即肯定说、否定说以及邻接权说。

肯定说认为，"运动竞赛表演是体育的重要智力成果，且具有思想性、技艺性和可固定性，应被看作著作权的客体。"❷ "虽然我国现行《著作权法》没有明确运动竞赛的作品属性，但运动竞赛表演的动作设计与舞蹈动作设计一样具有独创性，且具有可复制性，不属于著作权的排除对象，又符合'作品'的特征，理应受著作权法的保护。"❸ 在 Baltimore Orioles 案中，美国联邦第七巡回上诉法院指出，版权法保护的作品仅仅需要很低的原创性，并不需要具有美学价值。球员的表演具有价值的事实表明其具有版权保护所要求的较低限度的原创性。❹

---

❶ 根据美国版权法第 101 条的规定，只要体育赛事转播者在转播体育赛事的同时将其录制下来，即视为版权法所要求的"固定"，进而受到美国版权法的保护。英国法院在 Union of European Football Association v. Briscomb. 案中指出："原告对现场转播的电视节目享有著作权，对其附属作品也享有著作权。"所谓附属作品即"欧洲足球冠军联赛节目中统一采用的创造性元素，如视频播放顺序、节目中的图案、标志等。"转引自：宋海燕. 中国版权新问题：网络侵权责任、Google 图书馆案、比赛转播 [M]. 北京：商务印书馆，2011：119 – 120. 我国法院在原告北京新浪互联信息服务有限公司诉被告北京天盈九州网络技术有限公司著作权侵权及不正当竞争纠纷案中认为："尽管法律上没有规定独创性的标准，但应当认为对赛事录制镜头的选择、编排，形成可供观赏的新画面，无疑是一种创作性劳动，且该创作性从不同的选择、不同的制作会产生不同的画面效果恰恰反映了其独创性。即赛事录制形成的画面，构成我国著作权法对作品独创性的要求，应当认定为作品。"参见北京市朝阳区人民法院（2014）朝民（知）初字第 40334 号民事判决书。

❷ 张厚福. 论运动竞赛表演的知识产权保护 [J]. 体育科学，2001（2）：18.

❸ 张杰. 运动竞赛表演中的著作权保护 [J]. 体育学刊，2001（4）：14.

❹ See Baltimore Orioles, Inc. v. Major League Baseball Players Ass'n, 805 F. 2d 663, 674 (7th Cir. 1986).

否定说认为，体育赛事或者说竞技体育，不属于文学、艺术和科学领域内的智力成果，不是著作权法保护的客体，不受著作权法保护。❶ "竞技体育活动展示的是运动力量和技巧，不是以展示文学、艺术或科学美感为目标，不能构成著作权法意义上的作品。"❷

邻接权说则认为，体育赛事转播权属于著作权中的表演者权。所谓表演者权指的就是表演者对其文学、音乐、戏剧、舞蹈、曲艺等作品的艺术表演依法享有的专有权利。体育界以及电视传媒界很多人认为体育赛事转播权应该属于著作权中的表演者权（邻接权的一种）。其依据就是体育竞赛表演是运动员、教练员、体育科研人员、体育经营人员等体育工作者劳动成果的主要表现形式，属于著作权法意义上的表演者权，只不过这种权利的行使由体育赛事的组委会统一行使，而赛事直播、新闻报道以及录像都是表演者权中财产权利的具体表现形式。❸ 巴西版权法即将体育领域的足球运动、田径运动等列为邻接权保护的客体，根据巴西版权法第 100 条的规定，运动员的比赛活动，如同表演者的 "表演" 一样受版权保护，但是主体不是运动员，而是运动员所属的 "单位"，即俱乐部。❹

（二）对抗性体育赛事与艺术性体育赛事的区分

鉴于体育运动项目的多样性，对体育赛事能否受版权保护的探讨不应笼统地肯定或一概地否定，而是应当秉持类型化的思维去审视体育赛事的法律保护。虽然很多传统的诸如足球、篮球等对抗性体育比赛的主要功能或目标在于竞技，在于更多的进球或比分，但也有一些诸如花样游泳、艺术体操等比赛项目，虽然也体现竞技性，需要一定的力量和技巧，但更多地讲求艺术性和欣赏性，要求技术动作具有创造性并且可鉴别。而且运动员动作组合的创造性和多样性，是否表达出特定的心境或思想变化，是裁判员进行评判的重要指标。此外，近年来，更强调个体性、刺激性和创造性的极限运动也逐渐进入公众的视野。"尽管媒体对极限运动的报道主要强调这些运动的冒险性，事实上，即使一些动作看起来具有人身危险性，但相当多的极限运动更注重美感的呈现。与对抗性体育运动仅关涉球队、参加者之间的直接竞争不同，诸如滑板、单板滑雪、滑冰、自行车特技等运动的一大特点在于动作设计的精彩性，往往涉及惊艳的空中跳跃和旋转。此类运动员可能参加一些竞争性的比赛，但更多的表演是为了让观众体验一种美感，享

❶ 王自强. 体育赛事节目著作权保护问题探讨 [J]. 知识产权, 2015 (11): 35.

❷ 王迁. 知识产权法教程 [M]. 3 版. 北京: 中国人民大学出版社, 2011.

❸ 李圣旺. 大型体育赛事转播权的法律性质分析 [J]. 特区经济, 2006 (4): 302.

❹ 郑成思. 版权法 [M]. 北京: 中国人民大学出版社, 1997: 57.

受体育的乐趣。在此种意义上，自由多变的极限运动更接近于花样滑冰、体操、杂技，与足球或者篮球却存在较大差别。"❶

为此，就体育赛事的可版权性而言，应当对众多的体育赛事项目进行类型化。笔者认为，根据体育赛事是否具有艺术性或美感价值，可以将体育赛事区分为对抗性体育赛事（Adversarial Sports）和艺术性体育赛事（Aesthetic Sports）。前者主要表现的是运动员的竞技水平，以速度、力量、分数等取胜。后者则主要表现的是技术动作的美感或艺术价值，追求的是一种体育美，以美取胜。前东德国家奥委会艺术导员霍尼所指出："音乐、造型艺术、文学及其他美的艺术，都应与体育结合起来；在美感起特别作用的领域，像技巧、体操、花样滑冰、旱冰、艺术体操及学校体育活动方面，具备节奏和韵律力量的音乐在增强效果方面更是大有用武之地。"❷ 如果说足球、篮球、田径等传统对抗性体育运动中，运动员每天进行大量的体能、技战术训练是为了提高运动员的竞技水平，在花样游泳、艺术体操等艺术性体育运动中，运动员除了基本的体能训练，更多地则是进行各种技术动作或套路的创新。例如在花样游泳比赛中，运动员除了要完成水上芭蕾运动技术委员会制定的一些常规动作，还要选择自己的音乐和动作进行自由表演。在自由表演环节，运动员的目标就要创造出一套高难度的动作，不仅应包含情绪和速度的变化，还要有动作的创新。

在此种意义上，体育赛事能否受版权保护应当视对抗性体育赛事与艺术体育赛事而有所区别。笔者认为，具有原创性的艺术性体育赛事可以受到著作权法的保护，而对抗性体育赛事则很难受到著作权法的保护。

二、艺术性体育赛事与对抗性体育赛事版权保护的界分

（一）可版权性作品的条件

著作权法所称的作品，是指文学、艺术和科学领域内具有独创性并能以某种有形形式复制的智力成果。因此，特定的客体要受到著作权法的保护应当满足以下条件：

首先，该客体应当属于"文学、艺术和科学领域内"。"领域限定"是作品定义的组成部分，因此，它的意义应该在于划分作品与非作品。依据通说，"文学、艺术、科学领域"所修饰的名词是"表达"或"智力产物"，其逻辑的推论

---

❶ LOREN J W. Something in the way she moves：the case for applying copyright protection to sports moves，23 CLMVJLA 317.

❷ 胡小明. 体育美学研究述评［J］. 体育学刊，2008（10）：6.

是"文学、艺术、科学领域以外的表达或智力产物不是作品"。所以，领域限定的法律意义主要在于把"文学、艺术、科学领域外的表达或智力产物"排除出著作权的领域。❶

其次，该客体应当是对某种思想的表达。思想／表达二分法是著作权法的基本原则，即著作权法只保护作品的表达，不保护思想。这一原则隐含的逻辑前提在于著作权法保护的表达应当反映作者的某种思想。"按照一般公众的理解，'作品'应该是能够传达一定的思想、情感的表现形式"。❷ 这也可以解释为什么动物拍摄的照片或涂鸦形成的图画不能受到著作权法的保护。动物完成的图画虽然也体现为某种表达形式，但这种表达不可能承载任何的思想，故无法作为著作权法保护的作品。

最后，受著作权法保护的作品应当具有独创性和可复制性。为了防止作者将属于公共领域的一些题材占为己有，著作权法要求只有具有"独创性"的外在表达才能成为著作权法意义上的作品。独创性要求作品必须是创作者独立完成的，且具有一定的智力创造性。当然，著作权法要求的智力创造性并不需要达到很高的高度。此外，具有独创性的表达还必须能够以某种有形形式固定，从而便于作品的传播，促进整个社会文化和科学事业的发展与繁荣。

（二）对抗性体育赛事无法受到现行著作权法的保护

首先，对抗性体育赛事并不属于文学、艺术和科学领域内对思想的表达，不符合作品的条件。对抗性体育赛事作为体育赛事的重要组成部分，不属于"文学、艺术及科学"领域。对抗性体育赛事中运动员的身体动作虽然可称之为表达，但主要是为了实现特定的竞技目的。例如为了将足球踢入球门或者将篮球投入篮筐，并不是为了展现球员们的思想、观念或者情感。当然，体育赛事中运动员的一举一动都是受运动员意识支配形成的表达，但这种意识支配与著作权法中的"思想"是两回事，著作权法所涉及的"思想"应当与"社会主义文化和科学事业发展和繁荣"密切相关。

其次，对抗性体育赛事无法基于表演者权获得邻接权保护。第一，根据我国《著作权法》的规定，著作权法中的表演者权保护的应当是对作品的表演。"对已有作品进行表演，虽然并不产生新作品，但它对作品的传播至关重要。对于由曲谱和歌词构成的音乐作品以及由舞蹈动作设计构成的舞蹈作品而言，如果没有歌手的歌唱和舞者的舞蹈，他们几乎无法被公众欣赏。对于由文字构成的戏剧剧

❶ 李琛. 著作权基本理论批判［M］. 北京：知识产权出版社，2013：115.
❷ 崔国斌. 著作权法原理与案例［M］. 北京：北京大学出版社，2014：37.

本和电影剧本而言，虽然公众直接阅读就能知晓其中内容，但演员的表演能够淋漓尽致地展现剧本中的故事情节，使公众对作品获得更佳的理解和体验。"❶ 对抗性体育比赛的进程并不是事先可以计划和安排的，也是不可预料的；对抗性体育赛事也不存在舞蹈或电影中的剧本，不是事先依照剧本进行比赛。故无法受到表演者权的保护。"虽然体育比赛需要一定的智力思考，并且需要在教练的指导和指引下根据确定的规则进行，在此种意义上，体育比赛与呈现给现场观众的演出或音乐会类似，但体育比赛背后所表演的内容并不是作品。它并不像演出或音乐会一样事先存在剧本。赛场上所发生的一切都是自发的、不可预料的。"❷ 第二，《保护表演者、录音制作者和广播组织公约》（以下简称《罗马公约》）第9条规定："任何缔约国均可依据国内法律和规章，将本公约提供的保护扩大到不是表演文学或艺术的艺人。"虽然法国、日本、巴西等国家据此将那些非文学艺术作品的表演者也纳入邻接权的保护范围，例如，《法国知识产权法典》规定，以各种方式表演文学艺术作品的人和表演杂耍、马戏的人和操作木偶的人为表演者。但我国《著作权法》并未将体育赛事作为一种体育表演纳入表演者权保护体系中。

（三）艺术性体育赛事的可版权性分析

艺术性体育赛事虽然整体上也属于体育范畴，但其具有与对抗性体育赛事不同的多功能性和多面性，不仅具有竞技功能，还具有艺术美感价值；不仅包含体育运动中的常规动作和套路，更有在常规动作和套路基础上创新发展出的新动作和新套路；不仅需要运动员的力量和技巧，更需要运动员在比赛中将特定的情感、意境展现在相应的技术动作之中。因此，艺术性体育赛事基于其艺术美感的功能兼具了体育与艺术的元素，进入到著作权法的"文学、艺术和科学"领域；如果特定的比赛动作或套路并不属于常规动作，而具有一定的原创性，是运动员事先设计、排练、总结形成的创造性成果，可以视为著作权法中的"舞蹈作品"或"杂技作品"，获得著作权法的保护。

首先，对艺术性体育赛事的版权保护并不会损害体育运动的正常竞争。美国联邦第二巡回上诉法院在"National Basketball Association v. Motorola, Inc."案中认为："如果足球比赛中'T'字队形的创造者对其享有版权，足球运动可能会走向尽头，而不是繁荣。即使那些最可能成为作品的诸如花样滑冰、体操等体育运动，其中十分优美、有难度特技动作的表演者也不能获得版权保护，否则会

---

❶ 王迁. 著作权法 [M]. 北京：中国人民大学出版社，2015：268.

❷ NIMMER M. Nimmer on copyright [M]. New York：Matthew Bender，1987：1–51，52.

侵害今后的竞争。声称是某个特技动作的唯一表演者并不能说明什么，因为其他人都被禁止尝试这个动作。"❶ 对此，笔者认为，对艺术性体育赛事的版权保护不仅不会损害体育运动的正常竞争，相反会通过对体育运动中投资和创新的激励和保护，增进体育运动的竞争和社会的福利。一方面，所有的体育运动项目中都已经发展和存续了一系列的基础或常规性动作或套路，这些动作或套路处于公共领域之中，任何人都可以自由地使用。即使未来所有的创新性动作都因版权保护而无法进入公共领域，至少公共领域中已有的素材可以供运动员使用，相关运动项目的竞技水平起码可以维持在现有水平。事实上，只有权利人对常规或基础性动作主张版权保护，进而压缩公共领域空间时，才可能损害体育运动项目的竞技水平。但独创性要求完全可以避免上述现象的发生。版权法对舞蹈作品的保护并不包括常用的舞步和套路，例如，基本的华尔兹舞步。同样地，版权保护也不会涵盖诸如花样滑冰中的旋转、跳跃等基本的运动动作。另一方面，对艺术性体育赛事的创新性动作或套路给予版权保护，可以鼓励相关组织或运动员进行更多的投入和创新，进而促进体育运动的不断发展和壮大。著作权法并不是简单地为权利人提供一种全面的、绝对的保护，而是已经发展出一套合理的利益平衡机制，可以确保最大限度地合理划定可版权性作品的界限。思想/表达二分、权利保护期限、合理使用等制度可以极大地降低或者消除版权保护的反竞争性。

其次，不能因为体育动作具有功能性而拒绝保护。目前，国内外有关案例关于身体动作往往以具有功能性为由拒绝给予版权保护。例如，我国法院在一起广播体操是否享有著作权的案件中认为，广播体操等具有功能性的肢体动作不是文学、艺术和科学领域内的智力成果，本质上属于思想而非表达，不具备作为作品的法定条件。❷ 美国联邦第九巡回上诉法院在一起瑜伽动作顺序组合是否受著作权法保护案件中亦认为瑜伽动作套路虽然可能反映一定的美学倾向，但其无法获得版权法保护的原因在于其主要反映功能。❸ 对此，笔者认为任何体育运动都是以人的身体活动为基本手段，以增强体质为必备功能的活动，但并不能因为体育赛事具有实用功能而一概地拒绝保护。实用艺术物品同样具有功能性，但仍可能受到著作权法的保护。"事实上，将体育动作——甚至那些纯粹为了赢得比赛的动作，界定为美国版权法第102b条规定的功能性，可能误解了版权法的整个宗旨。不管运动员创造各种各样组成比赛的动作和组合是基于什么目的，版权法所

---

❶　See 105 F. 3d 841（2d Cir. 1997）.

❷　参见北京市西城区人民法院（2012）西民初字第14070号民事判决书。

❸　See, Bikram's Yoga Coll. of India, L. P. v. Evolation Yoga, LLC, 803 F. 3d 1032（9th cir. 2015）.

欲保护的并不是这些动作和组合的竞争价值，而是它们吸引观众付费观看比赛的价值。"❶ 只要特定的体育动作的功能性和艺术性可以区分，并不是实现特定的目的或功能所必需的动作，著作权法不应拒绝给予保护。而且著作权法已有的"混合原则"也可以作为防止对一些功能性体育动作给予不适当保护的安全阀。因此，给所有的体育运动贴上功能性的标签，对于艺术性体育赛事中的动作创新是不公平的，合理的逻辑路径应当是具体问题具体分析，切实保护体育运动中创新者的正当利益。

三、对抗性体育赛事可以作为一种民事权益受到保护

对抗性体育赛事无法受到版权法的保护并不意味着不能依据其他法律获得保护。在现有的法律体系下，对抗性体育赛事可以作为一种民事权益依据《民法通则》有关民事权益的规定获得保护。

（一）对抗性体育赛事承载了版权保护之外的财产利益

在美国涉及体育赛事的侵权纠纷中，一个极具争议的问题是如果体育赛事本身无法受到版权法的保护，权利人是否还可以依据州法有关不正当竞争、不当占用、公开权等规定获得州法的保护。争议之所以产生，源于美国于 1976 年修改版权法时增加了联邦版权法排除州法适用的"排除规则"，依据该法第 301a 条的规定，如果州法规定的法定或衡平法上的权利相当于 1976 年版权法第 106 条规定的专有权利，且据以主张权利的作品表达可以被固定在有形载体上且属于可授予版权的作品范围，那么联邦版权法将排除州法的适用。在 Baltimore Orioles 案中，针对球员依据州法主张对体育赛事本身享有公开权的主张，一审法院认为，俱乐部对比赛电视广播的著作权包括其中球员们的表演，二者不可分离。由于这些表演是球员在雇佣期间完成的，基于雇佣作品的原则，俱乐部拥有雇员所创作的直播节目的所有版权。球员基于州法所主张的公开权应当被版权法所排除。球员无权将他们的表演从比赛直播作品中分离出来。针对球员认为体育比赛本身不符合版权法的保护条件，因而不适用排除规则的上诉意见，美国联邦第七巡回上诉法院认为："一旦比赛表演被以有形形式固定，就第 301 条的排除规则而言，比赛本身和比赛节目并没有区别。一个作品如果属于版权法规定的主题范围，即使由于原创性过低或不具有原创性而无法受到联邦版权法的保护，该作品也不能

---

❶ LOREN J. W. Something in the way she moves: the case for applying copyright protection to sports moves, 23 CLMVJLA 317.

通过州法进行保护。"❶

对此，笔者认为，如果一件作品因不具有独创性或者不属于著作权法保护的对象范围，一般情况下应属于公共领域，任何人都可以使用。但这并不是绝对的，而是有条件的。即只有在该作品没有同时承载其他民事财产利益或价值时才会进入公共领域。对特定利益如何进行保护的审视和考量应当坚持一种体系化的视角。在知识产权体系下，不受著作权法保护的作品如果具有识别性或者产品设计的创新，仍可以受到商标法或专利法的保护。"外观设计专利权、著作权与商标权保护的利益存在实质性区别。外观设计专利保护的是对产品设计方案的创新，新颖性是外观设计获得专利权的必要前提；著作权保护的是作品的独创性，其关注作品是否系独立创作，并不关注作品是否首创；商标权则保护标志的识别性，即使某个标志是作者独立创作，具有很高的艺术性和美感，但只要它不能识别商品或服务的来源，就无法获得商标法的保护。"❷ 同理，在整个民法体系下，因不具有智力创造性或识别性不能作为知识产权保护的财产利益，并不意味着无法受到《侵权责任法》或者《民法通则》的保护。在体系化视角下，《侵权责任法》《民法通则》可以作为《著作权法》《商标法》《专利法》以及《反不正当竞争法》的有效补充。排除规则的适用应当针对同一种财产利益而言，例如，就版权法所保护的独创性表达利益而言，如果特定作品的表达不具有独创性，该表达利益既不应受到版权法的保护，也不能依据《反不正当竞争法》或者《民法通则》获得保护。《反不正当竞争法》一般条款和特殊条款的适用也遵循同样的原理，如果特定的字号不具有一定的知名度，不能获得企业名称权的保护，权利人不能再次援引一般条款进行保护。即针对相同的财产利益，特殊法排除一般法的适用。

因此，如果体育赛事承载了版权法保护的表达之外的其他财产利益，仍然可以获得其他法律的保护，并不受排除规则的限制。事实上，体育赛事转播权所承载的巨大经济利益已成为不争的事实。在1953年美国参议院商务委员会出具给联邦通信委员会的一份报告中认为："俱乐部作为棒球比赛的组织者、呈现者以及对比赛实况进行广播和电视直播的权利许可者，对此享有极大的商业利益。俱乐部对于组织比赛投入了大量的金钱、成本和劳动，有权保护自己的劳动成果不被他人擅自利用。这些财产权利具有众所周知的法律基础，包括普通法、版权法

❶ Baltimore Orioles, Inc. v. Major League Baseball Players Ass'n, 805 F. 2d 663, 674 (7th Cir. 1986).
❷ 张玉敏，凌宗亮. 三维标志多重保护的体系化解读 [J]. 知识产权，2009 (6)：15.

以及防止不正当竞争的衡平法。"❶ 在 Ettore v. Philco Television Broadcasting Corp. 案中，法院认为，就职业运动员而言，似乎应当承认运动员对于他所提供的服务享有某种财产权利。作为维持生计的方式，运动员与他人签订合同提供某种比赛服务。最终的产品体现为运动员所呈现的连续的比赛表演。如果相关比赛画面并非按照当初约定的方式使用，运动员就新的使用方式获得报酬的权利便受到了侵害。❷ 美国司法实践对体育赛事财产利益的认可并不是个例，其他法院也作出了类似的判决。❸ 在体育赛事转播行业中，各项运动赛事动辄数以亿计的转播许可费用也印证了体育赛事所蕴含的巨大财产利益。"举办体育赛事，尤其是像亚运会、奥运会这样的综合性大型运动会，主办者从硬件（场地、器材、设备）到软件（策划、组织、接待、比赛）都需要大量的投入，而运动员在比赛准备阶段和比赛场上都撒下了辛勤的汗水，因此，一场精彩纷呈的体育赛事是体育组织者、运动员以及相关人员辛勤的体力劳动和脑力劳动的结晶。"❹ 对于上述"体力劳动和脑力劳动"的大量投入，如果不给予保护，对于体育赛事的组织者、运动员及相关公众人员明显是不公正的。

（二）对抗性体育赛事法律性质的观点争议

对于体育赛事转播权的法律性质及不符合版权保护条件的体育赛事应当如何进行保护，国内外理论研究提出了众多理论和观点。西方国家经历了"赛场准入说""娱乐服务提供说"到"企业权利说"的发展历程。"赛场准入说"认为，赛事转播权源于已经获得法律承认的另一项财产权利，即体育场馆所有人对体育场馆的所有权或管理人对体育场馆的占有权。"娱乐服务提供说"认为摄像记者和普通观众一样，是以观看比赛的方式享受娱乐服务。电视台转播赛事节目，实质上是在转播一项娱乐活动，必须缴纳相应的费用。"企业权利说"将体育赛事看成一类产品，赛事组织者从事的是一项经济活动，承担着财政上的风险，应当作为一种无形财产权受到保护。❺ 例如，美国理论研究中即有观点认为"体育运动员对于他的姓名、肖像以及人物形象的其他要素，包括他的整体表演享有普通

---

❶ See REP. NO. 387, 83d Cong., 1st Sess. 10 – 12 （1953）.

❷ See 229 F. 2d 481 （3d Cir. 1956）.

❸ See e. g., Ettore v. Philco Television Broadcasting Corp., 229 F. 2d 481 （3d Cir 1956）; Madison Square Garden Corp. v. Universal Pictures Co., 255 A. D. 459, 7N. Y. S. 2d 845 （1938）. Twentieth Century Sporting Club, Inc. v. Transradio Press Serv., Inc., 165 Misc. 71, 300 N. Y. S. 159 （sup. Ct. 1937）.

❹ 李圣旺. 大型体育赛事转播权的法律性质分析 [J]. 特区经济, 2006 （4）: 302.

❺ 朱玛. 利益平衡视角下体育赛事转播权的法律保护 [J]. 河北法学, 2015 （2）: 169.

法上的公开权。公开权是一种可以转让的无形财产权"。❶ 国内则主要有"契约权利说""商品化权说"等观点。"契约权利说"认为，体育赛事转播权没有相关法律明确规定，往往是根据协议或章程约定俗称的。❷ "奥运会的电视转播权，实质上是一种根据契约而产生的民事权利。《奥林匹克宪章》是奥运会乃至奥林匹克运动的宪法性文件，也是任何参加奥运会活动的人和机构统一订立的契约。接受《奥林匹克宪章》，就意味着接受其中转播权事项的约定，就是合同法上的'达成合意'。"❸ "商品化权说"认为体育赛事转播权是体育活动商业化的产物，具有商品化权的特征。❹

在国内司法实践中，颇具讽刺意味的是，相关体育赛事转播权的权利人自己也无法明确自己获得授权的究竟是何种权利。在原告体奥动力诉被告上海全土豆网络科技有限公司等擅自播放亚足联足球比赛系列案件中，原告经亚足联独家授权，获得在中国地区独家专有实况播放权及后续播放权。被告未经授权在其网站上对相关比赛进行了全程网络播放。原告先是在上海市浦东新区人民法院以网络侵权责任纠纷为由起诉，主张自己获得的独家播放权系物权属性的权利。法院以物权法定为由驳回了原告的诉讼请求。随后，原告又在上海市杨浦区人民法院提起侵害知识产权诉讼，但亦未能明确其获得授权的权利属性，进而被法院驳回诉讼请求。❺

（三）对抗性体育赛事应为一种新型的民事财产权益

笔者认为，"赛场准入说"及"契约权利说"均将体育赛事转播权依附于比赛场地的所有权或者合同，不适当地限制了体育赛事转播权的权利范围，无法对侵权人从赛场外盗录比赛的行为进行规制，没有正视体育赛事转播权独立的财产价值，不利于对体育赛事转播权的充分保护。"娱乐服务提供说"没有看到广播电视台与现场观众的区别，也无法解释同样是接受体育比赛的娱乐服务，为什么广播电视台支付的转播费用要远远高于现场观众购买门票所支付的费用。"无形财产权说"或"商品化权说"在本质上并无差别，都承认体育赛事转播权应当

---

❶ See David E S. Three strikes and they're out at the old ball game: preemption of performers'right of publicity under the copyright act of 1976, 20 Ariz. St. L. J. 369.

❷ 胡峰. 体育竞赛转播的法律性质研究 [J]. 中国广播电视学刊，2004（4）：68.

❸ 马尧. 奥运会电视转播权及网络转播权的法律分析 [J]. 电子知识产权，2003（4）：48.

❹ 吴汉东. 形象的商品化与商品化的形象公开权 [J]. 法学，2004（10）：77.

❺ 参见上海市浦东新区人民法院（2013）浦民二（商）初字第 843 号民事判决书；上海市第一中级人民法院（2013）沪一中民五（知）终字第 59 号民事判决书；上海市杨浦区人民法院（2013）杨民三（知）初字第 66 号民事判决书。事实上，从法院受理案件的案号也可以看出，对于体育赛事转播权的法律性质司法实践中也不明确。有的在商事审判庭审理，有的在知识产权审判庭审理。

作为一种独立的民事财产权益受到保护。该观点看到了体育赛事转播权所承载的独立经济价值，也可以解释体育赛事权利人对外许可、转让赛事转播权的正当性，不失为解决体育赛事转播权法律保护的合理模式。

在现有法律体系下，笔者认为，体育赛事转播权可以依据《民法总则》第5条有关"公民、法人的合法民事权益受法律保护，任何组织和个人不得侵犯"的规定，作为一种新型的民事权益受到保护。具体而言，如果侵权人与体育赛事权利人存在竞争关系，对于擅自盗录、播放体育赛事的行为，权利人可以依据《反不正当竞争法》第2条的规定寻求救济。如果侵权人与体育赛事权利人之间不存在竞争关系，例如，现场观众未经许可盗录了比赛录像，并上传到网络中传播，权利人可以依据《侵权责任法》第2条有关"侵害民事权益，应当依照本法承担侵权责任"的规定，追究侵权人的侵权责任。对于经常发生的擅自在网络中传播体育赛事的侵权行为，权利人可以依据《侵权责任法》第36条有关网络侵权的规定，追究网络用户、网络服务提供者的民事责任。

四、新型民事权益体育赛事转播权与《中华人民共和国民法总则（草案）》的修订

全国人大常委会法制工作委员会已正式启动了民法典编纂工作，决定首先进行民法总则的起草。2016年6月，第十二届全国人大常委会第二十一次会议初次审议了《中华人民共和国民法总则（草案）》，并已对外公开征求意见，其中草案第五章是对民事权利的规定。为了适应互联网和大数据时代发展的需要，草案对网络虚拟财产和数据信息等新型民事权客体作了规定。其中，网络虚拟财产在第104条有关物权客体的规定中作了规定；数据信息则纳入第108条第2款知识产权的客体范围。上述规定，一方面意识到随着经济社会，特别是网络的不断发展，需要对一些新型的权利客体进行保护；另一方面仍然将网络虚拟财产、数据信息等归入现有的物权、知识产权等已有的民事权利保护范围。依据草案的规定，对抗性体育赛事作为一种新型民事权益，应当可以作为民事权利的客体，但却无法归入到草案列举的权利客体类型。笔者认为，草案对"数据信息"的规定存在局限性，应当与知识产权的规定独立，规定更具有包容性的"其他无形财产权"或者"信息等其他无形财产权"。首先，虽然很多无形财产权利的本质都表现为信息，甚至有观点认为知识产权保护的对象也是信息，是非物质性信息，❶但并不是所有的智力成果、商业标记以外的无形财产权均表现为信息。本

---

❶ 张玉敏教授即认为知识产权保护的对象是非物质性信息。参见张玉敏. 知识产权的概念和法律特征［J］. 现代法学，2001（5）：105.

文所探讨的体育赛事转播权便很难说是一种信息。此外，实践中经常发生的知名人物形象商业化利用产生的财产利益等也无法归于信息，却是需要给予保护的财产利益，应当作为民事财产权利的客体。其次，将数据信息与作品、专利、商标、植物新品种等并列作为知识产权的客体，也不符合知识产权客体的本质属性。一般认为，知识产权的客体表现为智力性创造成果及识别性标记，数据信息或者说信息集合形成的数据库如果符合智力创造性的要求，可以通过作品等进行保护，没有必要单独规定；但实践中，更多的数据信息并不符合知识产权有关智力创造性的要求，因此，不宜将其纳入知识产权的保护范围。司法实践中，对于信息集合形成的数据库，一般也是通过反不正当竞争法进行保护，并不认为其属于知识产权客体范围。因此，笔者建议，将草案规定的网络虚拟财产和数据信息单独规定，同时扩大新型民事权利客体的保护范围，使之能够对体育赛事转播权、商品化权等进行保护。综观草案第五章的规定，可以对第 110 条的规定进行完善，即"民事主体依法享有股权或者网络虚拟财产、数据信息等其他无形财产权。"

（本文发表于《法治研究》2016 年第 3 期）

图形作品的著作权保护及其权利边界

凌宗亮*

产品设计图、工程设计图等图形作品是对某种技术方案或事实原理的图形化表达，其之所以受到著作权法保护，"与其设计方案以及与其对应的工程和产品的技术实用性毫无关系，而是因为工程和产品设计图是由点、线、面和各种几何图形组成的，包含着设计者眼中严谨、精确、简洁、和谐与对称的科学之美"。❶但在图形作品独创性判定、权利范围以及损害赔偿责任确定等方面，如何准确地区分图形作品中的技术与表达，确保著作权法仅保护其中的"科学之美"，并没有切实可行的规范或标准可以遵循，争议与不确定性仍然存在。

一、图形作品独创性判断中的技术与表达

著作权法保护的作品应当是文学、艺术或科学领域内具有独创性的智力成果。一般而言，文学、艺术领域内作品的独创性主要是法律问题，在司法实践中应由法官根据系争作品的具体外在表达进行综合判断。"作品的独创性实际上是由能够接触到该作品的社会公众'自然而然'地加以评判的。我们平常所说的'文如其人'就是这种评判机制的真实写照。也就是说，作品独创性评判是一个自然而然的过程，它不是哪个机构能够胜任的——只是在特殊情况下，当事人对某一作品的独创性发生争议而不能调和时，才需要由法官作为最后的裁断者加以

---

* 作者系上海知识产权法院知识产权审判第二庭法官。

❶ 王迁. 著作权法 [M]. 北京：中国人民大学出版社，2015：112.

认定。"❶

由于图形作品等科学领域内的作品具有较强的技术性，判断图形作品的表达是否具有独创性，判断者往往需要知悉相关行业或领域是否存在通常设计或标准设计、特定的设计是否是实现某种技术功能所必需的设计等技术背景知识，这就使得图形作品的独创性判断不仅仅是法律问题，更多地表现为技术事实和法律判断的交织。"纯粹的事实问题独立于法律而存在，其产生、解决均无须法律的介入；纯粹的法律问题也只需通过法律规范的解释、识别或选择予以解答，跟案件事实无涉。但是，法律向下滋生进事实的根部，而事实持续不断地向上延伸进法律，当事实因素与法律因素不断趋近并逐渐交织融合，就产生了区别或定性的难题。"❷ 就图形作品的独创性判断而言，上述"难题"主要体现为图形作品的独创性是否需要当事人举证证明，举证责任应当如何分配。笔者认为，除非过于简单的图形设计，此类作品的点线面设计往往比较复杂，应推定为具有独创性。如果被告认为系争作品不具有独创性，应当提供证据予以证明。当然，原告应当尽可能地明确图形作品独创性的具体表现，例如，不论是产品的外观设计，还是整体的设计布局、图示选择等均具有独创性。总体而言，图形作品的独创性主要体现为三个方面：一是图形设计的整体排列、布局。大多数工程设计图并不是由单一的图纸构成，而是包含大量不同部位、配件等细节图。不同细节图如何排列组合、整体如何布局能够更好地体现"科学之美"，都离不开设计者的独特构思、选择和编排。二是具体设计的标注和绘制方式。设计者在具体设计过程中对于不同的部件、方位可以选择用不同颜色、形状、比例的标识进行标注和区分，也可以通过不同的绘制方式进行设计。三是对设计细节或要点的选择和取舍。设计者在进行具体的工程设计或产品设计时，往往会根据自己对技术方案的理解、受众的知识水平、图纸用途等选取最能体现技术内容的设计要点进行设计，上述选择和取舍往往凝结了设计者独特的智力创造。

此外，在图形作品侵权纠纷中，被告经常引用"混合原则"与"场景原则"进行抗辩，称系争作品与原告作品体现的是相同的技术方案，相应的设计也必然是相同或近似的，或者为了表现相同的技术内容，设计者进行自由设计的空间或表达是有限的。对此，笔者认为，图形作品的独创性判断应防止将技术方案的唯一性等同于图纸设计的唯一性或有限性。图形作品的独创性并不体现在技术方案本身，而是设计者对技术方案的图形化表达。不同设计者在设计图纸整体布局、

---

❶ 冯晓青，杨利华. 知识产权法学 [M]. 北京：中国大百科全书出版社，2008：95.
❷ 陈杭平. 论"事实问题"与"法律问题"的区分 [J]. 中外法学，2011（2）：325.

图示标注、设计要点的选择等都会作出不同的考虑和设计，在此种意义上，著作权法中的"有限表达"或"唯一表达"原则在图形作品独创性判断中很难有适用的空间。

二、图形作品权利范围界定的观点争议

确定图形作品著作权保护范围的主要争议在于按照图形作品进行施工是否属于对图形作品的复制行为。对此，有观点认为，不应将对工业设计图的保护局限于禁止"平面到平面的复制"，而应当延及根据工业设计图建造工程或制造工业品的行为。"工业设计的使用价值既不在于复制工业设计图形，也不在于制作工程或产品模型，而在于完成工程建设和批量生产工业品，这种行为恰恰是对有独创性的工业设计作品的利用。如果对这种行为不加以控制，那么著作权法规定的对工程设计、产品设计的保护，就会成为一句空话……保护范围仅限于'图纸'而未延及工程和产品本身……实际上没有起到保护工业设计的作用。"❶ 相反观点则认为，"工程设计、产品设计"的价值所在，确实是建造和制造出有一定创造性的工程和工业品，但这并不意味着著作权法是保护这种实用价值的适当法律机制。与工业设计有关的技术方案可以依法申请专利权。在获得授权之后，他人未经许可实现该技术方案的行为，如根据设计图制造工业品和销售工业品，都将构成对专利权的侵犯，但这与著作权法保护毫无关系。因此，著作权法只能禁止他人未经许可对工业设计图进行"平面到平面"的复制。❷ 还有观点基于作品使用权与复制权的关系认为，复制属于著作权法意义上的一种具体的作品使用方式。某种具体的使用作品行为虽不属于复制行为，但这并不意味着这种行为就一定不属于著作权法意义上的使用行为。按工程设计、产品设计图及其说明进行生产、施工的行为不属于著作权法意义上的复制，但属于著作权法意义上的作品使用行为。他人未经许可，擅自按工程设计、产品设计图及其说明进行生产、施工的行为是著作权的侵权行为，侵犯著作权人的作品使用权。❸ 该观点还进一步援引了广东省高级人民法院的案例予以佐证。在深圳某艺术公司与某科技公司涉展板施工工程图著作权侵权纠纷中，法院认为："科技公司的样板房的展板是使用展板施工平面图制作出来的实物，将艺术公司创作的施工平面图与科技公司使用

❶ 刘春田. 知识产权法 [M]. 北京：中国人民大学出版社，2009：63.
❷ 王迁. 论著作权法保护工业设计图的界限：以英国《版权法》的变迁为视角 [J]. 知识产权，2013（1）：29.
❸ 邓启红. 按图形作品进行生产施工的法律性质探析 [J]. 湘南学院学报，2006（1）：27.

的展板对照，展板立体物形状及其效果与艺术公司的设计施工图平面及其描述的效果高度相似，而科技公司无法对创造了相同或相似的平面图的事实进行举证。因此，应认定科技公司使用了艺术公司设计的图纸作品……科技公司的行为已损害艺术公司获得报酬的权利，应承担法律责任。"❶

三、按图形作品施工行为的法律性质判断

笔者认为，讨论按产品设计图、工程设计图等施工是否属于著作权法中的复制，前提应当明确何为著作权法中的复制。《保护文学艺术作品伯尔尼公约》第9条中规定："受本公约保护的文学艺术作品的作者，享有授权以任何方式和采取任何形式复制这些作品的专有权利。"我国1990年《著作权法》第52条曾经规定："本法所称的复制，指以印刷、复印、临摹、拓印、录音、录像、翻录、翻拍等方式将作品制作一份或多份的行为。按照工程设计、产品设计图纸及其说明进行施工、生产工业品，不属于本法所称的复制。"现行《著作权法》删除了1990年《著作权法》关于"按照工程设计、产品设计图纸及其说明进行施工、生产工业品，不属于本法所称的复制"的规定，对复制权重新进行了界定，即"复制权即以印刷、复印、拓印、录音、录像、翻录、翻拍等方式将作品制作一份或多份的权利"。上述规定主要是从使用方式的角度对复制的外延进行界定，但没有规定《著作权法》中"复制"的内涵或本质。

笔者认为，《著作权法》中的"复制"是对作品表达或美感的再现，不论是平面到平面，还是平面到立体，只要复制后的成果再现了原作品的表达或美感，都属于《著作权法》中的"复制"行为。因此，判断按产品设计图、工程设计图等图形作品进行施工是否属于复制，应当将施工后形成的成果或产品是否与图形作品的表达构成近似。实践中，大多数情况下，按照产品设计图、工程设计图等施工后形成的产品并没有再现原图形作品中由点线面结合形成的科学之美，已经不再表现为图形化的表达，因而不构成作品，进而不存在比对表达是否近似的基础。因为只有二者均构成作品的情况下，才存在判断是否构成复制的可能性。但这并不意味着所有的产品设计图、工程设计图等图形作品施工后形成的产品都不构成作品。如果施工后形成的产品属于实用艺术产品，此时便需要对该实用艺术产品与原图形作品中的表达进行比对，判断二者在表达上是否构成近似。上文提及的广东省高级人民法院的案例即属于此种情况。该案中，按展板施工平面图制作出来的实物的立体形状及效果具有美感，此时就需要对实物和平面图中的造

---

❶ 参见广东省高级人民法院（2002）粤高法民三终字第123号民事判决书。

型进行比对。因此，虽然按照工程设计图、产品设计图等进行施工大多数情况下不属于《著作权法》中的"复制"，但笔者认为不宜直接断定著作权法不保护对图形作品由平面到立体的复制。

事实上，我们只需要按照一般作品侵权判断的规则去判断二者是否构成近似即可，这才是侵权判断的本质，至于是从平面到平面，还是平面到立体，仅仅是作品使用的方式而已。《保护文学艺术作品伯尔尼公约》也规定复制包括"任何方式"和"任何形式"，著作权法并非不保护"从平面到立体"的复制，关键看施工后的产品与原作品是否构成近似。

此外，著作权法并没有赋予著作权人一般意义上的"使用权"，如果按图形作品进行施工的行为不构成复制，该行为也不侵害权利人的使用权。一方面，与商标法、专利法突出"使用"在权利范围和侵权判断中的作用有所不同，除计算机软件最终用户的商业使用外，❶ 著作权法并没有规定一般意义上的"使用权"，而是根据作品的使用方式进行具体化，即《著作权法》第10条第1款规定的发表权、复制权、信息网络传播权等17项权利。这些具体权利本质上都属于对作品的使用行为，因此，著作权法已经明确了著作权人有权禁止他人擅自使用作品的权利类型和范围。即使说著作权人享有一种使用权，该权利也限于《著作权法》第10条第1款规定的范围，不存在超出该范围的作品使用权。另一方面，《著作权法》第10条第1款第（17）项规定的"应当由著作权人享有的其他权利"应指《著作权法》第10条第1款明确规定的16项具体权利以外的其他使用作品的方式。对于某种作品使用行为，只有穷尽前面规定的16项权利仍然无法对其调整，且该行为又有必要进行调整时才存在适用第（17）项规定的"应当由著作权人享有的其他权利"的空间和可能。而且第（17）项的适用还应限于文学、艺术或科学领域内关涉作品表达或美感的使用行为。如果按照产品设计图、工程设计图进行施工形成的产品属于作品，此时该行为应属于复制权调整的范围，如果二者构成近似，施工行为构成对原作品的复制，应适用《著作权法》第10条第1款第（5）项有关复制权的规定；如果按照产品设计图、工程设计图进行施工形成的产品不属于作品，那么该施工行为便不涉及文学、艺术或科学领域内作品表达或美感，也不存在第（17）项的适用可能。

---

❶ 《最高人民法院关于审理著作权民事纠纷案件适用法律若干问题的解释》第21条规定："计算机软件用户未经许可或者超过许可范围商业使用计算机软件的，依据《著作权法》第四十七条第（一）项、《计算机软件保护条例》第二十四条第（一）项的规定承担民事责任。"该规定可以理解为计算机软件著作权人禁止他人商业使用的权利。

四、侵害图形作品民事赔偿责任的确定

在确定侵害图形作品损害赔偿责任时，经常有权利人以被告抄袭自己的设计图纸导致未中标，要求被告承担权利人未中标给自己带来的损失。这实际上混淆了图形作品与按图形作品进行施工形成的工程项目或产品之间的区别，一般而言，图形作品侵权与是否中标或工程项目的价值并无直接关联，不能以图形作品背后的工程项目或产品价值为依据确定侵害图形作品的损害赔偿责任。但图形作品属于科学作品范畴，与文学、艺术领域的文字、美术作品仅仅具有艺术性不同，图形作品兼具实用性和艺术性，是技术功能和科学美感的结合。而且图形作品的主要价值在于应用，而不是出版、发行。因此，在确定侵害图形作品损害赔偿数额时，应当根据使用图形作品的不同方式，主要根据图形作品所发挥的价值或贡献确定侵权人应承担的损害赔偿数额。

如果侵权人未经允许擅自将权利人的图形作品结集出版，此种作品使用行为主要为了实现图形作品的美感价值，在确定损害赔偿责任时可以参考美术作品等确定损害赔偿责任的方式，主要赔偿权利人稿酬等方面的损失。如果侵权人抄袭、复制权利人图形作品用于施工等生产经营活动，由于此种侵权使用并不是为了欣赏或传播图形作品中的"科学之美"，而是为了实现其中的技术价值。图形作品所发挥的贡献已经远远超出了单纯艺术欣赏的范围，此时应当考虑图形作品在整个生产经营过程中的经济价值或贡献以确定侵权人应承担的损害赔偿数额。"对于工程设计图、产品设计图等图形作品而言，对其的使用并不仅仅满足于通过平面的表现形式展现建筑物或工业产品的形式和结构，更在于通过对工程的施工和产品的生产来实现设计的艺术价值和经济价值，从而使作品的创作者、使用者和社会公众在其中实现利益的分配和享有，充分利用作品的价值。"❶ 因此，虽然按图形作品进行施工大多数情况下不构成复制，但如果在这一过程中侵权人存在抄袭、复制图形作品表达的行为，图形作品的经济价值和艺术价值可以在确定损害赔偿数额时得到实现。在此种意义上，著作权法虽然不保护图形作品中的技术方案，但并不意味着不保护图形作品的经济价值。在确定损害赔偿数额时，生产经营过程中对图形作品的使用与一般的文字、美术作品还是应当有所区别的。

（本文发表于《人民司法·案例》2016年第8期）

---

❶ 唐毅. 从平面到立体：对图形作品复制方式的理解 [J]. 人民司法·案例, 2009 (2)：59.

精品案例

（一）专利权

实用新型专利权的权利要求内容的界定方式

——苏州海路生物技术有限公司诉江西省金洹医疗器械股份有限公司等侵害实用新型专利权纠纷案

徐燕华

案　情

原告苏州海路生物技术有限公司系一家专门生产销售医疗仪器的公司，涉案专利是名称为"改进型多功能标本盒"的实用新型专利。江西金盛医药有限公司（以下简称"金盛公司"）曾系涉案专利原权利人上海吉鸿生物科技有限公司（以下简称"吉鸿公司"）的全国总代理。2010年10月10日，金盛公司与吉鸿公司签订《合作协议》，被告金洹医疗器械股份有限公司（以下简称"金洹公司"）的法定代表人作为金盛公司的法定代表人在协议上签字。2014年12月，原告代理商在竞标江苏省人民医院检验科的大便标本自动检测仪时，被告金洹公司的代理商以相同产品远低于原告代理商的竞标价最终取得竞标。后经原告调查，仅上海地区就有包括被告上海中医药大学附属龙华医院（以下简称"龙华医院")在内的多家医院检验科使用了被告金洹公司的自动粪便分析仪及其配套耗材即被控侵权产品粪便集卵标本盒。该被控侵权产品系由被告金洹公司委托浙江拱东医疗科技有限公司（以下简称"拱东公司"）生产。原告认为，三被告未经许可，生产、销售或使用被控侵权产品的行为严重侵害了原告的合法权益。请求法院判令三被告停止侵犯原告涉案专利权的行为；三被告销毁所有侵权产品；被告金洹公司、拱东公司销毁所有用于制造侵权产品的设备及模具等侵权工具；被告金洹公司销毁所有侵权产品的宣传资料及其他任何形式含有侵权资料的宣传载体，立即删除含有侵权产品的网页并且停止以任何方式对侵权产品的宣传行为；被告金洹公司赔偿原告经济损失及合理费用共计50万元。

经审理查明，2009年7月30日，吉鸿公司向国家知识产权局申请名称为"改进型多功能标本盒"的实用新型专利，并于2010年5月12日获得授权，专利号为ZL200920075562.7。2011年12月28日，该项专利的专利权人变更为原告。原告在本案中主张以权利要求1、2、3、4、5、6、8作为涉案专利权的保护范围。2015年9月8日，国家知识产权局专利复审委员会作出第27053号无效宣告请求审查决定，宣告涉案专利权利要求1~7无效，在权利要求8的基础上继续维持该专利有效。2016年4月5日，法院据此裁定驳回原告基于涉案专利权利要求1、2、3、4、5、6提起的诉讼。

诉讼中，原告提交了经公证在龙华医院以及上海市第八人民医院取得的标有"金洹"标识字样的被控侵权产品若干。该些产品结构一致，包括：一盒体，盒体的开口上设置一盒盖，盒盖上设置一固定旋转轴，固定旋转轴可以相对于盒盖自由旋转，固定旋转轴下设置一采样勺；盒体内腔垂直于盒盖的方向上设置一折角状隔板，将盒体分隔成两个腔体；在隔板两折边的大致中间至靠近底部处各有一竖条状的镂空，镂空处各粘贴有一过滤网，其中一个过滤网的网眼大，另一个过滤网的网眼小。

2016年1月8日，法院组织双方当事人至被告龙华医院进行了现场勘验。对被控侵权产品与JHAFA-Ⅰ自动粪便分析仪配合使用的现场演示，在实际应用时，其加液和吸液均在被控侵权产品的同一腔体内进行，另一腔体（有采样勺的腔体）为放置与搅拌标本之用。

审　判

上海知识产权法院经审理认为，本案的主要争议焦点在于被控侵权产品是否落入原告涉案专利权的保护范围。经比对，被控侵权产品与原告专利权利要求8

记载的技术特征存在以下区别：

（1）就原告专利"所述过滤网下连接隔板"这一技术特征，根据原告专利附图3，原告专利的过滤网在腔体的上部，隔板在腔体的下部。同时，根据原告专利说明书［0046］描述的具体操作步骤（第一次加入的稀释液不到过滤网的位置，先进行第一次搅拌混匀后，再将稀释液加入至过滤网的适当位置，再边加液边搅拌）亦可得出过滤网在腔体上部，隔板在腔体下部的结论。对于在过滤网之下设置隔板所产生的技术效果，原告专利说明书［0046］中亦有明确描述，即通过二次加液使细胞和虫卵等有形成分在吸液腔和加液腔内比较均匀，而不致使吸液腔的浓度过低。反观被控侵权产品，其隔板贯穿腔体，且在隔板中间以下部分的镂空处粘贴过滤网，故其隔板与过滤网的位置关系显然不是原告专利中的上下位置关系。虽然被控侵权产品的隔板靠近底部处有一小段未被镂空，但因其与盒体底部距离过近，显然不能起到原告专利说明书［0046］描述的二次加液的作用。因此，就过滤网和隔板的设置，被控侵权产品与原告专利采用的技术手段以及产生的技术效果均不相同，故两者既不相同也不等同。

（2）根据原告专利"所述过滤网和所述隔板将所述盒体分为加液腔和吸液腔"的描述，原告专利盒体的两个腔体的用途有所区分和限定，即加液和吸液应分别在两个腔体中进行。对于原告专利此项技术特征的理解，在通读原告专利说明书及附图后所得的结论亦是一致的。此外，前述原告专利"过滤网下连接隔板"以实现二次加液的技术方案亦需以加液和吸液分别在两个腔体中进行为前提，若加液和吸液在同一腔体内进行，则其过滤网下连接隔板的设置将失去意义。就被控侵权产品两个腔体用途的确定，由于被控侵权产品为被告金洹公司的自动粪便分析仪的配套耗材，故该产品两个腔体的用途可以通过被控侵权产品与自动粪便分析仪配合使用的演示予以确定。经现场勘验，被控侵权产品虽然也分为两个腔体，但实际应用时加液和吸液均在同一腔体内进行，另一腔体仅起放置及搅拌标本之用，故该腔体并非原告专利中的吸液腔或加液腔。结合原告专利说明书的描述及附图，原告专利的加液腔和吸液腔实际上需要配套使用加液针和吸样针进行加液、吸液，而被控侵权产品放置标本的腔体内并未设置或者无法插入加液针或吸样针，此亦可印证该腔体并非原告专利所述的加液腔或吸液腔。原告在本案中亦未提交证据证明被控侵权产品的两个腔体在实际应用时具有和原告专利两个腔体相同的用途。鉴于被控侵权产品的两个腔体与原告专利的两个腔体存在本质区别，就这一技术特征而言两者既不相同也不等同，故被控侵权产品未落入本案专利权的保护范围。因此，判决驳回原告苏州海路生物技术有限公司的全部诉讼请求。

评　析

发明或者实用新型专利权的保护范围以其权利要求的内容为准，但由于文字表述的局限性和抽象性、权利人在撰写权利要求时使用文字不精确等原因，导致在权利要求的理解上可能存在较大争议，此时则需要对权利要求进行解释。在解释权利要求时，通常可以采用以下几种方法：①说明书及附图；②权利要求书中的相关权利要求；③专利审查档案（包括专利审查、复审、无效程序中专利申请人或者专利权人提交的书面材料，国务院专利行政部门及其专利复审委员会制作的审查意见通知书、会晤记录、口头审理记录、生效的专利复审请求审查决定书和专利权无效宣告请求审查决定书等）；④工具书、教科书等公知文献；⑤本领域普通技术人员的通常理解。上述几种方法可以结合使用，但其中第④项、第⑤项方法须在使用第①项、第②项、第③项方法进行解释后仍不能明确权利要求含义的情况下方可使用。在第①项方法中，专利说明书记载的背景技术、发明所要解决的技术问题及取得的预期技术效果对于权利要求的理解亦有一定的帮助作用。

本案中，双方当事人对于"所述过滤网下连接隔板""所述过滤网和所述隔板将所述盒体分为加液腔和吸液腔"这两项技术特征的理解存在较大的争议。法院在审理时，结合专利说明书及附图、该两项技术特征之间的相互关系、该专利所要实现的技术效果等，准确界定了原告专利中隔板和过滤网之间的位置关系、两个腔体的用途。采用上述方法解释论证所得出的技术方案与原告专利所要解决的技术问题以及取得的预期效果是相适应的。在此基础上，分析比较被控侵权产品采用的技术手段及产生的技术效果与原告专利存在的区别将更具有说服力，因此判决驳回原告的全部诉讼请求。判决后，双方当事人均服判息诉。

本案的审理对于正确理解专利的权利要求、准确界定专利权的保护范围具有较好的引导和示范作用，为今后类似案件的审理提供了一定的指导和借鉴意义。

案例索引

一审：上海知识产权法院（2015）沪知民初字第 544 号民事判决书
合议庭成员：徐燕华、杨馥宇、高卫萍

先用权抗辩的司法认定

——盛纪（上海）家居用品有限公司诉上海统一
星巴克咖啡有限公司等侵害外观设计专利权纠纷案

黎淑兰　刘军华　陈瑶瑶

案　情

盛纪公司系涉案"饮水杯（0506－2）"外观设计专利权人，该专利申请日为 2014 年 5 月 26 日，授权公告日为 2014 年 10 月 1 日。2015 年 6 月 29 日，盛纪公司在星巴克咖啡店公证购买了"12oz 橙光不锈钢随行杯" 1 个。该产品标识的经销商为星巴克公司，制造商为增豪公司，产品品号 435180，与涉案专利相比对，两者外观相近似。盛纪公司认为上述产品落入其涉案专利权保护范围，遂将星巴克公司、增豪公司诉至法院，请求判令两被告停止侵权、赔偿经济损失及合理费用共计 212200 元。

另查明，2013 年 11 月至 2014 年 2 月，星巴克公司、WOODMAX 公司、增豪公司之间的众多往来邮件涉及一款星巴克杯子的设计、开模、交付样品存在的问题等事宜，邮件附件中显示的杯子设计图片与前述公证购买的被控侵权产品外观基本一致。

2014 年 2 月 24 日，星巴克公司向 WOODMAX 公司发送邮件订单订购 DIA-MAND PHINNY 随行杯绿色 12 盎司和红色 12 盎司，数量分别为 10680 个和 10008 个。2014 年 2 月 25 日，WOODMAX 公司向增豪公司发送邮件订单，订单号、产品货号、颜色等均与前述订单相同，订单上附有的杯子图片与前述被控侵权产品实物外观基本一致,差异仅在于颜色不同。增豪公司于 2014 年 6 月 14 日完成上述订单产品的装箱、报关。

2015 年 2 月 2 日,星巴克公司向东莞沃美氏公司订购"12oz 橙光不锈钢随行杯"1248 个;同年 2 月 7 日,东莞沃美氏公司向增豪公司订购前述橙光不锈钢杯 1248 个,订单上附有的杯子图片与前述公证购买的被控侵权产品外观基本一致。上述订单产品于 2015 年 4 月 9 日交付,同年 6 月 9 日,东莞沃美氏公司向星巴克公司出具的增值税专用发票上载明"435180 12oz 橙光不锈钢随行杯"两批次共计 1260 个。

审 判

上海知识产权法院经审理认为,被控侵权产品采用的设计与授权外观设计构成近似设计,被控侵权产品落入涉案外观设计专利权保护范围。但在案证据可以认定增豪公司在涉案专利申请日前已经制造相同产品,并且仅在原有范围内继续制造,享有先用权,其主张的先用权抗辩成立。先用权人在原有范围内继续制造相同产品不视为侵权,其制造相同产品的后续销售行为亦不构成侵权。星巴克公司系被控侵权产品的销售商,提供证据证明其销售的产品来源于享有先用权的增豪公司,其销售产品的行为也不构成侵权。据此,判决驳回盛纪公司的诉讼请求。

判决后,各方当事人均未上诉,一审判决现已生效。

评 析

先用权抗辩是专利侵权诉讼中的常见抗辩事由,然而,司法实践中认定该抗辩事由成立的案件却并不多见。本部分拟结合上述案件的审理,对先用权的性质、先用权抗辩的构成要件等进行评析。

一、先用权的性质

《专利法》第 69 条第(2)项规定,在专利申请日前已经制造相同产品、使用相同方法或者已经做好制造、使用的必要准备,并且仅在原有范围内继续制造、使用的,不视为侵犯专利权。该条款系先用权的规定,但法律条文本身并未涉及先用权的文字表述,亦未涉及权利内涵界定,而更多侧重于行为后果的界定。先用权概念的产生则更多源于学理上的称谓,并沿用于司法实践,如《最高人民法院关于审理侵犯专利权纠纷案件应用法律若干问题的解释》涉及先用权抗辩、先用权人的概念。故先用权制度价值、性质的准确认识和理解对于在司法实践中正确判断先用权抗辩成立与否具有重要意义。

专利制度作为一种以公开技术成果换取一定时期专有权利保护的制度，其最终目的在于激励创新，推动经济社会的发展。一方面，因实行在先申请制，首先提出专利申请并获得专利授权的人不一定是首先作出发明创造、实施发明创造的人，而专利的垄断性决定了专利权被授予后，任何单位或个人未经专利权人许可，都不得实施其专利。在此情况下，需要合理平衡在先使用人（发明人）与专利权人之间的利益关系，赋予在先使用人一定的权利，目前理论和实践中均称之为先用权，以保护在先使用人的投资，鼓励在先发明创造的开发和应用。另一方面，先用权一定程度鼓励了发明创造人选择采用非专利权方式来保护其发明创造，不利于发明创造的公开和传播，延缓技术发展速度，违背《专利法》促进科技进步和经济社会发展的立法目的，故亦需要对先用权进行限制，主要体现为对获取的限制以及对行使的限制。❶ 先用权制度的构建也即围绕着先用权的获取与限制展开，旨在实现在先使用人、专利权人、社会公众的利益平衡，实现对发明创造的最优制度保护。

关于先用权的性质，有观点认为是一种法律赋予并且可以独立存在的民事权利；也有观点认为，先用权是一种仅仅能够用于对抗专利权的抗辩权。❷ 对此，笔者认为，专利权虽属于民事权利，但其相较于其他传统民事权利却仍存在较大差异，突出表现为权利的法定性，权利的设置、权利的限制等具体内容均有其特有的内在逻辑，难以套用传统民法概念。首先，先用权区别于独立民事权利，《专利法》本身并未设定先用权，从制度内涵来说先用权人无权商业流转其权利，无权请求他人为一定行为或不为一定行为，亦不存在其权利被他人侵害的情况或者后续的权利救济；其次，先用权亦区别于抗辩权，虽然先用权相对于特定的专利权而存在，但先用权的产生具有独立性，系基于在先使用行为，与专利权人权利行使是否具有不当性不具有关联性，在行使效果上虽具有对抗侵权指控的功能，但其制度价值更在于保障先用权人本身的经济利益。总体来说，先用权更类似于法益，具有经济价值，并且该经济价值被《专利法》所认可和保护。

二、先用权抗辩与现有技术（设计）抗辩

先用权抗辩与现有技术（设计）抗辩均是对抗专利侵权指控的常见不侵权抗辩事由。因两者在适用上存在交叉可能，故司法实践中往往存在当事人难以区

---

❶ 宁立志. 先用权之学理展开与制度完善 [J]. 法学评论, 2014 (5)：131－138.
❷ 尹新天. 中国专利法详解 [M]. 北京：知识产权出版社, 2011：804－805.

分的情形。

在此，我们可以从以下几个方面把握两者的差异：①先用权抗辩系权利行使的法定限制事由、侵权指控不能成立的例外情形，并不对专利有效性产生影响；现有技术（设计）抗辩则实质上系对专利有效性的否认，被控侵权行为本质上不构成侵权，而非侵权的例外规定，侵权诉讼中被告在主张现有技术抗辩的同时往往亦向国家知识产权局专利复审委员会提出专利无效宣告请求，并据此请求法院中止对案件的审理。②认定抗辩能否成立的条件不同，也即侵权诉讼中被告的举证责任不同。先用权抗辩应当考察 4 个条件，即先用权人是否在专利申请日前已经制造出相关产品（使用相关方法）或做好制造（使用）的必要准备，相关产品是否属于相同产品，先用技术是否系先用权人以合法手段获得，先用权人是否在原有范围内继续制造；现有技术（设计）抗辩则应当考察 2 个条件，即对比技术相对于涉案专利是否构成现有技术（设计），被控侵权产品是否采用了现有技术（设计）。③比对规则不同，侵权成立是先用权抗辩适用的前提，故先用权抗辩需涉及两层技术比对，先是被控侵权产品采用的技术方案与专利权利要求的比对，两者构成相同或等同后才涉及二次比对，也即被控侵权产品与专利申请日前的在先产品是否属于相同产品；现有技术（设计）抗辩则不必然以侵权成立为前提，可直接比对被控侵权产品与现有技术（设计）从而认定现有技术（设计）抗辩成立，而不必然要求进行被控侵权技术方案与专利的侵权比对。④抗辩成立的效果不同。先用权抗辩成立后，专利权人如有证据证明在先使用人超出原有范围制造相同产品，仍可主张其构成专利侵权；现有技术（设计）抗辩成立后，专利权人指控相同被告后续生产行为构成专利侵权的主张亦不能成立。

在实践中，在先使用人在专利申请日前制造相同产品、使用相同方法的行为如未公开，则其只能主张先用权抗辩；如在专利申请日前因使用行为或者销售行为已导致相同产品或方法的公开，则该产品或方法已同时构成现有技术或现有设计，可同时主张先用权抗辩和现有技术（设计）抗辩。因两者抗辩事由的认定条件不同，抗辩者的举证内容亦存在较大差异。

三、先用权抗辩成立要件的判定

（一）原有范围认定

《最高人民法院关于审理侵犯专利权纠纷案件应用法律若干问题的解释》规定，《专利法》第 69 条第（2）项规定的原有范围，包括专利申请日前已有的生产规模以及利用已有的生产设备或者根据已有的生产准备可以达到的生产规模。

由此可知，目前我国司法实践中以生产规模来界定原有范围，本质上更类似于对原有范围作量化限制。

在实践中，原有范围认定应否采用量化标准予以限制在我国一直以来存在较大争议。国外专利立法对此大都无量化标准限制，如日本专利法第79条规定：在其实施或者准备实施发明及事业目的范围内，对于该专利技术拥有实施权。美国发明法案（AIA）第273（e）（3）条规定：先用权抗辩……仅仅延伸到符合商业使用的特定主题。此外，它可在原有数量和规模上有所扩张，还可对原技术主题有所改进，只要该改进技术主题没有侵犯其他特定专利权。德国专利法第12（1）条规定：先用权人有权为了经营的需要在自己和他人工厂使用上述专利技术。❶国内很多学者认为对原有范围采取量化标准的确值得商榷，对先用权行使的范围作量的限制对先用权人是不公平的，也违背了市场经济的法则，造成先用权人在原有的产业领域实施某项发明创造在数量上不能增加，在能力上不能增强、在规模上不能扩大、在市场经济的条件下无法与专利权人等市场主体展开公平竞争。❷❸

上述争议的实质源于先用权制度构建中利益平衡的价值选择。《最高人民法院关于审理侵犯专利权纠纷案件应用法律若干问题的解释》规定以生产规模界定原有范围。在对该司法解释的理解与适用中，最高人民法院指出："先用权制度的设计初衷是弥补申请在先主义的不足，如果对原有范围的过宽解释，在一定程度上会影响专利申请制度，不利于技术的公开和推广。因此，第十五条第三款以生产规模界定'原有范围'。"❹

关于原有范围的举证责任分配，根据目前检索到的认定先用权抗辩成立的案例，司法实践对此适用并不统一。有些案件未涉及原有范围的认定，有些案件归于专利权人未证明超出原有范围，有些案件表述为本案无证据证明超出原有范围，有些案件依据先用权人的证据认定其生产规模后认为专利权人无证据证明超出原有范围。对此，笔者认为，首先，当事人对自己反驳对方诉讼请求所依据的事实，应当提供证据加以证明，先用权抗辩系先用权人主张存在先用权的积极抗辩事实，用以对抗专利权人的侵权指控，应由抗辩提出者承担举证责任。其次，先用权抗辩的举证包含对先用权所有成立要件的举证，其中当然也同时包含对原

❶ 宁立志. 先用权之学理展开与制度完善［J］. 法学评论，2014（5）.
❷ 林广海，张学军. 原有范围在先用权抗辩案件中的适用［J］. 中国发明与专利，2008（4）.
❸ 陈子龙. 关于先用权"原有范围"的再思考［J］. 法学，1998（7）.
❹ 孔祥俊，王永昌，李剑.《最高人民法院关于审理侵犯专利权纠纷案件应用法律若干问题的解释》的理解与适用［J］. 人民司法，2010（3）.

有范围的举证，如生产设备、生产订单等用以佐证生产规模，否则应承担举证不能的不利后果。

本案中，增豪公司、星巴克公司并没有提供证据证明增豪公司在专利申请日前的确切生产规模，但其提供的证据可以证明，增豪公司依据 2014 年 2 月也即涉案专利申请日前的订单于 2014 年 6 月向星巴克公司交付产品 20 688 个，被控侵权产品购买于 2015 年 6 月 29 日，而从 2015 年 6 月 9 日出具的增值税专用发票可以得知，增豪公司向星巴克公司交付产品仅为 1260 个，从数量上来看，1260 在 20 688 的范围之内，且实际制造商均为增豪公司，并未发生实施主体的变更，故认定增豪公司的制造行为超出原有范围的依据不足。

（二）相同产品认定

相同产品认定与原有范围的理论探讨存在一定的交叉。目前很多观点认为原有范围内涵之一是限于原有的实施方式，如专利包含多项权利要求，先用者在申请日前仅实施了其中部分权利要求，则对于其他权利要求并无主张在先使用的权利。对此，笔者认为，原有实施方式的讨论与相同产品的认定问题更为相关，本质上两者应属同一问题，纳入相同产品认定问题更为适宜。

《专利法》及司法解释均未对相同产品认定作进一步解释。在实践中，相同产品的过宽或过窄解释均将影响该制度的实施效果，影响先用权人与专利权人的利益平衡，对相同产品的理解应回归专利制度的本源。专利权系对技术方案的专有实施权，对先用权人的保护亦是基于对在先技术方案的保护，故相同产品的讨论亦离不开相关技术方案的认定，与产品的名称、型号等外在称谓并无实质关联。相同产品应指被控侵权产品与专利申请日前已经制造出的相关产品属于相同专利产品，包括两者系同一产品，或者虽不是同一产品，但两者与涉案专利相对应的部分系实质相同。在此，首先，相同产品指的是被控侵权产品与专利申请日前已经制造出的相关产品的比对；其次，比对的标准是两者与涉案专利相对应的技术特征系完全相同或者无实质性差异，这其中既包括两者系同一产品，采用的所有技术特征均相同，也包括两者虽不是同一产品，但均包含了与涉案专利相对应的相同或等同的技术特征。对此，以往司法实践已有相关案例予以体现，如上海市第一中级人民法院在和平电气有限公司、浙江爱福防爆电气有限公司诉上海久辉电气有限公司侵害实用新型专利权纠纷案件中认为，被控侵权产品的技术特征与被告专利申请日前向相关检测机构提供的产品图纸展示的技术特征存在一些区别，但该产品图纸中显示了被控侵权产品与涉案专利技术特征相对应的技术特征，可以认定被告在涉案专利申请日之前即已向有关部门报备生产与专利相同的产品，至少做好了生产准备，并最终认定被告主张的先用权抗辩成立。❶ 又如，广东省高级人民法院在矽比科嘉窑新会矿业有限公司诉惠州隆光陶瓷原料有限公司侵害发明专利权纠纷案件中认为，尽管被控侵权人未提供证据证明其在专利申请日前制造、销售了 SR－3 型号产品，但 SR－3 型号产品与专利申请日前开始制造的 SD－188、SD－2、SD－3 三种型号产品的成分完全相同，仅仅加入的絮凝剂与稀释剂的比例不同，且该比例的差异均在涉案专利权利要求 1 范围之内，与其他型号产品的技术特征并无实质差别，因此，被控侵权者生产、销售 SR－3 型号产品的行为属于行使先用权的行为。❷

本案中，经比对，被控侵权产品与 2013 年 11 月至 2014 年 2 月邮件附件中的杯子设计图片、2014 年 2 月 25 日 WOODMAX 公司向增豪公司发送的订单上所附杯子图片外观均基本一致，也即被控侵权产品与增豪公司在专利申请日前开始生产的首批订单产品外观基本一致，差异仅在于颜色不同。颜色并非涉案专利的保护范围，并不影响两者与涉案专利相对应的设计部分系相同设计的认定，故法院认定被控侵权产品与增豪公司专利申请日前已经制造出的相关产品属于相同产品。

（三）相关产品于专利申请日前已经制造且先用技术系合法取得

首先，先用者应在专利申请日前已经制造相同产品、使用相同方法或者已经做好制造、使用的必要准备。已经制造相同产品、使用相同方法相对容易界定，产品的生产记录、销售订单等均可作为证据予以证明。而对于"已经做好制造、使用的必要准备"，《最高人民法院关于审理侵犯专利权纠纷案件应用法律若干问题的解释》规定有下列情形之一的即可：已经完成实施发明创造所必需的主要技术图纸或者工艺文件，已经制造或者购买实施发明创造所必需的主要设备或者原材料。对此，从法条文义可理解为包含技术准备或生产准备之一即可。也有不同观点认为"必要准备"应当同时满足"技术准备"和"生产准备"，如仅仅是"技术准备"，则很难仅仅根据图纸或者工艺文件去限定原有的可以量化的生产规模，从而无法与《最高人民法院关于审理侵犯专利权纠纷案件应用法律若干问题的解释》中规定的"包括专利申请日前已有的生产规模以及利用已有的生产设备或者根据已有的生产准备可以达到的生产规模"遥相呼应。❸ 对此，笔者表示赞同，结合先用权成立对原有范围认定的要求，"必要准备"认定应同时包括

❶ 上海市第一中级人民法院（2012）沪一中民五（知）初字第 141 号民事判决书。
❷ 广东省高级人民法院（2007）粤高法民三终字第 304 号民事判决书。
❸ 周明新. 结合现有司法解释理解先用权制度［J］. 中国发明与专利，2014（4）.

技术准备和生产准备。

其次，技术来源应具有合法性，以非法获得的技术或者设计主张先用权抗辩的，人民法院不予支持。其中，既包括先用者在专利申请日前独立研发了相关技术，也包含先用者从他人处获得相关技术，包括从专利权人获得，以及从其他独立研发者处获得。虽然目前对于从专利权人处获知相关技术能否享有先用权在理论上仍存在争议，各国专利立法对此亦持不同观点，但从目前我国专利司法解释来看，先用权抗辩并未排除先用者从专利权人处获知相关技术的情形。

本案中，首先，2013 年 11 月至 2014 年 2 月星巴克公司、WOODMAX 公司、增豪公司之间的往来邮件涉及一款星巴克杯子的设计、开模、交付样品存在的问题等事宜，邮件附件中有该杯子的设计图片。其次，2014 年 2 月 24 日星巴克公司向 WOODMAX 公司发送的订单，2014 年 2 月 25 日 WOODMAX 公司向增豪公司发送的订单，两者订单号、产品货号、颜色等均相同，订单上附有杯子图片。增豪公司于 2014 年 6 月 14 日完成上述订单产品的装箱、报关。最后，该订单产品与上述 2013 年 11 月至 2014 年 2 月邮件涉及的杯子设计图片外观基本一致。综合以上证据，可以认定星巴克公司、WOODMAX 公司与增豪公司相互协作配合，设计生产相关订单产品，增豪公司亦已于 2014 年 6 月 14 日完成全部首批订单产品的生产、装箱、报关，由此也可以认定增豪公司在涉案专利申请日 2014 年 5 月 26 日之前已经做好生产相关订单产品的准备，并制造出了相关产品，且技术来源合法。

（四）先用权抗辩主体

先用者可以主张先用权抗辩，此处的先用者一般指的是制造商，其可主张抗辩的行为不仅包括制造相同产品、使用相同方法的行为，同时也应包括制造、使用行为的后续销售、许诺销售行为。除制造商享有先用权外，侵权诉讼中销售商亦可同时主张先用权抗辩。对此，最高人民法院在再审申请人北京英特莱技术公司与被申请人北京华润曙光房地产开发有限公司、北京蓝盾创展门业有限公司侵害发明专利权纠纷案❶中指出，虽然享有先用权的主体应为制造商，但制造商并非本案被告，提出抗辩的是制造商的交易对象、被诉侵权产品的销售商，在销售商提出合法来源，并就其提交的证据审查后能够认定制造商先用权成立的情况下，如果一味要求追加制造商为当事人或者驳回销售商的抗辩，不仅会增加当事人诉累，也与享有先用权的制造商生产的产品可以合法流通相违背，故被诉侵权产品的销售商可以主张制造商享有先用权。

---

❶ 最高人民法院（2015）民申字第 1541 号民事裁定书。

本案中，增豪公司在涉案专利申请日前已经制造相同产品，并且仅在原有范围内继续制造、享有先用权，其主张的先用权抗辩成立。先用权人在原有范围内继续制造相同产品不视为侵权，该相同产品的后续销售行为亦不构成侵权。星巴克公司系被控侵权产品的销售商，提供证据证明其销售的产品来源于享有先用权的增豪公司，亦可主张增豪公司享有先用权，其销售产品的行为不构成侵权。鉴于两被告主张的先用权抗辩理由成立，两被告的行为依法不构成侵权。

案例索引

一审：上海知识产权法院（2015）沪知民初字第 504 号民事判决书

合议庭成员：黎淑兰、刘军华、陈瑶瑶

专利侵权纠纷中功能性设计特征的认定

——欧某某诉佛山市南海区雍兴门业有限公司 侵害外观设计专利权纠纷案

徐燕华

案 情

原告欧某某系名称为"铝型材（8）"的外观设计专利权人。该专利简要说明记载："本外观设计的设计要点：形状、图案及其结合""最能表明设计要点的图片或者照片：主视图"。结合原告专利授权公告时刊登的各视图，涉案专利产品整体为截面呈上下对称的不定长产品，从主视图看，截面上下是对称的"个"形、中部连接部分为反"C"形，"个"形结构的"人"字交界处顶部平齐，其余部分圆滑过渡（见附图1）。被告佛山市南海区雍兴门业有限公司在上海展会上展出被诉前证据保全扣押的被控侵权产品的外观与原告专利近似，侵犯了原告的涉案专利权。

被告佛山市南海区雍兴门业有限公司辩称，被控侵权产品系广州市广闻工艺玻璃有限公司的专利产品，其与原告专利存在以下区别之处：①原告专利中部为"C"形，而被控侵权产品的中部为直线；②原告专利上下为两个"个"形，被控侵权产品上下两个分叉部分各有两个凸出；③原告专利的上下两部分比被控侵权产品的上下两部分厚。因此，被控侵权产品与原告专利既不相同也不近似，未落入原告专利权的保护范围。

2015 年 6 月 4 日，上海知识产权法院依原告申请作出（2015）沪知民保字第 5 号民事裁定，并于次日扣押了被告在第 20 届中国国际建筑贸易博览会（上海建博会）上展出的推拉门（去除边框后的部分）一扇。该推拉门使用的其中一种铝型材（涉案被控侵权产品）的截面上下为对称的"个"形，中部连接部分为直线。在"个"形结构的"人"字交界处顶部平齐，其余部分圆滑过渡；此外，在"人"字两条分叉的底部内侧各有一凸出（见附图 2）。

 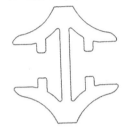

附图 1　原告专利主视图　　　　　　　附图 2　被控侵权产品截面图样

审　判

上海知识产权法院经审理认为，本案的主要争议焦点在于被控侵权产品是否落入原告涉案专利权的保护范围。经比对，被诉侵权设计与原告专利的相同之处在于：两者截面上下呈对称的"个"形，"个"形结构的"人"字交界处顶部平齐，其余部分圆滑过渡。两者的区别之处在于：①被诉侵权设计上下"个"形结构的"人"字两条分叉部分处各有一凸出，原告专利则没有；②被诉侵权设计中部连接部分为直线，原告专利则为反"C"形。对于上述两项区别之处，原告虽予以确认，但认为原告专利中的反"C"形以及被诉侵权设计中的"人"字分叉处的凸出均起连接部件的作用，应属于功能性设计特征，且该些设计在产品内部，一般消费者无法看到，故在比对时不应予以考虑。对此，法院认为，所谓功能性设计特征是指在该外观设计产品的一般消费者看来，由所要实现的特定功能所唯一决定而并不考虑美学因素的设计特征。一项设计具有某种功能并不必然归于功能性设计特征，其关键在于该项设计是否考虑了美学因素。依现有证据，无法判定原告专利中的反"C"形结构或被诉侵权设计中"人"字分叉处的凸出等设计系纯粹由产品技术功能所决定。同时，根据原告提交的外观设计专利权评价报告中原告专利与在先设计的对比，以及原告专利与被诉侵权设计的对比，可以看出原告所述的部件连接实际上可以通过多种形状的结构实现。此外，根据原告专利简要说明中"本外观设计的设计要点：形状、图案及其结合""最能表明设计要点的图片或照片：主视图"的描述，可以得知上下对称的"个"形结构、反"C"形结构均包含在原告专利的设计要点中，在比对时应当整体进行比对，而不应将其中部分设计排除在外。因此，对原告的上述主张不予支持。现经比对，被诉侵权设计与原告专利存在的两项区别设计，对两者的整体视觉效果产生了显著差异，两者外观上既不相同也不近似，被控侵权产品未落入原告涉案专利权的保护范围。据此，驳回原告欧某某的全部诉讼请求。

评　析

判断某一设计是否属于功能性设计特征可以从以下几个方面考虑：①该项设计特征是否与产品的某项特定功能有关。如果该项设计特征与产品功能无关，则直接认定不属于功能性设计特征。②如该项设计特征与产品功能有关，需进一步考虑该项设计特征是否是实现产品某项特定功能的有限的设计。如果某项产品的特定功能决定了该项设计特征是唯一的设计方式，则可以直接认定该项设计特征为功能性设计特征。③如某项产品功能可以由多种设计方式实现，则需从一般消费者的视觉角度判断，该项设计特征是否是由某项产品功能所唯一决定，而不考虑美学因素的设计方式。如果该项设计特征是实现某种特定功能所唯一决定的，并不考虑美学因素，则可认定该项设计特征属于功能性设计特征，反之不属于功能性设计特征。对于上述因素的考量，可以结合专利简要说明以及外观设计专利评价报告、现有设计等证据、当事人对于该项技术特征与产品功能之间关联的相关陈述等进行综合判断。

本案的核心分歧是原告认为被控侵权产品与涉案专利虽然有两处区别点，但专利中的反"C"形以及被诉侵权设计中的"人"字分叉处的凸出均起连接部件的作用，应属于功能性设计特征，在比对时不应予以考虑。通过对功能性设计特征的分析可以认定，首先，依现有证据无法判定原告专利中的反"C"形结构或被诉侵权设计中"人"字分叉处的凸出等设计系纯粹由产品技术功能所决定。其次，根据外观设计专利权评价报告中原告专利与在先设计的对比，以及原告专利与被诉侵权设计的对比，可以看出原告所述的部件连接实际上可以通过多种形状的结构实现。再次，根据原告专利简要说明中"本外观设计的设计要点：形状、图案及其结合""最能表明设计要点的图片或照片：主视图"的描述，可以得知上下对称的"个"形结构、反"C"形结构均包含在原告专利的设计要点中，在比对时应当整体进行比对，而不应将其中部分设计排除在外。最后，被诉侵权设计与原告专利存在的两项区别设计，对两者的整体视觉效果产生了显著差异。因此，不能认定原告所述的反"C"形或"人"字的设计属于功能性的设计特征，被控侵权产品未落入原告涉案专利权的保护范围。

　　本案的审理对于专利侵权纠纷中如何认定是否属于功能性的设计特征具有较好的引导作用，为类似案件的审理提供了一定的指导和借鉴意义。

案例索引

　　一审：上海知识产权法院（2015）沪知民初字第 427 号民事判决书
　　合议庭成员：陆凤玉、杨馥宇、徐燕华

关联专利可用来解释涉案专利功能性特征

——SMC 株式会社诉乐清市博日气动器材有限公司等侵害发明专利权纠纷案

陈瑶瑶

案　情

原告 SMC 株式会社系涉案"电磁阀"发明专利权人，专利申请日为 2002 年 9 月 3 日，授权公告日为 2006 年 10 月 18 日。该专利权利要求 1 为："一种电磁阀，设置了螺线管部和阀部；所述螺线管部把向线圈通电的操作所驱动的移动铁芯内装在一端设置了开口的磁性箱体内，所述阀部在阀身内配设了对上述移动铁芯所驱动的多个口之间的通路进行切换的阀体……"专利实施例披露了一种阀体结构，包括推杆、提升阀、排出阀座、供给阀座、移动节流装置、提升阀弹簧等结构，提升阀在排出阀座与供给阀座之间移动而切换流路，其中移动节流装置上的第一作用面面积大，第二作用面面积小，使得供给阀座可以移动，通过移动接近或远离提升阀。

2013 年 9 月、10 月，原告分别从被告乐清市博日气动器材有限公司（以下简称"博日公司"）、被告上海宇耀五金模具有限公司处购买了 SY5120 – 5LZD – 01 等 8 个型号的被控侵权产品，所有产品上均粘贴有博日公司的商标标识。经比对，被控侵权产品阀体中包含推杆、提升阀、排出阀座、供给阀座、移动节流装置、提升阀弹簧等结构，提升阀可在排出阀座与供给阀座之间移动，供给阀座在移动节流装置上，系固定设置，不可移动，其他技术特征与涉案专利权利要求 1 相同。原告认为上述产品落入了涉案专利的保护范围，请求判令两被告停止侵权，被告博日公司赔偿经济损失及合理费用 100 万元。

另查明，ZL02130310.X 号"电磁阀"发明专利专利权人亦为原告，专利申请日为 2002 年 8 月 12 日，权利要求 1 为"一种电磁阀，包括阀和螺线管，该阀具有通过接近或远离阀壳体内的阀座而切换流路的阀芯，该螺线管在接近或远离上述阀座的方向驱动上述阀芯……"该专利附图实施例显示的阀部结构与本案专利附图中实施例阀部结构相同，同时该专利说明书亦记载"在此就使上述阀座体（供给阀座）在阀孔的轴线方向移动的实施例子进行了说明，但也可以将该阀座体固定"。

审　判

上海知识产权法院经审理认为，涉案专利权利要求 1 中前序部分记载的"所述阀部在阀身内配设了对上述移动铁芯所驱动的多个口之间的通路进行切换的阀体"的技术特征，仅记载了阀体要实现"对移动铁芯所驱动的多个口之间的通路进行切换"的功能，而没有记载实现该功能的阀体各部件组成及其之间的互动关系。本案中并无证据证明在所属技术领域中，已经存在技术结构相对固定且为本领域普通技术人员所熟知的能够实现"对移动铁芯所驱动的多个口之间的通路进行切换"的功能的阀体结构。涉案专利实施例仅披露了一种阀体结构，其中供给阀座可以移动，通过移动接近或远离提升阀。而 ZL02130310.X 号"电磁阀"发明专利权利要求 1 的前序部分关于阀部的表述与本案专利类似，专利附图实施例显示的阀部结构与本案专利附图中实施例阀部结构相同，同时该专利说明书亦记载"在此就使上述阀座体（供给阀座）在阀孔的轴线方向移动的实施例子进行了说明，但也可以将该阀座体固定"，故可以认定该专利披露了供给阀座可移动的实施方式，也披露了供给阀座固定的实施方式。因 ZL02130310.X 号"电磁阀"发明专利与涉案专利属于同一技术领域，两者专利权人亦相同，专利申请日早于本案专利申请日，故可以认定本领域普通技术人员在涉案专利申请日之时已知的能够实现"对移动铁芯所驱动的多个口之间的通路进行切换"的功能的阀体结构既包含涉案专利供给阀座可移动的方式，亦包含供给阀座固定的实施方式，该两种具体实施方式均系本领域普通技术人员通过阅读涉案专利权利要求即可直接、明确地确定实现上述功能的具体实施方式，均可纳入涉案专利"所述阀部在阀身内配设了对上述移动铁芯所驱动的多个口之间的通路进行切换的阀体"的技术特征的保护范围。被控侵权产品与涉案专利供给阀座固定的实施方式相同，落入原告涉案专利权保护范围。据此，判决两被告停止侵权，被告博日公司赔偿原告经济损失及合理费用 4 万元。判决后，各方当事人均未上诉。

评　析

功能性特征的识别以及保护范围的确定是专利侵权诉讼中的审理难点。本案的争议焦点与审理难点涉及上述问题。

一、本案观点的分歧

本案核心争议是被控侵权产品是否具有专利权利要求 1 中的"所述阀部在阀身内配设了对上述移动铁芯所驱动的多个口之间的通路进行切换的阀体"技术特征。对此，存在两种分歧观点：

一种观点认为，该技术特征系使用功能或者效果的语言描述的技术特征，应认定为功能性特征，以说明书公开的具体实施方式及其等同实施方式确定保护范围。因涉案专利仅公开了一种实施例，被控侵权产品的相应技术方案与实施例不相同也不等同，故未落入涉案专利保护范围，本案应驳回原告诉请。

另一种观点认为，该技术特征写在权利要求的前序部分，虽使用功能或者效果的语言描述，但本领域普通技术人员能够普遍知晓其结构，故不应认定为功能性特征，所有能实现该功能或效果的结构均应纳入其保护范围，被控侵权产品落入该专利保护范围，构成专利侵权。

二、功能性特征的识别与困境

功能性特征，是指对于结构、组分、步骤、条件或其之间的关系等，通过在发明创造中所起的功能或者效果进行限定的技术特征，也即使用功能性表述的技术特征。然而并非有使用功能性表述的技术特征都属功能性特征，其中还设置了例外规定，主要指已经成为所属技术领域的普通技术人员普遍知晓的技术名词，《最高人民法院关于审理侵犯专利权纠纷案件应用法律若干问题的解释（二）》中将之规定为本领域普通技术人员仅通过阅读权利要求即可直接、明确地确定实现上述功能或者效果的具体实施方式的技术特征。

在实践中，功能性特征的识别本质上系事实查明问题，理论上可以借助当事人举证、专家咨询等多种途径解决。然因技术领域细分多样、本领域普通技术人员的选择以及其认知本身主观性较强，事实查明往往陷入较大争议，无法准确识别是否属于功能性特征或其例外情形。本案即存在上述问题，因争议技术特征在权利要求的前序部分，权利人认可争议技术特征系使用功能性表述的特征，但应属功能性特征的例外，但却未能提供证据予以证明。

三、关联专利披露的实施方式可用来解释涉案专利功能性特征

在现有证据无法证明功能性表述特征为例外规定的前提下，应认定该特征为功能性特征，根据相关司法解释的规定，应以说明书公开的具体实施方式及其等同的实施方式确定保护范围。但囿于举证的限制，为平衡一些可能会被认定为功能性特征例外的技术特征最后被认定为功能性特征，人民法院可以运用专利申请日前权利人申请的关联专利解释涉案专利权利要求，如上述关联专利所涉相同或类似功能性特征所披露的实施方式可同样用来解释涉案专利功能性特征。如被控侵权产品与关联专利实施例相同或者等同，亦应认定构成专利侵权。本案中，ZL02130310.X 号"电磁阀"发明专利与涉案专利属于同一技术领域，两者专利权人亦相同，其专利申请日早于本案专利申请日，其权利要求 1 的前序部分关于阀部的表述与本案专利类似，专利附图实施例披露的阀部结构与本案专利相同，同时也披露了供给阀座固定的实施方式，可以认定本领域普通技术人员在涉案专利申请日之时已知的能够实现"对移动铁芯所驱动的多个口之间的通路进行切换"的功能的阀体结构，既包含涉案专利供给阀座可移动的方式，亦包含上述关联案件披露的供给阀座固定的实施方式，该两种具体实施方式均系本领域普通技术人员通过阅读涉案专利权利要求即可直接、明确地确定实现上述功能的具体实施方式，均可纳入涉案专利的保护范围。被控侵权产品与涉案专利供给阀座固定的实施方式相同，落入原告涉案专利权保护范围。

案例索引

一审：上海知识产权法院（2015）沪知民初字第 512 号民事判决书
合议庭：凌崧、陈瑶瑶、高卫萍

使用环境特征认定专利侵权案件的
分析方法与思路

——上海兆邦电力器材有限公司诉山东中泰阳光电气科技
有限公司等侵害发明专利权纠纷案

凌　崧

案　情

  2007 年 6 月 15 日，原告向国家知识产权局申请名称为"防雷支柱绝缘子"的发明专利（以下简称"涉案专利"），并于 2010 年 9 月 8 日获得授权。2014 年 9 月 18 日，国家知识产权局核准涉案专利的专利权人变更为兆邦公司和国网上海市电力公司。2016 年 2 月 15 日，国网上海市电力公司出具《声明》，该《声明》载明的内容包括：在涉案专利的维权过程中，国网上海市电力公司不直接主张任何权利，兆邦公司可以单独提起诉讼或者通过其他途径主张权利、收取有关赔偿款项、执行所得财产款物和其他抵债财产等。

  涉案专利权利要求书记载的内容包括：1. 一种防雷支柱绝缘子，包括一绝缘护罩和一设置于该绝缘护罩内部的由上压块和下压块构成的夹线金具，其特征在于，还包括一与该夹线金具侧端连接的引弧棒；一两端分别与该夹线金具下端和一下钢脚连接的绝缘子，该绝缘子通过该下钢脚安装于横担上；该引弧棒呈弯折状，其另一端靠近该下钢脚。2. 根据权利要求 1 所述的防雷支柱绝缘子，其特征在于该上压块的下表面和下压块的上表面设有若干凹槽，并且该上压块和下压块通过两个螺栓嵌件和两个压紧螺母连接。……5. 根据权利要求 1 所述的防雷支柱绝缘子，其特征在于该引弧棒外套有一绝缘套管。6. 根据权利要求 1 或 5 所述的防雷支柱绝缘子，其特征在于该引弧棒靠近该下钢脚的一端为球形凸起。7. 根据权利要求 1 所述的防雷支柱绝缘子，其特征在于该下钢脚靠近该引弧棒的一侧设有一突出端。

原告从亭颖公司处购得由中泰公司生产的被控侵权产品。该产品包括绝缘护罩，上压块和下压块构成的夹线金具，上压块的下表面和下压块的上表面设有若干凹槽，且上压块和下压块通过两个螺栓嵌件和两个压紧螺母连接。绝缘子两端分别与夹线金具下端和下钢脚连接。夹线金具侧端连接有引弧棒，引弧棒呈弯折状，其外套有绝缘套管，靠近下钢脚的一端为球形凸起。下钢脚靠近该引弧棒的一侧设有一突出端。产品所附使用说明书在安装方法中载明：防雷柱式绝缘子的夹线槽应对准导线平行方向安装在横担上，拧紧钢脚螺母，等同传统的绝缘子安装方法，把引弧棒朝向横担的（距离横担最远处）远外侧。

原告明确其在本案中主张的涉案专利的权利保护范围为权利要求 1、2、5、6、7。经比对，被控侵权产品使用的技术方案除缺少涉案专利权利要求 1 中横担这一构件外，与涉案专利权利要求 1、2、5、6、7 相应的技术特征相同。对此，原告与被告中泰公司均予以确认。

原告为本案支出律师费 3 万元、公证费 1000 元及购买被控侵权产品的费用 2400 元。

审理中，原告称亭颖公司向中泰公司购买被控侵权产品及亭颖公司向原告销售被控侵权产品均是为了保全证据。

审 判

上海知识产权法院经审理认为：①涉案专利的专利权人经国家知识产权局审查核准于 2014 年 9 月 18 日变更为原告与国网上海市电力公司，国网上海市电力公司出具《声明》明确表示其在本案中不主张任何权利，故原告作为涉案专利的另一专利权人有权单独提起本案诉讼并主张权利。②被控侵权产品缺少横担这一构件，但由于被控侵权产品须安装后才能使用，而其所附使用说明书在安装方法中已明确该绝缘子的夹线槽应对准导线平行方向安装在横担上，并把引弧棒朝向横担的远外侧，由此可见在安装固定被控侵权产品时，仍然需要横担这一构件，也就是说被控侵权产品在实际安装、使用过程中，仍然具有涉案专利的横担技术特征；且被控侵权产品其余结构构成及位置关系与原告主张的涉案专利的权利要求相应的技术特征相同，因此可以认定被控侵权产品使用的技术方案包含的技术特征与原告主张的涉案专利的权利要求相应的技术特征构成相同，落入了涉案专利权的保护范围。③中泰公司未经涉案专利权人的许可制造、销售侵权产品的行为，已构成对专利权人的侵害，依法应当承担停止侵权和赔偿损失的民事责任。原告在审理中称亭颖公司购买被控侵权产品及向原告提供被控侵权产品的行为是为了保全证据，因此，亭颖公司的上述行为是基于原告的授意，实质上并未有未经授权以生产经营为目的销售侵权产品的行为，原告要求判令亭颖公司停止销售侵权产品的诉请缺乏事实依据。基于上述理由，法院判令中泰公司停止侵权，赔偿原告经济损失 17 万元及合理费用 18 400 元；对原告的其余诉讼请求不予支持。

评　析

使用环境特征是指权利要求中用来描述发明所使用的背景或者条件的技术特征。涉及使用环境特征认定的专利侵权案件在近年来的司法实践中多有发生，最高人民法院和各级地方法院对此类案件也常有涉及，但一直缺乏较为明确的判定标准。《最高人民法院关于审理侵犯专利权纠纷案件应用法律若干问题的解释（二）》（以下简称《解释（二）》）对此问题进行了规定，但其在本案的适用仍须厘清两个问题：一是使用环境特征对于专利权利要求的保护范围的限定作用，二是使用环境特征对于专利权利要求保护范围的限定程度。

一、关于使用环境特征对于专利权利要求的保护范围的限定作用

《专利法》第 59 条第 1 款规定，发明专利权的保护范围以其权利要求的内容为准，说明书及附图可以用于解释权利要求的内容。《最高人民法院关于审理专利纠纷案件适用法律问题的若干规定》第 17 条第 1 款规定，《专利法》第 59 条第 1 款所称的"发明或者实用新型专利权的保护范围以其权利要求的内容为准，说明书及附图可以用于解释权利要求的内容"，是指专利权的保护范围应当以权利要求记载的全部技术特征所确定的范围为准，也包括与该技术特征相等同的特征所确定的范围。因此，凡是写入权利要求的技术特征，均应视为专利技术方案为解决所涉技术问题不可缺少的技术特征，对专利权保护范围具有限定作用，在确定专利权保护范围时必须加以考虑。

涉案专利的保护主题是"防雷支柱绝缘子"，但是权利要求 1 在描述该防雷支柱绝缘子的结构特征的同时，其所含的"该绝缘子通过该下钢脚安装于横担上"这一技术特征还限定了该防雷支柱绝缘子用以连接支撑固定件的具体结构即使用条件，属于使用环境特征，其与权利要求 1 的其他特征一起，组成一个完整的技术方案，共同限定了权利要求 1 的保护范围。

二、关于使用环境特征对于专利权利要求的保护范围的限定程度

在《解释（二）》出台之前，理论界和司法实务界对此问题主要存在两种观点：一种观点是被保护的主题对象必须用于该种使用环境，另一种观点是被保护的主题对象可以用于该种使用环境即可。《解释（二）》第9条以否定之否定的形式对使用环境特征的认定问题作出了规定，指出被诉侵权技术方案不能使用于权利要求中使用环境特征所限定的使用环境的，人民法院应当认定被诉侵权技术方案未落入专利权的保护范围。其意即指专利权被保护的主题对象可以用于使用环境特征所限定的使用环境即可，而并非必须适用于所限定的使用环境。本案中，被控侵权产品缺少横担这一构件，但由于被控侵权产品须安装后才能使用，而其所附使用说明书在安装方法中已明确该绝缘子的夹线槽应对准导线平行方向安装在横担上，也就是说被控侵权产品在实际安装、使用过程中，可以使用于权利要求中记载的使用环境特征所限定的使用环境，因此，可以认定被控侵权产品使用的技术方案具有原告主张的涉案专利权利要求中记载的"该绝缘子通过该下钢脚安装于横担上"这一技术特征，被控侵权产品落入了涉案专利权的保护范围。

案例索引

一审：上海知识产权法院（2015）沪知民初字第272号民事判决书
合议庭成员：凌崧、陆凤玉、陈瑶瑶

（二）商标权

权利人未报案的刑事程序是否产生民事诉讼时效中断效力

——勃贝雷有限公司诉被告陈某、鲁某某侵害
商标权纠纷上诉案

陈惠珍

案　情

勃贝雷有限公司系第 75130 号"BURBERRY"注册商标及第 G733385 号"BURBERRY"注册商标的持有人。经国家工商行政管理总局商标局核准，勃贝雷有限公司注册了第 75130 号商标和第 G733385 号商标，前者核定使用商品为第 25 类衣服，后者核定使用商品为第 25 类，包括外衣、雨衣、罩衫、夹克式短外衣、服装等，均在有效期内。2014 年 3 月 4 日，国家工商行政管理总局裁定认定第 G733385 号商标为使用在服装商品上的驰名商标。

2012 年 5 月 31 日，上海市闸北区人民检察院提起公诉，指控陈某、鲁某某犯销售假冒注册商标的商品罪。上海市杨浦区人民法院判决认定：自 2009 年 10 月起，陈某伙同鲁某某通过他人注册的"格调生活 2006"淘宝网店，对外低价销售假冒"BURBERRY"注册商标的服装。陈某负责进货、销售、客服；鲁某某帮助制作商品照片等。经审计，2009 年 10 月至 2012 年 3 月 20 日案发，陈某、

鲁某某销售假冒"BURBERRY"注册商标服装的销售金额达 1 934 433.01 元、被查扣的假冒"BURBERRY"注册商标服装的货值金额为 64 832 元。陈某、鲁某某对犯罪事实如实供述,并在审理中退缴非法所得 150 000 元。陈某、鲁某某的行为均已构成销售假冒注册商标的商品罪。遂于 2012 年 8 月 24 日,依法判处陈某有期徒刑 3 年,缓刑 4 年,罚金 15 万元;判处鲁某某有期徒刑 2 年 6 个月,缓刑 2 年 6 个月,罚金 5 万元。

2014 年 8 月 15 日,勃贝雷有限公司的委托代理人向一审法院邮寄本案一审民事诉状及财产保全申请等立案材料。

勃贝雷有限公司诉称:陈某、鲁某某大肆销售假冒"BURBERRY"注册商标的各类服装,已被法院判处有期徒刑和罚金。其作为"BURBERRY"注册商标的持有人,有权请求陈某、鲁某某承担民事责任,故诉请法院判令两被告赔偿原告经济损失及合理支出 100 万元。

陈某、鲁某某辩称:对犯罪事实无异议,并已退缴非法所得。但原告 2012 年 3 月 20 日已知晓侵权行为,其 2014 年 8 月起诉已超过诉讼时效,法院应驳回原告诉请。

审　判

一审法院经审理认为,勃贝雷有限公司虽于 2012 年 3 月 21 日获悉被告陈某、鲁某某侵权并被公安机关立案侦查,但两被告能否被认定为侵权主体、侵权行为相关证据等,需等待刑事判决生效后才能确定。本案诉讼时效期间应从该刑事判决书生效之日起计算,故原审原告的起诉并未超过诉讼时效,原审被告陈某、鲁某某明应对其侵犯他人注册商标权行为承担相应的民事责任,遂判决:①陈某、鲁某某连带赔偿勃贝雷有限公司经济损失 15 万元及合理费用 15 000 元;②驳回勃贝雷有限公司的其余诉讼请求。

上海知识产权法院经审理认为,被上诉人在接到公安部门要求出具价格证明及进行真假货品鉴别时,已知道权利受到侵害,诉讼时效期间即开始起算。但同时,其得知两侵权人的行为已进入刑事侦查程序,有合理理由信赖刑事侦查可使其民事权利得到保护。且原审被告侵权的具体行为、规模、侵害后果等,必然依仗刑事裁判的最终认定而确定。故诉讼时效期间随之中断。因此,被上诉人起诉未超过诉讼时效,侵权人应就其侵权行为依法承担民事责任。至于上诉人称,赔偿损失应按起诉之日倒推 2 年期间的侵权获利计算、该期间因无侵权行为及获利而不应赔偿的问题,本院认为,上诉人所引用的规定适用于侵权行为处于持续状态的情况下,权利人知道侵权行为后超过 2 年起诉的,赔偿数额的计算按起诉之日倒推 2 年计算，而本案不属于适用这一规定的情形。故上诉人的上诉理由不成立，本院不予采纳。原审法院认定事实清楚，审判程序合法，判决结果并无不当，应予维持。但原审法院适用法律不全面，本院予以补正。依照《民法通则》第 140 条、《最高人民法院关于审理民事案件适用诉讼时效制度若干问题的规定》（以下简称《诉讼时效规定》）第 13 条第（9）项、《民事诉讼法》第 170 条第 1 款第（1）项之规定，判决：驳回上诉，维持原判。

评　析

本案是因销售假冒注册商标商品的刑事犯罪引起的侵害商标权纠纷，本案当事人对刑事判决及原审法院认定的事实并无异议，双方分歧主要在于被上诉人向原审法院起诉时是否已经超过诉讼时效，以及赔偿损失是否适用《商标案件适用法律解释》中依起诉日倒推 2 年期间的侵权获利为据计算的规定。

一、本案原审起诉是否超过诉讼时效

诉讼时效是指权利人不行使权利的事实状态持续经过法定期间，其权利即发生效力减损的制度。即权利人因诉讼时效期间届满，在义务人行使诉讼时效抗辩权时，丧失请求法院保护的权利。根据我国《民法通则》第 135 条及《商标案件适用法律解释》第 18 条规定，商标权利被侵害的权利人向人民法院请求保护的诉讼时效期间为 2 年，自商标注册人或利害权利人知道或者应当知道侵权行为之日起计算。

诉讼时效是一项对权利人行使权利的时间作限制的制度，其设立目的是督促权利人行使权利，维护交易关系的稳定，而并不是免除债务人债务，更不是保护债务人的不当利益。因此，最高人民法院《诉讼时效规定》明确规定了当事人未提出诉讼时效抗辩时，法院不应主动释明及适用《诉讼时效规定》裁判；该规定对诉讼时效抗辩提出的时间和阶段也作了限定。诉讼时效期间届满，权利人丧失的是得到法院强制力保护的权利，并不丧失实体权利。

不仅如此，为了平衡当事人之间的利益，法律对诉讼时效还设置了障碍制度，诉讼时效中断、中止即为诉讼时效的障碍制度。本案的争议看似商标侵权之诉的诉讼时效期间起算点的确定问题，但实质则是对上诉人及原审被告的刑事追诉程序是否构成诉讼时效中断事由的问题。因为，我国法律明确规定了诉讼时效期间自权利人知道或应当知道权利被侵害起计算，只有在发生中断、中止情形时，才有诉讼时效期间重新计算或继续计算的问题。

我国《民法通则》第 140 条规定："诉讼时效因提起诉讼、当事人一方提出

要求或者同意履行义务而中断。从中断时起，诉讼时效期间重新计算。"最高人民法院《诉讼时效规定》从第 11 条到第 19 条规定了诉讼时效中断的具体情形。本案涉及的是刑民交叉案件的诉讼时效中断问题，《诉讼时效规定》第 15 条规定了刑民交叉案件的诉讼时效中断问题。值得注意的是，该条明确指明了适用于"权利人向……报案或控告"的情形，本案原审被告侵犯注册商标专用权的犯罪行为并非由权利人发现而"报案或控告"，而是公安机关发现违法行为后主动进行刑事侦查，故本案不能直接适用该条规定。《诉讼时效规定》第 13 条则规定了可以认定为与提起诉讼具有同等诉讼时效中断效力的事项，但就其列举的 8 项事由，与本案也不一致。那么，可否适用该条第（9）项"其他与提起诉讼具有同等诉讼时效中断效力的事项"的规定？

本案中，作为权利人的被上诉人原先并不知道自己的权利被侵害，在其被要求出具价格证明及进行真假货品鉴别时才知道权利受到侵害，与此同时也获知了上诉人及原审被告已经处于被刑事侦查的状态。这一事件本身可以作这样的解读：①作为权利人知道自己的权利受到侵害，诉讼时效期间依法起算；②作为商标权利人以自己的积极行为配合公安机关作出相关鉴别，也表明对权利保护的积极态度；③在侵权行为已被纳入刑事程序的情况下，权利人有合理理由信赖其民事权利能得到保护；④从客观上说，上诉人及原审被告侵权的具体行为、规模、侵害后果等，必然依仗刑事裁判的最终认定而确定。被上诉人的民事权利能保护到何种程度，也与刑事诉讼的结果有很大关联。因此，该刑事程序虽并非由权利人报案或控告引起，但其存在及持续具有诉讼时效中断的效力，属于与提起诉讼具有同等诉讼时效中断效力的事项。被上诉人在接到公安部门通知并出具价格证明、进行真假货品鉴别时，已知道权利受到侵害，诉讼时效期间即开始起算；但同时，其得知两侵权人的行为已进入刑事侦查程序，基于前述已分析的理由，诉讼时效期间随之中断。待刑事程序结束，诉讼时效中断的事由即被排除，诉讼时效期间重新起算，故被上诉人起诉未超过诉讼时效，侵权人应就其侵权行为依法承担民事责任。

二、本案是否适用依起诉日倒推 2 年期间侵权获利计算损失的规定

上诉人不服原审判决的另一个理由是，根据最高人民法院《商标案件适用法律解释》第 18 条规定，赔偿损失应按起诉之日倒推 2 年期间的侵权获利计算，而该期间因原审被告无侵权行为及获利而不应赔偿。简言之，即使原审原告的起诉未过诉讼时效，如适用这条规定，其也不需要赔偿。因为，自起诉日倒推 2 年，两被告早已停止侵权行为，何来侵权获利？则赔偿额的计算也无所依凭。

上诉人所引用的规定是《商标案件适用法律解释》第 18 条的部分内容，即"……注册人或者利害关系人超过 2 年起诉的，如果侵权行为在起诉时仍在持续，在该注册商标专用权有效期限内，人民法院应当判决被告停止侵权行为，侵权损害赔偿数额应当自权利人向人民法院起诉之日向前推算 2 年计算。"可见，该规定适用于侵权行为处于持续状态的情况下，权利人知道侵权行为后超过 2 年起诉的，赔偿数额的计算按起诉之日倒推 2 年期间的侵权获利为依据计算。这条规定仅针对知道持续存在的侵权行为后超过 2 年起诉的情况，不涉及任何诉讼时效中断情形。而本案由于诉讼时效中断，权利人是在诉讼时效中断后 2 年内起诉，故不属于适用这一规定的情形。

综上，二审法院适用《民法通则》第 140 条、《诉讼时效规定》第 13 条第（9）项规定，认定本案中的刑事程序属于"其他与提起诉讼具有同等诉讼时效中断效力的事项"，产生诉讼时效中断的效力，被上诉人的起诉未超过诉讼时效，其诉请应获得法院保护。既维持了一审判决，又详尽补充了判案理由及法律依据，正确、全面地适用了法律规定和司法解释。

案例索引

一审：（2014）杨民三（知）初字第 381 号民事判决书
合议庭成员：吴盈喆、刘燕萍、吴奎丽
二审：（2015）沪知民终字第 6 号民事判决书
合议庭成员：黎淑兰、陈惠珍、何渊

为说明商品销售商变化而使用他人商标
是否构成商标侵权和虚假宣传的认定

——开德阜国际贸易（上海）有限公司诉阔盛管道系统（上海）有限公司等商标侵权及不正当竞争纠纷案

范静波

案　情

开德阜公司系"洁水"文字商标的商标权人，该商标于 2002 年获得核准注册，核定使用商品为第 17 类塑料管等。2006 年 4 月 6 日，开德阜公司与案外人德国的阿垮瑟姆公司签订独家销售协议，开德阜公司享有阿垮瑟姆公司水管类产品在华的独家经销权。阿垮瑟姆公司在中国注册有""""aquatherm"两个商标，核定使用在第 19 类下水道装置等。2013 年 6 月 30 日，开德阜公司与阿垮瑟姆公司终止合作协议，开德阜公司不再代理销售阿垮瑟姆公司的产品。2013 年 7 月 1 日，阔盛公司成为阿垮瑟姆公司产品在华新代理商。原告开德阜公司在 2013 年 7 月 1 日之前，其注册的"洁水"商标仅用于推广销售阿垮瑟姆公司的产品。2013 年 7 月 1 日之后，开德阜公司继续持有"洁水"商标，该商标用于推广其他生产商的水管产品。阔盛公司在取得阿垮瑟姆公司产品的经销权之后，授权欧苏公司在上海区域独家销售阿垮瑟姆公司的产品。阔盛公司、欧苏公司在网络上的宣传文章以及宣传单上使用了"原德国洁水、现德国阔盛""德国阔盛（原德国洁水）—不变的品质""aquatherm（原德国洁水）德国阔盛"

等宣传用语。在使用上述宣传用语时，同时还有"原代理商曾以德国'洁水'在华推广，从7月1日起德国厂方正式启用中文标识'阔盛'，用于中国市场推广""德国 aquatherm Gmbh 从2013年7月1日起正式启用官方持有的中文标识'阔盛'用于中国区市场推广。原在华使用的中文标识'洁水'系原代理商所持有，现已和德国阔盛 aquatherm Gmbh 公司及其产品无任何关联"等表述。

开德阜公司认为阔盛公司、欧苏公司使用的"原德国洁水、现德国阔盛""德国阔盛（原德国洁水）—不变的品质"等类似的宣传用语中含有"洁水"商标，构成对原告的商标侵权，同时上述宣传用语会使消费者产生误解，构成虚假宣传。故诉至法院，请求判令阔盛公司、欧苏公司停止商标侵权和虚假宣传行为，赔偿经济损失及合理费用共计500万元。

审　判

一审法院经审理认为，开德阜公司主张阔盛公司、欧苏公司在推广宣传中使用"洁水"商标属于合理使用，不会导致相关公众产生混淆。两被告的上述表述与事实相符，未作虚假陈述，且从宣传资料的整体来看，相关公众施以一般注意力阅读上述内容后，不会对被控的宣传用语产生歧义，亦不会对两者关系产生误解，不构成虚假宣传。一审判决驳回原告的全部诉讼请求。

二审法院经审理认为，基于"洁水"商标已经与阿垮瑟姆公司产品建立了稳定联系的事实，阔盛公司、欧苏公司在宣传活动中有必要向消费者告知"洁水"商标所指向的产品已经发生变化，两被告使用"洁水"商标主观上是善意的，且使用方式没有超出合理的限度，不会造成消费者对产品的来源产生混淆。阔盛公司、欧苏公司使用"德国阔盛（原德国洁水）—不变的品质""原德国洁水，现德国阔盛"等类似宣传用语在纯粹的文字表述上确有不准确之处，但消费者在整体阅读宣传内容后，不会对"洁水"商标本身是否发生了变更、阔盛公司所销售商品的来源等产生误解，没有产生引人误解的效果。二审驳回上诉，维持原判。

评　析

本案的特殊之处在于，原告作为销售代理商注册了"洁水"商标，但仅将该商标用于推广阿垮瑟姆公司的产品，被告基于品牌代理关系的变化在宣传用语中使用"洁水"商标是否属于商标的正当使用，使用被控的宣传用语是否构成虚假宣传，需要进一步分析。

一、商标正当使用的认定

我国《商标法》第 59 条规定，注册商标中含有的本商品的通用名称、图形、型号，或者直接表示商品的质量、主要原料、功能、用途、重量、数量及其他特点，或者含有的地名，注册商标专用权人无权禁止他人正当使用。该条是我国立法上关于商标描述性正当使用的规定。所谓商标的正当使用，是指经营者为了说明自己所提供的商品或服务，便于消费者辨认，可以不经商标权人的许可而对其商标进行使用。允许商标正当使用的本质是商标权人利益与公共利益之间的平衡，商标的基本功能在于区别商品或服务来源，商标权人只享有在核定商品或服务类别上使用注册商标，并禁止他人在核定商品或服务类别上使用与其注册商标相同或近似的标识，其并不享有对商标符号的垄断。因此，对于经营者在商业活动中使用他人商标是否构成商标侵权的判断，应当考虑具体使用行为是否破坏了商标与商品或服务之间的联系功能，即是否会导致相关公众就商品或服务的来源产生混淆。如果在商业活动中使用他人商标只是为了描述或说明某种客观情况，且并不会导致相关公众就商品或服务的来源产生混淆，则该行为并非商标法意义上的商标使用行为，而是一种正当的商标使用行为，商标权人无权对此正当使用予以禁止。

从我国《商标法》关于商标正当使用的规定来看，商标的正当使用应当限定在善意、合理的范围内，判断是否构成商标正当使用，应当考虑使用他人商标是否是善意的、商标的使用方式是否合理并对消费者产生混淆等因素。首先，使用商标行为是否是善意的。对于使用商标是否善意的判断，可以从使用他人商标是否具有必要性的角度来考虑。通常来说，经营者如果不使用他人商标，也可以清楚地描述自己商品或服务特点，则使用他人商标是不必要的。尤其是对于具有较高知名度的商标，经营者在无使用必要的情况下，其使用行为往往不具有善意。本案中，在 2013 年 7 月 1 日之前，原告将其注册的"洁水"商标仅用于推广销售阿垮瑟姆公司的产品，经过长期使用，该商标与阿垮瑟姆公司的产品建立了稳定、唯一的联系，在相关消费者的认知当中，"洁水"商标指向的即阿垮瑟姆公司的产品。在 2013 年 7 月 1 日之后，阿垮瑟姆公司产品在华的经销商已由原告变更为被告阔盛公司，而原告继续保留"洁水"品牌与其他供应商开展新的合作。基于"洁水"商标已经与阿垮瑟姆公司产品建立了稳定联系的事实，两被告在宣传活动中有必要向消费者告知"洁水"商标所指向的产品已经发生变化，阔盛公司目前推广的产品即是之前"洁水"商标所指向的产品这一事实。因此，两被告在宣传用语中使用到"洁水"商标其主观上并非攀附上诉人的商誉，而是描述客观事实的必要。其次，商标的使用方式是否合理并对消费者产生混淆。经营者使用他人商标在描述自己商品或服务具有某种特点时，在使用方式上应当合理，如果使用方式上超出合理限度，导致相关消费者就商品的来源产生混淆或误认，则不构成商标的正当使用。本案中，由于"洁水"商标仅指向阿垮瑟姆公司的产品，其具有特定的指向，且这种指向已经在消费者中形成了认知，两被告使用"原德国洁水，现德国阔盛"等类似表述尚未超出合理范围。同时，两被告使用被控商标侵权的宣传用语时，还陈述了产品代理商和品牌变化的背景，消费者在阅读两被上诉人的宣传用语时，通常会理解为阔盛公司所销售的产品是原"洁水"商标所指向的产品，即阿垮瑟姆公司的产品，而并不会就商品的来源产生混淆。

二、虚假宣传行为的认定

我国《反不正当竞争法》第 9 条规定，经营者不得利用广告或者其他方法，对商品的质量、制作成分、性能、用途、生产者、有效期限、产地等作引人误解的虚假宣传。从法条表述来看，反不正当竞争法意义上的虚假宣传，是指会产生"引人误解"的宣传。立法规制虚假宣传行为的侧重点并不在于宣传内容在客观上的真伪，而在于相关公众对宣传内容的主观理解，即宣传内容是否足以误导相关公众的交易决定。《最高人民法院关于审理不正当竞争民事案件应用法律若干问题的解释》第 8 条也规定，以明显夸张的方式宣传商品，不足以造成相关公众误解的，不属于引人误解的虚假宣传行为。立法上之所以强调虚假宣传认定的重点不在于"虚假"，而在于"引人误解"，是因为很多真伪不明甚至是真实的宣传内容，同样会产生误导公众的效果，相反有些夸张、明显不实的宣传却并不会产生误导公众的效果。由于经营者使用美化、夸张的手法进行宣传是一种商业必要，如果将虚假宣传的规制重点放在"虚假"，将会极大地扼杀商业宣传的空间，同时也会使经营者规避法律漏洞，选择采取一些并非虚假，但却是片面、含糊以及真伪不明的内容来进行宣传，同样达到误导公众的目的。因此，对于虚假宣传行为的司法认定，关键在于对是否构成"引人误解"的判断，不产生误导效果的虚假宣传实质上不具备反不正当竞争法意义上的责难性。

虚假宣传中的引人误解的认定与商标侵权中混淆的认定并不完全相同。商标法意义上的混淆通常是指商品或服务来源意义的混淆，即消费者将此商品与彼商品误认为具有相同的来源，或误认为商品的生产经营者具有特定的关联关系。而虚假宣传中的引人误解范围相对更广，所有可能误导消费者交易决定的因素都可以构成引人误解。本案中，由于原告目前仍是"洁水"商标的商标权人，且该商标本身并未进行过变更，两被上诉人使用"原德国洁水，现德国阔盛"等类似宣传用语，在纯粹的文字表述上确有不准确之处，但对"引人误解"的虚假宣传行为的认定，应当根据日常生活经验、相关公众的一般注意力、发生误解的事实和被宣传对象的实际情况等因素进行综合判断。

首先，对于两被上诉人宣传用语应在整体上进行解读。消费者在接受商业宣传时通常是整体接受的，在就宣传内容是否会产生引人误解的判断上，应当以宣传内容在整体上是否可能给相关公众造成误解为准，不应将可能产生误解的某一词语或某几句话断章取义。因为即使部分宣传内容在隔离分析时会产生歧义，但消费者在整体接受后可以消弭有关的歧义内容，则实质上并没有产生引人误解的效果。如前所述，本案两被告在使用被控侵权宣传用语的同时，还详细陈述了产品代理商和品牌变化的背景等情况。因此，对于原告所主张的上述构成虚假宣传用语的认定，不能脱离具体的语境进行孤立的判断，而应放置在整体的宣传内容中进行合理解读。其次，根据相关公众的一般注意力、已有的认知经验，以及被宣传对象的实际情况进行判断。宣传内容是否具有虚假宣传的效果，与相关公众自身已有的知识、经验具有密切关系。由于两被告在使用被控侵权宣传用语时，已经详细陈述了产品代理商和品牌变化的背景等情况，加之消费者对该品牌产品具有一定的认知经验，故相关公众施加一般的注意力即应知晓宣传内容的真实含义，并不会对"洁水"商标本身是否发生了变更、阔盛公司所销售商品的来源等产生误解。

需要强调的是，由于原告目前仍在使用"洁水"商标销售他人商品，如果两被告单独使用"原德国洁水，现德国阔盛"等类似用语作为宣传语，则可能产生歧义，对于不了解品牌变化背景的消费者以及新进入该领域的消费者，可能会认为洁水商标本身变更为阔盛商标，原洁水商标已经不再使用，此种情形涉嫌构成虚假宣传。但两被告在使用上述宣传语的同时，已如实告知了有关品牌变化的情况，不会产生引人误解的效果，不构成反不正当竞争法意义上的虚假宣传。

案例索引

一审：上海市徐汇区人民法院（2013）徐民三（知）初字第 1017 号民事判决书

合议庭成员：孙谧、于是、韩国钦

二审：上海知识产权法院（2015）沪知民终字第 161 号民事判决书

合议庭成员：何渊、刘静、范静波

以注册商标及知名商品特有名称设置
推广链接行为的法律规制

——上海玄霆娱乐信息科技有限公司诉北京畅游时代数码 技术有限公司侵害商标权及不正当竞争纠纷上诉案

何 渊

案 情

原告上海玄霆娱乐信息科技有限公司（以下简称"玄霆公司"）是网络小说《凡人修仙传》的著作权人，并通过授权第三方改编的形式推出了同名网络游戏，同时在第 9 类计算机程序、计算机游戏软件等商品上注册了"凡人修仙传"商标（以下简称"涉案注册商标"）。被告北京畅游时代数码技术有限公司（以下简称"畅游公司"）是网络游戏"风云无双"的经营者，其在宣传推广该网络游戏时在"搜狗搜索"网站上设置了关键词为"凡人修仙传"的推广链接。玄霆公司认为畅游公司在推广链接上擅自使用"凡人修仙传"字样进行宣传推广，侵犯其注册商标专用权，同时构成对知名商品特有名称的侵害，遂诉至法院要求消除影响，并赔偿经济损失 300 万元。

审 判

一审法院经审理认为，畅游公司未经玄霆公司许可，在计算机游戏软件产品的宣传中使用与涉案注册商标相同的商标，构成商标侵权。但因玄霆公司未能举证小说《凡人修仙传》构成知名商品，对玄霆公司主张的侵害知名商品特有名称诉请未予支持。故判决畅游公司就其商标侵权行为刊登声明、消除影响，酌定赔偿经济损失及合理费用 7 万元。

二审法院经审理认为，畅游公司在推广宣传中未经权利人许可在同一种商品上使用与涉案注册商标相同的商标，属于侵犯商标专用权的行为；同时全面综合考虑销售时间、销售对象及宣传持续时间等在案证据，认定涉案小说《凡人修仙传》属于知名商品，畅游公司的推广链接行为会使相关公众产生所链游戏来源于玄霆公司或经玄霆公司授权、该游戏经营者与玄霆公司之间具有关联关系、游戏内容改编自涉案小说的混淆和误认。畅游公司既构成商标侵权，同时构成不正当竞争，属于侵权竞合；鉴于玄霆公司明确优先适用商标侵权法律关系，原审法院认定商标侵权并无不当，故判决驳回上诉，维持原判。

评　析

本案中被告畅游公司设置关键词为"凡人修仙传"的推广链接行为涉及侵犯注册商标专用权及侵害知名商品特有名称权的认定，拟分别进行阐述。

一、链接使用注册商标文字构成商标侵权

首先，从行为方式上看，畅游公司在其网络游戏的推广链接的标题中使用了与玄霆公司"凡人修仙传"注册商标相同的字样，明确指示了推广链接的游戏是"凡人修仙传"改编的游戏而非其他游戏，具有标识商品来源的作用；而网络游戏属于计算机游戏软件，畅游公司属于在同一种商品上使用与玄霆公司注册商标相同的商标，构成侵犯注册商标专用权的行为。其次，从行为后果上看，畅游公司在推广链接的标题中以"凡人修仙传同名游戏，凡人……""全新《凡人修仙传》原作改编游戏，《凡人修仙传》邀你体验绝妙玄幻之旅！"等陈述，明确指示了涉案推广链接的游戏与"凡人修仙传"相关联，该陈述足以使相关消费者产生涉案推广链接所链接的游戏与涉案商标相关联的混淆和误认。综上，畅游公司行为属未经玄霆公司许可，将与他人注册商标相同的文字在相同商品上使用，使相关消费者产生混淆和误认，构成对注册商标专用权的侵害。

二、链接使用知名商品特有名称构成不正当竞争

本案中，原告主张被告将"凡人修仙传"设置为关键词做推广链接既构成对注册商标权的侵害，同时构成对知名商品特有名称的侵害。一、二审法院对被告畅游公司是否构成侵害知名商品特有名称的不正当竞争行为存在分歧，其焦点

在于：一是双方经营者是否存在竞争关系；二是涉案小说《凡人修仙传》是否构成知名商品；三是涉链行为是否造成混淆。

1. 关于经营者竞争关系的认定。本案中，玄霆公司不仅是涉案小说《凡人修仙传》的著作权人，同时也是同名网络游戏的经营者，并且已就"凡人修仙传"文字在第 9 类商品上注册了商标；虽然玄霆公司主张的知名商品为小说，但这不影响在网络游戏领域双方公司存在竞争关系的事实，故本案符合适用《反不正当竞争法》调整的前提。

2. 关于知名商品的认定。根据《最高人民法院关于审理不正当竞争民事案件应用法律若干问题的解释》（以下简称《反法司法解释》），人民法院认定知名商品，应当考虑该商品的销售时间、销售区域、销售额和销售对象，进行任何宣传的持续时间、程度和地域范围，作为知名商品受保护的情况等因素，进行综合判断。本案中，涉案小说通过互联网传播收费阅读，总点击量近亿次，具有极大的读者群；从读者点评信息看，涉案小说在相关读者中具有良好的口碑；且自 2010 年起，小说进行线下实体书籍发行，进一步扩大了销售额及销售对象。综合全面考虑在案证据，足以证明涉案小说在相关公众中具有一定的市场知名度，为相关公众所知悉，属于知名商品。

3. 关于混淆的认定。存在混淆后果是认定侵害知名商品特有名称行为的必要构成。根据《反法司法解释》第 4 条规定，足以使相关公众对商品的来源产生误认，包括误认为与知名商品的经营者具有许可使用、关联企业关系等特定联系的，应当认定为"造成和他人的知名商品相混淆，使购买者误认为是该知名商品"。本案中，首先，被诉推广链接标题中含有"全新《凡人修仙传》原作改编游戏，《凡人修仙传》邀你体验绝妙玄幻之旅！"等陈述，明显指示了所链网络游戏与"凡人修仙传"有关；其次，本案中知名小说和网络游戏存在特定关联，一般情况下改编自小说的网络游戏均需获得小说作者的授权。由此，相关公众在点击涉案推广链接时，足以产生认为链接指向的网络游戏来源于玄霆公司或由玄霆公司授权，或者该游戏经营者与玄霆公司之间具有关联关系，或者该游戏内容系改编自知名商品涉案小说《凡人修仙传》的混淆和误认。

值得注意的是，在判断知名商品特有名称受保护的商品范围时，应当以所涉及商品的关联程度作为判断标准和依据。本案中，小说和网络游戏同为文化领域产品，都是为了丰富相关公众的文化生活，其载体都是在互联网进行传播；而且将知名小说改编为网络游戏已经成为网络经营者一种主要的经营方式，这些因素都使得相关公众在看到涉案推广链接时会产生经营者之间存在关联关系的混淆和误认。

案例索引

一审：上海市浦东新区人民法院（2014）浦民三（知）初字第 141 号民事判决书

合议庭成员：杨捷、李加平、孙宝祥

二审：上海知识产权法院（2015）沪知民终字第 522 号民事判决书

合议庭成员：何渊、吴盈喆、范静波

严格知识产权保护在损害赔偿责任
判定中的实现

——霍尼韦尔国际公司诉上海御逊汽车配件有限公司等
侵害商标权纠纷上诉案

吴盈喆　凌宗亮

案　情

霍尼韦尔国际公司先后在第 12 类陆地车辆涡轮增压器、第 7 类涡轮增压器取得第 7155198 号"　　"商标、第 7155199 号"　　"商标。霍尼韦尔国际公司在国内主要汽车增压器生产企业中的公众知晓度为 86.7%，在国内增压器经销商和零售商中的公众知晓度为 92.5%，在国内企业用户中的公众知晓度为 80%，在国内大众消费者中的公众知晓度为 90.7%。

2013 年 9 月、2014 年 4 月、2014 年 5 月，株洲工商局荷塘分局、徐州工商局淮海分局、武进工商局所对上海御逊汽车配件有限公司（以下简称"御逊公司"）生产并销售侵权涡轮增压器的行为分别进行了行政处罚。2013 年 11 月 18 日，霍尼韦尔国际公司在御逊公司处通过公证的方式购买了涡轮增压器 4 台，上述行政处罚和公证购买的涡轮增压器的外包装上均有"　　"标识。

霍尼韦尔国际公司的涡轮增压器 2012 年、2013 年、2014 年的最低销售价格分别为 1400 元、1250 元、1100 元。御逊公司自认其被控侵权产品月销售量为

200 多台，产品批发价为 200 多元至 300 多元，零售价为 400 元左右。

霍尼韦尔国际公司诉至法院，要求御逊公司停止侵权、消除影响并赔偿包括合理费用在内的经济损失 50 万元。

审 判

一审法院经审理认为，御逊公司未经权利人许可擅自生产销售侵权产品，属侵犯注册商标专用权的行为，应当依法承担停止侵权、消除影响并赔偿损失的民事责任。综合考虑涉案注册商标的知名度，御逊公司侵权行为的性质、过错程度、经营规模、侵权商品的数量、销售价格等因素，酌情确定赔偿霍尼韦尔国际公司经济损失及合理费用 8 万元。原审判决后，霍尼韦尔国际公司以赔偿金额过低为由，提起上诉。

上海知识产权法院综合考虑相关因素后，改判御逊公司应承担包括合理费用在内的侵权赔偿数额为 30 万元。相关因素包括：①涉案商标具有较高的知名度；②御逊公司生产、销售的产品先后被工商部门查处 3 次，地域分布在湖南和江苏两个省份，时间跨越数年，侵权情节严重；③涉案侵权产品系汽车配件，其销售价格远低于霍尼韦尔国际公司的产品，产品质量难以保证，对车辆驾乘人员及社会公众造成安全隐患；④权利人协助工商调查侵权源头所支出的调查、公证等合理费用。

评 析

实行严格的知识产权保护制度，是我国经济社会发展进入新常态的背景下，对知识产权工作面临的新形势、新任务而提出的新要求。本案的裁判在损害赔偿责任确定方面严格坚持从源头打击侵害知识产权行为，使损害赔偿数额与侵权行为情节相适应，在原审判决金额 8 万元基础上改判赔偿 30 万元，充分体现了知识产权司法审判实行严格知识产权保护的决心和力度。

一、损害赔偿责任应体现从源头打击侵权行为的导向

在当前的知识产权司法实践中，损害赔偿数额不高成为社会较为关注的问题之一。例如，据某法院统计，以判决形式支持原告诉讼请求的知识产权侵权纠纷案件中，判赔金额在 5 万元以下的占 92%。赔偿数额不高固然有诸多客观原因，包括权利人举证困难等，但最主要的原因在于知识产权侵权案件中，大多数被告均为处于侵权行为末端的销售商，而且大多是零售商，例如小超市、零售店等以个体工商户存在的经营主体。权利人很难发现处于侵权行为源头的生产商，甚至

处于侵权链条上游的批发商往往也很少被诉至法院。而销售商或零售商的经营规模、销售数量等因素决定了个案中的赔偿数额不会很高。因此，实行严格的知识产权保护应当引导、鼓励权利人积极寻找侵权行为的源头，从源头上打击侵权行为。这就要求司法审判在确定损害赔偿数额时应对销售商和生产商有所区别，对于侵权商品生产商，应充分体现加大知识产权保护的政策，根据案件的具体情况，提高知识产权侵权损害赔偿数额。本案中，御逊公司即商品生产商，故属于侵权行为的源头，在确定损害赔偿数额时应着重考虑。

二、侵权损害赔偿数额应与侵权情节相适应

明确侵权人的法律地位后，应结合具体的侵权情节确定最终的损害赔偿数额。《最高人民法院关于审理商标民事纠纷案件适用法律若干问题的解释》第16条第2款规定："人民法院在确定赔偿数额时，应当考虑侵权行为的性质、期间、后果，商标的声誉，商标使用许可费的数额，商标使用许可的种类、时间、范围及制止侵权行为的合理开支等因素综合确定。"从上述规定看，侵权情节主要包括侵权行为的性质、期间、后果、商标的声誉等因素。本案在确定赔偿数额时，综合考虑了上述因素。具体而言，第一，涉案商标具有较高的知名度和公众认可度。霍尼韦尔国际公司将涉案商标与该公司的"Garrett""盖瑞特"商标同时使用于其涡轮增压器产品的外包装上，而根据盖瑞特品牌的公众知晓度调查报告显示，该品牌在国内涡轮增压器生产企业、经销商和零售商、企业用户及大众消费者中的知晓度均较高。第二，御逊公司侵权恶意较为明显。御逊公司生产、销售的产品先后被工商部门查处3次，地域分布在湖南和江苏两个省份，时间跨越数年，御逊公司亦自认其月销售数量为200多台，可见其侵权产品流通领域地域较广、规模较大，侵权情节严重。第三，被控侵权行为直接影响社会公众的生命财产安全。御逊公司生产、销售的涉案侵权产品，系汽车配件，其销售价格远低于霍尼韦尔国际公司的产品，产品质量难以保证，对车辆驾乘人员及社会公众存在严重的安全隐患。此外，权利人为寻找侵权行为源头所支出的相关调查、公证费用亦应予以考虑。

综上，二审法院考虑被控侵权人生产商的地位以及其所实施侵权行为的持续时间、曾多次受到行政处罚的事实、侵权行为对消费者的生命财产安全可能造成的影响、权利人商标的知名度以及权利人为寻找侵权行为源头所支出的合理开支等因素，对原审法院的赔偿金额进行了改判，有利于引导权利人从源头上打击侵权行为，加大知识产权保护力度。

案例索引

一审：上海市闵行区人民法院（2015）闵民三（知）初字第 1065 号民事判决书

合议庭成员：吕清芳、牟鹏、曹文进

二审：上海知识产权法院（2016）沪 73 民终 101 号民事判决书

合议庭成员：陈惠珍、刘静、吴盈喆

商标描述性合理使用的判断

——上海伍拾岚餐饮管理有限公司诉上海市长宁区龙隆面包房侵害商标权纠纷上诉案

刘　静

案　情

原告上海伍拾岚餐饮管理有限公司（以下简称"上海伍拾岚公司"）经授权，获得核定使用在餐厅、咖啡馆、茶馆等服务的""商标的排他许可使用权，并有权就他人的侵权行为以自己的名义提起诉讼。被告上海市长宁区龙隆面包房（以下简称"龙隆面包房"）使用""商标开设奶茶店，并在""店铺招牌右下方注明"台北50岚关系企业"。

原告上海伍拾岚公司认为被告龙隆面包房的行为侵犯了涉案注册商标专用权，故诉至法院，请求判令被告龙隆面包房立即停止使用有"50岚"商标的广告宣传语，去除招牌中的"50岚"字样，赔偿经济损失人民币11.5万元。

被告龙隆面包房认为，""是台湾地区著名品牌，可以追溯到1994年，一直沿用至今，位于台湾地区的五十岚企业股份有限公司在台湾地区注册了一系列""商标，深耕茶叶有限公司（以下简称"深耕公司"）系其台北区加盟总部。深耕公司授权生根餐饮管理（上海）有限公司（以下简称"生根

— 242 —

公司")在中国大陆使用"台北 50 岚"字样。龙隆面包房是生根公司连锁门店之一，使用的商标是"![1點點]"。基于此，龙隆面包房认为其在店招中标注"台北 50 岚关系企业"是对事实的陈述，并没有侵犯上海伍拾岚公司的任何权利。

审　判

一审法院经审理认为，龙隆面包房在店铺招牌上使用"台北 50 岚关系企业"字样缺乏合理性，且不具有善意，店铺招牌中的"50 岚"与上海伍拾岚公司享有权利的"![50岚]"商标除字体和底色外，基本相同，易使公众产生误解，属于在相同服务上使用了与"![50岚]"商标近似的商标，构成商标侵权，遂判决龙隆面包房停止侵权、去除店铺招牌上的"50 岚"字样，赔偿上海伍拾岚公司经济损失 5 万元和律师费 6 000 元。判决后，龙隆面包房不服，提起上诉。

二审法院经审理认为，"台北 50 岚关系企业"的标注行为属于对客观事实的描述，不构成对涉案"![50岚]"商标的侵权，故判决撤销一审判决，驳回上海伍拾岚公司的一审诉讼请求。

评　析

商标合理使用应当具备以下构成要件：使用出于善意，不是作为商标使用，使用只是为了说明或者描述自己的商品或者服务。本院综合在案证据，从被控侵权行为是否符合正当使用商标标识行为构成要件的角度进行了全面、客观审查。

第一，龙隆面包房在一、二审中提供的相关证据表明，台湾地区的"![50岚]"品牌早于涉案"![50岚]"商标被核准注册日近 10 年，五十岚企业股份有限公司出具的声明书及该公司官网公示内容均认可深耕公司系五十岚企业股份有限公司台北区加盟总店，且深耕公司成为台北区加盟总店的时间亦早于上海伍拾岚公司被许可使用涉案注册商标日约 10 年，而生根公司与深耕公司系关联企业，龙隆面包房作为生根公司的连锁门店之一，其在经营中标注"台北 50 岚关系企业"的目的主要是说明自己与台湾地区的五十岚企业股份有限公司的台北区加盟总店存在关联，故尚难以判断龙隆面包房存在欲与上海伍拾岚公司服务来源产生混淆、误认的主观恶意，"台北 50 岚关系企业"的标注让相关公众联想到的主要是龙隆面包房与台北的"50 岚"权利人或经营者有关。在诉讼中，上海伍拾岚公司亦确认其知道台湾地区有五十岚企业股份有限公司和"![50岚]"商标，且其与五十岚企业股份有限公司无任何关联。第二，龙隆面包房在经营中使用"台北 50 岚关系企业"的方式为与"**1點點**"商标同时使用，且"**1點點**"商标不仅标于店招正中醒目部位，其字号亦明显大于标于店招右下方的"台北 50 岚关系企业"字样，而"台北 50 岚关系企业"几个字的字体、字号、颜色完全相同，未见突出"50 岚"之情形，可见龙隆面包房店招中的"**1點點**"商标系用于识别商品来源的部分，而"台北 50 岚关系企业"的标注行为并非商标法意义上的使用，鉴于此标注具有一定依据，故属于对客观事实的描述，并不构成对涉案"**50岚**"商标的侵权。本案的处理对于同类案件具有一定的示范作用。

案例索引

一审：上海市闵行区人民法院（2014）闵民三（知）初字第 1543 号民事判决书

合议庭成员：吕清芳、徐晨、钱晓凡

二审：上海知识产权法院（2015）沪知民终字第 780 号民事判决书

合议庭成员：刘静、吴盈喆、杨鞴

企业名称与商标权冲突中驰名商标认定及责任承担

——康成投资（中国）有限公司诉大润发投资有限公司侵害商标权及不正当竞争纠纷案

凌宗亮

案　情

原告康成投资（中国）有限公司是知名连锁超市"大润发"（商标注册号5091186 号）的商标权人。自 1998 年在上海开设第一家大型超市以来，已在我国大陆地区成功开设 318 家综合性大型超市，"大润发"商标已成为原告享有的驰名商标。被告大润发投资有限公司（以下简称"大润发公司"）擅自将自己命名为"大润发投资有限公司"，并在经营中使用上述名称，构成在企业名称中使用原告驰名商标的不正当竞争行为；此外，被告在其网站以及实际经营宣传中突出使用原告"大润发"商标以及将"大润发"和"DRF"组合使用，意图混淆消费者，亦侵害原告的商标权。故康成投资（中国）有限公司提起诉讼，请求法院判决大润发公司停止侵权、消除影响并赔偿经济损失 500 万元。

审　判

上海知识产权法院经审理认为，被告明知原告已经注册使用涉案商标的情况下，仍然在企业名称中使用与涉案商标相同的字号，即使规范使用，仍足以使相关公众产生使用"大润发"字号的企业与原告之间存在关联关系的混淆和误认，故被告将"大润发"作为字号使用的行为构成对原告的不正当竞争。故判决被告停止在企业名称中使用"大润发"字样，并为原告消除影响、赔偿经济损失300万元。

一审判决后，被告不服，提起上诉。上海市高级人民法院经审理后判决驳回上诉，维持原判。

评 析

本案系典型的企业名称侵害商标权的案件，其中对于企业名称侵害商标权不正当竞争纠纷中是否有必要认定驰名商标以及侵权民事责任的分析和判断，对于今后类似案件的审理具有一定的借鉴意义。

一、驰名商标认定的必要性考量

根据《最高人民法院关于审理涉及驰名商标保护的民事纠纷案件应用法律若干问题的解释》第2条第（2）项的规定，对于以企业名称与其驰名商标相同或者近似为由，提起的侵犯商标权或者不正当竞争诉讼，当事人以商标驰名作为事实根据，人民法院根据案件具体情况，认为确有必要的，对所涉商标是否驰名作出认定。本案中，原告便依据上述规定主张被告擅自将原告驰名商标"大润发"登记为企业名称，构成不正当竞争，请求法院认定其商标为驰名商标。

根据上述规定，并不是所有涉及企业名称权与商标权权利冲突的案件，都需要以认定所涉商标为驰名商标为前提，只有确有必要的，才需要认定所涉商标为驰名商标。"确有必要"的情形，应指被控侵权企业所从事的行业与所涉商标核定的商品范围不相同或不类似时。本案中，原告"大润发"商标核定使用的范围包括大润发公司所从事的超市业务，被告从事的业务领域与"大润发"商标属于相同服务范围内，故本案并无必要认定"大润发"商标为驰名商标。

二、停止侵权民事责任的适用

本案中，法院综合考虑"大润发"商标的使用时间、原告的经营规模、销售额、市场排名等因素，认定"大润发"商标在被告注册成立时已经成为相关行业内具有较高知名度的商标。作为经营同类业务的竞争者，被告在明知原告已经注册使用"大润发"商标的情况下，仍然在企业名称中使用与"大润发"商标相同的字号，主观上攀附"大润发"商标知名度的不正当竞争意图十分明显。而基于"大润发"商标的高知名度，被控企业名称即使规范使用，仍足以使相关公众产生使用"大润发"字号的企业与原告之间存在关联关系的混淆和误认，故被告将"大润发"作为字号使用的行为构成对原告的不正当竞争。

在构成不正当竞争的情况下，被告应当承担停止侵权的民事责任。但就企业名称中擅自使用他人商标而言，如何承担停止侵权的民事责任，实践中并不统一。法院认为从更有利于执行的角度，判决停止将原告商标作为字号使用更有利于后续的执行。因为变更企业名称的前提是被告必须提供用以替代的名称，如果被告拒不提供，原告申请强制执行时，便会遇到困境。而且停止使用包含原告商标的企业名称，并不一定要变更，被告也可能直接注销相关的企业。因此，本案判决停止侵权的方式是立即停止使用包含"大润发"字样的企业名称，而非要求被告变更企业名称中的字号。

三、法定赔偿对惩罚性赔偿的补充适用

根据《商标法》第 63 条第 1 款的规定，大润发公司实施的行为满足"恶意侵犯商标权，情节严重"的要求，但由于惩罚性赔偿的计算基数是原告的损失、被告的获利或者涉案商标的许可使用费，但本案中上述方法均无法适用，故计算惩罚性赔偿数额基础的"上述方法确定数额"并不存在，进而惩罚性赔偿数额亦无法确定。但既然《商标法》已经规定惩罚性赔偿，说明商标损害赔偿制度应当遵循填补损失和惩罚侵权的双重目标，作为计算损害赔偿兜底方式的法定赔偿制度，同样应兼具补偿和惩罚的双重功能。在确定法定赔偿数额时，可以将被告的主观恶意作为考量因素之一。因此，法院在确定法定赔偿时将对被告的侵权恶意予以考虑，结合原告商标的知名度等因素，法院判令被告承担 300 万元的赔偿。

案例索引

一审：上海知识产权法院（2015）沪知民初字第 731 号民事判决书
合议庭成员：何渊、凌宗亮、范静波
二审：上海市高级人民法院（2016）沪民终字第 409 号民事判决书
合议庭成员：王静、曹闻佳、陶冶

（三）著作权

不跳转深度链接的侵权认定标准

——北京奇艺世纪科技有限公司诉上海幻电信息科技
有限公司侵害作品信息网络传播权纠纷上诉案

陆凤玉　刘　乐

案　情

　　奇艺公司经独家授权获得包括《快乐大本营》在内的综艺节目之节目视频内容的信息网络传播权。授权性质包括独家信息网络传播权及维权权利，授权使用领域仅限于互联网领域（PC电脑终端使用权）、移动无线领域（IPAD、手机等移动无线终端使用权），授权区域为中国大陆；授权范围为《快乐大本营》自2014年1月1日起至2014年12月31日止播出的节目。授权期限为2年，自2014年1月1日至2015年12月31日止；在上述授权期内，领权方有权以自己名义进行维权（包括且不限于发函、投诉、诉讼等）。

　　幻电公司系"哔哩哔哩弹幕视频网"（www.bilibili.com）的经营者。注册用户可以将新浪、优酷、腾讯网上的视频投稿到幻电公司网站，供他人观看和评论。具体过程为：用户将该视频所在播放页面的网络地址复制或填写到幻电公司网站的投稿页面，并填写标题、标签等信息，幻电公司网站内部软件根据该地址提取视频在其所在网站的代码，用户亦可直接提供代码。随后，幻电公司网站根据该代码向视频所在网站服务器发送请求，并根据视频所在网站服务器的回复，提取视频文件数据在幻电公司网站的播放器中进行播放。通过 Live HTTP headers 插件查看幻电公司网站所播放的投稿视频的访问地址，显示为视频源地址，而非幻电公司地址。

根据幻电公司网站管理系统记录显示，本案被控侵权的视频来自乐视网。视频链接由幻电公司网站用户"情怀酱"提供，其于 2014 年 7 月 20 日上传该链接，幻电公司于 2014 年 10 月 28 日在网站删除该链接。奇艺公司确认，就涉案作品，其未与乐视网存在合作关系。

审　判

一审法院经审理认为，奇艺公司经涉案作品著作权人的授权，取得该作品的信息网络传播权。幻电公司虽然未直接上传涉案作品视频到其服务器，但对链接服务实施了人工干预，用户通过幻电公司网站可以不经由被链网站的界面直接观看该视频，被链网站存储该视频的服务器在此阶段已形同幻电公司所控制的远程服务器，且为幻电公司免费使用，幻电公司网站已经在实质上替代了被链网站向公众传播作品，使公众具有可以在个人选定的时间或地点获得涉案作品的可能性，故应当认定幻电公司构成作品提供行为，侵害了奇艺公司的信息网络传播权。因此，判令幻电公司赔偿奇艺公司经济损失 3 000 元及合理费用 2 500 元。

二审法院经审理认为，涉案节目实际上来源于乐视网且其传播受控于乐视网，幻电公司通过技术手段为涉案节目的传播提供搜索、链接服务，并未将作品置于网络中，不构成作品提供行为，也就不涉及信息网络传播权直接侵权。但幻电公司应当负有对视频文件授权情况的注意义务，其主观上应当知道涉案节目具有较大侵权可能性，客观上帮助了涉案节目侵权后果的扩大，故其行为侵犯了奇艺公司的信息网络传播权，应承担赔偿责任。因此，判决驳回上诉，维持原判。

评　析

本案系侵害作品信息网络传播权纠纷案件。信息网络传播权是指以有线或者无线方式向公众提供作品、表演或者录音录像制品，使公众可以在其个人选定的时间和地点获得作品、表演或者录音录像制品的权利。网络用户、网络服务提供者未经许可，通过信息网络提供权利人享有信息网络传播权的作品，构成侵害信息网络传播权。

司法实践中产生的信息网络传播权侵权纠纷大多是由深度链接行为引起的。具体有以下几种表现形式：①在设链网站页面点击相关视频链接，直接跳转到被链网站该视频播放页面；②在设链网站搜索相关视频时显示不同的视频来源网站，选择某播放来源点击播放后，不会跳转到被链网站而是在设链网站网页地址下播放，但视频内容中会显示来源水印等；③在设链网站页面点击相关视频链接，直接在设链网站网页地址下播放视频，不会跳转到被链网站且视频内容中不显示来源信息，亦无被链网站广告。目前司法实践中对不跳转深度链接的侵权判定主要存在三种标准：①服务器标准；②用户感知标准；③实质替代标准。

根据知识产权权利法定原则，在判定信息网络传播权侵权与否时应当审查判断被诉行为是否属于信息网络传播权所控制的行为。现有法律规定信息网络传播权所控制的行为应具备向公众提供作品，即将作品置于信息网络中之特征，并未规定用户感知标准，在此采用用户感知标准缺乏法律依据。此外，虽然一审法院采用实质替代标准，认定幻电公司网站已经在实质上替代了被链网站向公众传播作品，其对链接服务实施了人工干预，构成作品提供行为，但二审法院认为，虽然幻电公司网站未将公众指引到被链网站观看涉案节目，但这不能改变涉案节目来源于乐视网的事实，幻电公司对涉案节目的传播受控于乐视网是否存在涉案节目，乐视网上存在涉案节目是幻电公司得以链接的前提，幻电公司的链接行为不能认定为其实质替代了乐视网实施将作品置于信息网络中从而构成作品提供行为，在此情况下，实质替代标准实际上突破了现行的关于信息网络传播权的相关规定。因此，本案遵循现行法律规定采用服务器标准，认为构成信息网络传播权侵权需具备以下条件：①未经权利人许可；②被诉人将作品置于信息网络中；③公众能够在个人选定的时间和地点获得该作品。在此需要厘清的是，搜索链接服务提供者提供的缩略图、网页快照，是通过复制缓存在搜索链接服务商的服务器中，即使被链网站将相关内容删除，也不影响缩略图、网页快照的存在，网络用户仍然能够看到缩略图、网页快照。因此，本案例的评析与《最高人民法院关于审理侵害信息网络传播权民事纠纷案件适用法律若干问题的规定》第 5 条规定的提供网页快照、缩略图等网络行为还是存在区别的。

本案中，幻电公司通过技术手段为涉案节目的传播提供搜索、链接服务，并不存在将作品置于网络中的行为，未直接提供作品，因此，幻电公司的链接行为不构成作品提供行为，亦不构成直接侵权。但是，本案中的涉案节目《快乐大本营》系存在年限较长的国内知名综艺节目，上传时间是 2014 年 7 月 20 日，从幻电公司涉案网站上的节目名称"快乐大本营 20140719 小时代之男神"即应当知道是在首播次日上传的，幻电公司主观上应当知道该节目具有较大侵权可能性，客观上对于未经授权的涉案节目未采取任何预防或者避免侵权发生的措施，从而帮助了涉案节目侵权后果的扩大。因此，幻电公司的行为侵犯了奇艺公司的信息网络传播权，构成侵权。

案例索引

一审：上海市浦东新区人民法院（2014）浦民三（知）初字第 1137 号民事判决书

合议庭成员：杨捷、李加平、孙宝祥

二审：上海知识产权法院（2015）沪知民终字第 213 号民事判决书

合议庭成员：陆凤玉、徐燕华、胡宓

网页著作权保护认定标准

——上海帕弗洛文化用品有限公司诉上海艺想文化用品有限公司等侵害著作权纠纷上诉案

胡 宓

案 情

上诉人艺想公司、欧鳄公司因侵害作品信息网络传播权、作品修改权纠纷一案，不服上海市闵行区人民法院（2014）闵民三（知）初字第 154 号民事判决书，向上海知识产权法院提起上诉。

帕弗洛公司成立于 2003 年 6 月 22 日，经营范围包括文化用品、办公设备等批发、零售及笔、服装等加工、销售等。2010 年 3 月 29 日，帕弗洛公司（甲方）与案外人厦门三五互联网科技股份有限公司上海分公司（以下简称"三五公司上海分公司"）（乙方）签订网站建设协议一份。2010 年 4 月 19 日，三五公司上海分公司传真给帕弗洛公司"三五互联网站设计确认书"一份，要求帕弗洛公司对已制作完毕的网站风格予以查看，测试地址为 http://sha.35.com/lubin/bjs/。2010 年 4 月 20 日，帕弗洛公司验收确认后，三五公司上海分公司对网站进行上载，该网站的首页地址为 www.sh-picasso.com（以下简称"涉案网站"）。该网站首页以暗红色为背景，添加白色星光动态效果，伴有铜铃魔法音，并添加背景音乐。帕弗洛公司发现艺想公司、欧鳄公司运营的网站，抄袭仿冒涉案网站，侵犯了帕弗洛公司享有的著作权，遂诉至一审法院，请求判令：①艺想公司、欧鳄公司立即停止侵犯帕弗洛公司网页著作权的行为，即删除侵权网页；

②艺想公司、欧鳄公司连带赔偿帕弗洛公司经济损失人民币 200 000 元（以下币种同）；③艺想公司、欧鳄公司连带赔偿帕弗洛公司因制止侵权支出的合理费用 23 000 元；④艺想公司、欧鳄公司共同在《新民晚报》及各自官网刊登声明、消除影响。

欧鳄公司成立于 2002 年 5 月 9 日，其经营范围包括销售文体用品、工艺礼品、办公用品等。欧鳄公司辩称：其网站由设计师闫英设计，设计内容具有其公司特征；艺想公司和欧鳄公司没有共同侵权的事实及故意，故帕弗洛公司要求其承担连带责任没有法律依据；帕弗洛公司主张的网页没有独创性，很多内容均已在网络中公开使用。

艺想公司成立于 2008 年 5 月 29 日，其经营范围包括文化用品、办公用品的销售等。艺想公司辩称：其从未设计过任何网站，系借用欧鳄公司的网站进行搭载宣传，没有主观恶意，客观上也未给帕弗洛公司造成任何损害事实。

2011 年 6 月 14 日，域名为 picassopen.com、crocodilepen.com 的网站 ICP 备案经审核通过，网站主办单位均登记为欧鳄公司，首页网址分别为 www.picassopen.com、www.crocodilepen.com。庭审中，艺想公司确认首页网址为 www.picassopen.com 的网站系其公司网站，因与欧鳄公司有合作关系，故借用了欧鳄公司网站的基本架构及两网站中内容一致的部分；欧鳄公司确认首页网址为 www.crocodilepen.com 的网站系其公司网站，由其独立经营管理。

2013 年 4 月 16 日，帕弗洛公司委托其代理人向上海市徐汇公证处提出保全证据申请，当日出该代理人操作公证处的清洁计算机，登录互联网对访问到的网页进行实时截屏、打印、下载并录像，上海市徐汇公证处对上述过程出具（2013）沪徐证经字第 2759 号、第 2760 号公证书两份（以下分别简称"2759 号公证书""2760 号公证书"）。

2759 号公证书显示：①涉案网站首页页面（网址 www.sh-picasso.com）色彩以褐红色为主色，中间为亮红色，四周颜色较深为黑褐及暗红色。页面自上而下分为商标及导航条、产品展示、公司简介三大版块，其中导航条与页面颜色相同为黑褐色，并设置有首页、关于我们、品牌动态、产品展厅、保养说明、案例展示、官方网店、联系我们 8 个栏目；产品展示版块左上角有"如果一家企业，是为了艺术而诞生，ARTS 为了品质而存在的上海帕弗洛文化用品有限公司"文字（以下简称"ARTS 文字"），版块左下角为笔的型号及建议零售价，版块中间为各款式笔的陈列，每一款式以整支笔、笔身及笔帽三部分自左至右排列为一组，同时展示 5 组，左右各有一箭头符号，点击后可按箭头方向依次缩放各组产品，中间一组图片较大，图片上方为笔的名称，左右各 2 组图片较小，中间及左右各一组笔的周围伴有星星闪烁的动画效果；公司简介版块自左至右分为公司荣誉、简介及品牌动态三部分。②内页页面（网址分别为 2759 号公证书第 14~15 页 www. sh - picasso. com/news. asp、2759 号公证书第 16 页 www. sh - picasso. com/product. asp、2759 号公证书第 17 页 www. sh - picasso. com/contact. asp）中间呈褐红色，四周颜色较深为黑褐及暗红色；页面布局自上而下为商标及导航条、AR-TS 文字及笔的图片、内容版块三部分，商标、导航条及 ARTS 文字与首页一致，ARTS 文字右侧为两三支笔组合摆放的图片，各页面笔的款式不同，ARTS 文字及笔的中间有诸多小圆点呈气泡上升的动态效果；2759 号公证书第 14 页、第 15 页对应网页的内容版块分为品牌动态（公司动态、行业动态）、服务热线两大栏目，页面中间有两条明显的白色分隔线；2759 号公证书第 16 页对应网页的内容版块为"产品展示"栏目，自左至右分为四栏；2759 号公证书第 17 页对应网页的内容版块为"联系我们"栏目，左侧为帕弗洛公司的地址、电话等信息，右侧为 GOOGLE 地图。内页文章的最早日期为 2010 年 5 月 19 日。③测试网址 http：//sha. 35. com/lubin/bjs/呈现页面与帕弗洛公司涉案网站网页仅部分文字有所差异，内页文章的日期均为 2010 年 4 月 1 日。

2760 号公证书显示：首页网址分别为 http：//www. picassopen. com/ch/Default. asp、http：//www. crocodilepen. com/ch/Default. asp 的网站各页面基本一致，仅公司名称存在差异，分别显示为艺想公司及欧鳄公司。各页面呈现效果如下：①首页页面色彩以红黑色为主色，中间为亮红色，向周围颜色逐渐加深，左右边框及页面下部均为黑色，整个页面有隐约的网格线贯穿，页面上部有数个金黄色光晕，页面中下部有隐约的世界地图为背景；页面自上而下分为商标及导航条、产品展示、公司简介三大版块，其中导航条与页面颜色不同为金黄色，并设置有首页、关于我们、品牌动态、产品展示、阿里店铺、联系我们 6 个栏目；产品展示版块左上角有"艺术绽放生命，艺术成就殿堂"、法文文字及蝴蝶图案（以下简称"艺术文字"），版块中间为各款式笔的陈列，每一款式以整支笔、笔身左右排列为一组，同时展示 5 组，左右各有一箭头符号，点击后可按箭头方向依次缩放各组产品，中间一组图片较大，笔杆及笔尖上方有光芒四射的效果，图片上方为笔的名称，图片左下方为笔的型号及建议零售价，左右各两组图片较小，各组笔的周围有隐约的小白光点；公司简介版块从左至右分为艺术殿堂印象、品牌动态、公司荣誉三部分。②内页页面颜色、网格线、光晕等与首页基本一致，页面布局自上而下为商标及导航条、艺术文字及笔的图片、内容版块三部分；商标、导航条及艺术文字与首页一致，导航条左右两侧分别有"全国统一咨询电话""在线咨询"蓝色咨询框；艺术文字右侧为一支笔的笔身与笔帽组合摆放的图片，各页面笔的款式相同，文字及笔的中间有诸多圆点呈气泡上升的动态效果；2760 号公证书第 6 页、第 7 页、第 21 页、第 22 页对应页面的内容版块分为品牌动态、公司荣誉 2 个栏目，页面中间无白色横线；2760 号公证书第 11 页、第 12 页、第 24 页、第 25 页对应页面的内容版块分为企业简介、总裁致辞、成长历程、组织机构、联系我们五大栏目，其中"联系我们"栏目内容呈上下排列，上部为地址、电话等信息，下部为地图；内页文章的最早日期为 2012 年 5 月 19 日。

庭审中，帕弗洛公司主张其网站首页构成一个作品，网站内页（2759 号公证书第 14 页、第 16 页、第 17 页）共同构成一个作品，其首页的独创性体现为页面背景颜色、布局两部分，布局具体表现为页面内容分为上中下三部分、产品展示的位置与方式、星星闪烁的动画效果，内页的独创性体现为页面背景颜色、笔的位置及气泡效果。同时，帕弗洛公司表示其网站内页对应两被告网站的相应内页（2760 号公证书第 6 ~ 12 页、第 21 ~ 22 页、第 24 ~ 25 页），两被告侵犯了其网页作品的信息网络传播权与修改权。艺想公司和欧鳄公司则表示其网站在页面背景颜色、页面的网格线及世界地图、页面的金黄色光晕、导航条的颜色、蝴蝶图案、首页笔尖部分的反射光芒、首页笔的陈列方式、内页的版画背景及光晕、内页的产品展示方式等方面与帕弗洛公司网站对应网页页面存在不同。

审　判

一审法院经审理认为，涉案网站首页页面具有独创性和可复制性，构成《著作权法》上所称的作品，被控侵权网站的首页页面与涉案网站首页页面虽存在差异，但表达方式基本相同，构成实质性相似。艺想公司和欧鳄公司的行为侵害了帕弗洛公司对其涉案网站首页页面所享有的财产权，故应依法承担停止侵权、赔偿损失的民事责任。据此，原审法院依照《著作权法》第 10 条第 1 款第（12）项、第 17 条、第 48 条第（1）项、第 49 条，《最高人民法院关于审理著作权民事纠纷案件适用法律若干问题的解释》第 25 条第 1 款和第 2 款、第 26 条，《最高人民法院关于审理涉及计算机网络著作权纠纷案件适用法律若干问题的解释》第 2 条的规定作出判决：①艺想公司和欧鳄公司立即停止侵犯帕弗洛公司网站首页（www. sh – picasso. com）著作权的行为，即艺想公司立即删除域名为 picassopen. com 的网站首页页面，欧鳄公司立即删除域名为 crocodilepen. com 的网站首页页面；②艺想公司于该判决生效之日起 10 日内赔偿帕弗洛公司经济损失人民币 10 000 元及因制止侵权支出的合理费用人民币 5 000 元；③欧鳄公司于该判决生效之日起 10 日内赔偿帕弗洛公司经济损失人民币 10 000 元及因制止侵权支出的合理费用人民币 5 000 元；④驳回帕弗洛公司的其余诉讼请求。

原审判决后，艺想公司和欧鳄公司不服提起上诉，二审法院经审理后认为原审认定事实清楚、适用法律正确，判决驳回上诉，维持原判。

评 析

本案是一起涉及网页著作权保护认定标准的著作权侵权纠纷案件。在判断涉案网站网页是否应当获得著作权法保护之前，首先要确定涉案网站网页是否构成作品。根据我国《著作权法实施条例》第 2 条之规定，著作权法所称作品，是指文学、艺术和科学领域内具有独创性并能以某种有形形式复制的智力成果。可见，构成著作权法意义上的作品要符合以下几个条件：①作品是人类的智力成果；②作品是可被客观感知的外在表达，即具有可复制性；③作品须是文学、艺术或科学领域内的成果，即可以体现一定的美感；④作品具有独创性。

一、网页是设计者智力成果的体现，通常具有美感和可复制性

网页是构成网站的基本元素，是承载各种网站应用的平台。从形式上看，网页是基于文字、图案、美术、摄影等具有作品性和非作品性的信息材料，根据设计者的创作意图和创作构思进行选择或编排而形成的特定信息集合。对于企业尤其是从事电子商务的企业而言，网站是企业在互联网上的门户，是展现企业形象、介绍产品和服务、体现企业发展战略的重要途径，因此，企业会投入一定的财力和人力进行网页设计，力求使企业网页既具有实用功能，有助于商业经营，又具有树立企业形象的宣传功能，风格独特、定位准确具有一定的美感。可见，网页并非是现有元素或资源的简单堆砌和叠加，而是在综合了多项需求和分析的基础上，由设计者创作形成的智力成果。此外，网页存储于服务器中，通过网络能够传输、复制和打印，具有可复制性。

二、具有独创性的网页是受《著作权法》保护的作品

独创性中的"独"是指"独立创作、源于本人"，作品的表达是独立形成的；独创中的"创"是指源于本人的表达是智力创作成果，具有一定程度的智力创造性，即对于一些特定类型的作品还要达到一定的创作高度，体现作者独特的智力判断与选择、展示作者的个性。对于网页作品而言创作高度尤其需要课以较高的标准，因为，大部分网页内容的元素来源于公共领域，有的是他人已经发表的作品，也有的是不构成作品的其他文化元素，设计者的主要创作水平体现在如何编排这些元素，但即使是编排，也分为简单的实用界面化的编排和体现设计

者独特构思具有一定创作高度的编排，而后者无疑是可以获得《著作权法》保护的作品。在本案中，法院认为，帕弗洛公司涉案网站首页页面的内容结合了数字形式的文字、图形、动画效果及独特的色彩选择和版面设计，虽然该网页所用的色彩、文字、产品展示方式、星星闪烁的动画效果就单个元素来看或来自公有领域，但网页的设计者将上述各元素以数字化的方式进行特定的组合而非简单排列，给人以视觉上的美感，其对颜色、内容的选择及布局编排体现了独特构思，具有独创性和可复制性，构成《著作权法》上所称的作品。而被控侵权网站的首页页面虽在细节上与帕弗洛公司网站首页页面存在差异，然无论背景色彩、页面排版抑或各版块比例布局、产品展示的位置方式等均与帕弗洛公司网站首页页面的表达方式基本相同，构成了实质性相似。最终，法院认定两被告未经许可擅自使用了与原告涉案网站网页实质性相同的网页构成著作权侵权。

三、网页作品是否属于汇编作品

由于网页的电子数据载体形式以及内容组成元素的丰富多样，因此不能将其归入我国《著作权法》第3条规定的具体作品类别，目前司法实务对于这个问题有两种做法：一种是将网页作品归入汇编作品加以保护；另一种是将网页作品归入《著作权法》第3条第（9）项规定的其他作品加以保护。

根据我国《著作权法》第14条规定，汇编若干作品、作品的片段或者不构成作品的数据或者其他材料，对其内容的选择或者编排体现独创性的作品，为汇编作品。汇编作品是一种以体系化的方式呈现的作品、数据或其他信息的集合。笔者认为，网页作品与传统的汇编作品之间虽然存在相似之处，但仍然有差异，相似之处在于：①两者都是不同信息资源（作品或者非作品）的组合；②编排方式都具有独创性、都具有一定的创作高度，反映了作者（设计人）的个性、价值观和审美情趣等个人特点。但差异之处在于：①汇编作品基本上都是同类作品（文字或者美术等）的集合，即使有少数其他类型作品的出现也仅是点缀或说明性质的，作品的最终形式是统一的，而网页作品是文字、美术、动画特效等各种不同信息资源的集合，各个信息元素是并重的，给观者带来的视觉体验不同于传统的作品，很难统一到一种作品形式上来；②汇编作品选取的是各个信息资源中有意义的内容，这些内容在受众观赏时能够被感知和接受，而网页作品选取的信息资源有的是一种难以言传的感受，在受众观赏时未必能通过直观感知；③汇编作品对于各个信息资源的编排是有一以贯之的原则，作者的个人倾向贯穿每个信息片段的选取，而网页作品由于还受制于实用性、技术手段等，作品会呈现多种风格的混合。因此，笔者更倾向于网页作品属于一种多媒体作品，在目前的立法框架下可以归入《著作权法》第 3 条第（9）项规定的其他作品加以保护。

案例索引

一审：上海市闵行区人民法院（2014）闵民三（知）初字第 154 号民事判决书

合议庭成员：王贞、钱建亮、曹文进

二审：上海知识产权法院（2015）沪知民终字第 14 号民事判决书

合议庭成员：凌崧、胡宓、徐燕华

合理使用在司法实践中的审查认定

——上海美术电影制片厂诉浙江新影年代文化传播有限公司等著作权侵权纠纷上诉案

陆凤玉　朱永华

案　情

2012 年 3 月，上海市第二中级人民法院作出的（2011）沪二中民五（知）终字第 62 号判决书认定"葫芦娃"角色造型美术作品（本案涉案作品）由上诉人（原审原告）美影厂享有除署名权之外的其他著作权。2014 年 5 月，福建省高级人民法院作出的（2014）闽民终字第 223 号判决书认定美影厂享有"黑猫警长"角色造型美术作品（本案涉案作品）的著作权。

电影《80 后的独立宣言》由被上诉人（原审被告）新影年代公司投资制作，于 2014 年 2 月 21 日正式上映。为配合电影上映宣传，新影年代公司制作了被控侵权海报，提供给被上诉人（原审被告）华谊兄弟公司，该公司在其官方微博上使用了该海报。该海报内容为：上方 2/3 的篇幅中突出部分为男女主角人物形象及主演姓名，背景则零散分布着诸多美术形象，包括身着白绿校服的少先队员参加升旗仪式、课堂活动、课余游戏等情景，黑白电视机、落地灯等家电用品，缝纫机、二八式自行车、热水瓶、痰盂等日用品，课桌、铅笔盒等文教用品，铁皮青蛙、陀螺、弹珠等玩具，无花果零食，以及涉案的"葫芦娃""黑猫警长"卡通形象，其中"葫芦娃""黑猫警长"分别居于男女主角的左右两侧。诸多背景图案与男女主角形象相较，比例显著较小，"葫芦娃""黑猫警长"美术形象与其他背景图案大小基本相同。海报下方1/3的部分为突出的电影名称《80后的独立宣言》以及制片方、摄制公司和演职人员信息等，并标注有"2014.2.21温情巨献"字样。

审 判

一审法院经审理认为，涉案被引用作品属于已经发表的作品；新影年代公司引用他人作品是为了说明某一问题，即涉案电影主角的年龄特征；从被引用作品占整个作品的比例来看，被引用作品作为背景使用，占海报面积较小，且"葫芦娃""黑猫警长"的形象并未突出显示，属于适度引用；被控侵权海报的使用也未对美影厂作品的正常使用造成影响，故应当认定新影年代公司在电影海报中对"葫芦娃""黑猫警长"美术作品的使用属于《著作权法》所规定的合理使用。一审法院据此判决驳回美影厂的诉讼请求。

二审法院经审理认为，涉案电影海报为说明20世纪80年代少年儿童的年代特征这一特殊情况，适当引用当时具有代表性的少儿动画形象"葫芦娃""黑猫警长"之美术作品，与其他具有当年年代特征的元素一起作为电影海报背景图案，不再是单纯展现涉案作品的艺术美感，其价值和功能已发生转换，且转换性程度较高，属于转换性使用，构成合理使用。因此，判决驳回上诉，维持原判。

评 析

本案系著作权侵权纠纷案件，判断被控侵权行为是否构成合理使用是本案的关键所在。合理使用，是指在法律规定的条件下，不必征得著作权人的许可，又不必向其支付报酬，基于正当目的而使用他人著作权作品的合法行为。审查判断是否构成合理使用，应当综合考虑法律规定的各项要件。比如，《著作权法》第22条列举的第二种合理使用情形规定"为介绍、评论某一作品或者说明某一问题"是针对使用目的和性质这一要件的审查，其要求对原作品注入新的内容或含义，产生不同于原作品本身的审美或艺术表达。考虑该要件时，应关注对原作品的使用是否构成转换性使用，因为对原作品进行转换性使用且转换的程度越高，就越有可能构成合理使用。《著作权法》及《著作权法实施条例》均要求引用的原作品是已经发表的作品，这是对原作品性质这项要件的考查。同时《著作权法》第22条规定的"适当引用"及《著作权法实施条例》第21条规定的"不得影响该作品的正常使用，也不得不合理地损害著作权人的合法利益"相关规定则是对引用的数量和内容、引用后果即对原作品市场或价值是否产生影响等相关要素的考虑。

在考查使用的目的和性质要素时可关注在使用过程中是否对原作品内容进行了转换，如果使原作品产生新的信息、新的美学、新的认识和理解，就属于典型的合理使用行为。在本案中，"葫芦娃""黑猫警长"形象与黑白电视机、落地灯等图片共同形成海报的背景构图，无论是契合海报主题还是说明电影主角的年龄身份特征，作品均已被注入了新的内容、含义和信息，呈现了完全不同的审美和艺术表达。换言之，涉案"葫芦娃""黑猫警长"美术作品被引用在电影海报中具有了新的价值、意义和功能，其原有的艺术价值功能发生了转换，而且转换性程度较高。

在对原作品性质进行审查时，如果原作品属于已经发表的作品，则对原作品的引用更容易构成合理使用。本案涉案作品"葫芦娃"和"黑猫警长"是动画片中的角色造型美术作品，动画片已于20世纪80年代播出，因此涉案作品均属于已经发表的作品。

在考虑引用是否适度时，应结合包括"为介绍、评论某一作品或者说明某一问题"这一"使用的目的和性质"在内的相关因素，判断新作品是否对原作品进行转换性使用，而不是简单的替代，从而进一步判断引用行为是否构成合理使用。在本案中，虽然涉案"葫芦娃"和"黑猫警长"两个角色造型美术作品在电影海报中整体呈现，但海报并非是为了展示"葫芦娃"或"黑猫警长"原有的艺术魅力和审美价值，而更多的是反映"80后"曾经经历"葫芦娃""黑猫警长"动画片盛播的时代年龄特征。况且，动画形象被引用不太可能作部分形象的引用，电影海报对两涉案作品进行了完整引用，也是引用之需，在本案中该项因素需结合其他因素来进行综合认定。

引用后果因素主要考虑的是对原作品潜在市场的影响，避免被控侵权作品以合理使用的名义取代原作品，新作品的出现不能造成原作品在市场上被取代或弃用。本案中新影年代公司在海报中为辅助说明电影主角年龄特征使用"葫芦娃"和"黑猫警长"，与美影厂自身作品的正常使用没有冲突，在市场上未形成竞争关系，不会造成原作品在市场上被取代或弃用的情形。

案例索引

一审：上海市普陀区人民法院（2014）普民三（知）初字第258号民事判决书

合议庭成员：张佳璐、竺盈琼、王俭

二审：上海知识产权法院（2015）沪知民终字第730号民事判决书

合议庭成员：陆凤玉、徐燕华、杨馥宇

未经授权转播电子竞技游戏赛事
网络直播构成侵权

——上海耀宇文化传媒有限公司诉广州斗鱼网络科技
有限公司著作权侵权及不正当竞争纠纷上诉案

陆凤玉　　朱永华

案　情

"DOTA2"（刀塔 2）是美国维尔福公司（Valve Corporation）开发的一款风靡全球的电子竞技类网络游戏，该游戏在中国大陆的代理运营商为完美世界（北京）网络技术有限公司。2014 年，耀宇公司与游戏运营商签订战略合作协议，共同运营 2015 年 DOTA2 亚洲邀请赛。耀宇公司通过协议约定获得该赛事在中国大陆的独家视频转播权，并负责赛事的执行及管理工作（包括选手管理、赛事宣传、场地租赁及搭建布置、设备租赁及购置、主持人聘请、赛事举行、后勤保障以及节目拍摄、制作、直播、轮播和点播等），双方还约定合作赛事的执行费用总计 11 700 704 元，耀宇公司承担 8 200 704 元。

耀宇公司在 2015 年 1 月至 2 月期间举办涉案赛事，赛事分为预选赛、决赛。2015 年 1 月举行 120 场预选赛，该阶段各参赛队伍通过互联网及计算机进行比赛。通过预选赛，名次靠前的和其他受邀参赛队伍集中至上海，于 2015 年 2 月 5 日至 9 日参加在耀宇公司提供的比赛场所进行线下主赛事即决赛。在上述赛事进行期间，耀宇公司通过火猫 TV 网站对比赛进行了全程、实时的视频直播。同时，耀宇公司还授予虎牙独家直播/转播的权利（除火猫 TV 外），并收取授权费用 600 万元。

斗鱼公司未经授权，以通过客户端旁观模式截取赛事画面配以主播点评的方式实时直播涉案赛事。耀宇公司指控斗鱼公司在 2015 年 1 月 6 日至 28 日期间共播出了 80 场涉案赛事预选赛阶段的比赛，而斗鱼公司辩称仅直播了 8 场预选赛。2015 年 1 月 15 日耀宇公司办理证据保全公证过程中约 1 小时的时间内，斗鱼公司同时直播了参赛队伍 DK 与 TongFu、HGT 与 Inv 之间的 2 场比赛，还预告在当日将另外直播 4 场比赛。

审　判

一审法院经审理认为，耀宇公司主张的视频转播权不属于法定的著作权权利，比赛画面不属于《著作权法》规定的作品，耀宇公司关于斗鱼公司侵害其著作权的主张不能成立。但斗鱼公司明知涉案赛事由耀宇公司举办，耀宇公司享有涉案赛事的独家视频转播权并付出了较大的办赛成本，在未取得任何授权许可的情况下，向其用户提供了涉案赛事的部分场次比赛的视频直播，其行为直接损害了耀宇公司的合法权益，损害了网络游戏直播网站行业的正常经营秩序，违反了诚实信用原则和公认的商业道德，构成对耀宇公司的不正当竞争。一审法院据此判决斗鱼公司承担消除影响、赔偿经济损失及合理费用共计 110 万元。

二审法院经审理认为，斗鱼公司未对涉案赛事的组织运营进行任何投入，也未取得视频转播权的许可，却免费坐享耀宇公司投入大量人力、物力、财力组织运营的赛事所产生的商业成果，为自己谋取商业利益和竞争优势，实际上是一种"搭便车"行为，夺取了原本属于耀宇公司的观众数量，导致其网站流量严重分流，影响其广告收益能力，损害其商业机会和竞争优势，弱化其网络直播平台的增值力。因此，斗鱼公司的行为违反了《反不正当竞争法》中的诚实信用原则，违背了公认的商业道德，损害了耀宇公司的合法权益，破坏了市场竞争秩序，具有明显的不正当性。因此，判决驳回上诉，维持原判。

评　析

本案系全国首例电子竞技游戏赛事网络直播纠纷案件，而电子竞技游戏产业是我国近年来才迅猛发展的行业，因而该行业发展状况、业内竞争者之间竞争自由的界限及是否受《著作权法》保护等均是引人关注的知识产权司法保护热点问题。电子竞游戏赛事作为新晋体育竞赛项目，同样需要组织者投资、策划、运营、宣传、推广、管理等。本案耀宇公司通过协议约定获得赛事在中国大陆的视频转播权独家授权，并负责赛事的执行及管理工作，对赛事投入一系列的人力、物力、财力，其有权对此收取回报，通过视频转播赛事增加网站流量等使直播平台经济增值。正如上文所述，电子竞技游戏网络直播平台通过组织运营转播游戏比赛吸引网络用户，提高网络用户流量，增加网络用户黏性，吸引相关广告商投放广告。电子竞技游戏赛事的转播权对于网络直播平台来讲，是其创造商业机会、获得商业利益、提升网站流量和知名度的经营项目之一。耀宇公司以此谋求商业利益的行为应受法律保护，他人不得以不正当的方式损害其正当权益。

电子竞技游戏比赛网络视频转播权需经比赛组织运营者的授权许可是网络游戏行业中长期以来形成的惯常做法，符合"谁投入谁收益"的一般商业规则，亦是对比赛组织运营者的正当权益的保护，符合市场竞争中遵循的诚实信用原则。本案双方当事人均系专业的电子竞技网络游戏视频直播网站经营者，双方具有直接的竞争关系。斗鱼公司明知涉案赛事由耀宇公司举办，耀宇公司享有涉案赛事的独家视频转播权，耀宇公司付出了较大的办赛成本，应知电子竞技游戏比赛网络视频转播权须经相关方授权许可的商业惯例的情况下，未对赛事的组织运营进行任何投入，也未取得视频转播权的许可，却免费坐享耀宇公司投入巨资且花费大量人力、物力、精力组织运营的涉案赛事所产生的商业成果，为自己谋取商业利益和竞争优势，实际上是一种"搭便车"行为，夺取了原本属于耀宇公司的观众数量，导致耀宇公司网站流量严重分流，影响了耀宇公司的广告收益能力，损害耀宇公司竞争优势，弱化耀宇公司网络直播平台的增值力。斗鱼公司的行为违反《反不正当竞争法》中的诚实信用原则，也违背了公认的商业道德，损害耀宇公司合法权益，破坏了行业内业已形成的公认的市场竞争秩序，具有明显的不正当性，应为《反不正当竞争法》所制止。

本案的审理对于我国迅猛发展的电子竞技游戏产业具有较好的引导和规制作用，只有正当、有序的自由竞争才能保障行业的长期健康发展。同时，本案对不属于我国《反不正当竞争法》明确列举的具体的不正当竞争行为，根据该法第2条的规定认定为不正当竞争行为的判决，为该类案件的审理提供了一定的指导和借鉴意义。

案例索引

一审：上海市浦东新区人民法院（2015）浦民三（知）初字第 191 号民事判决书

合议庭成员：许根华、邵勋、李加平

二审：上海知识产权法院（2015）沪知民终字第 641 号民事判决书

合议庭成员：陆凤玉、徐燕华、杨馥宇

全面赔偿原则在知识产权侵权
损害赔偿中的体现

——SAP 股份公司诉朗泽企业管理咨询（上海）
有限公司等侵害计算机软件著作权等纠纷案

吴盈喆

案　情

原告 SAP 股份公司系在德国登记设立的软件公司，主要提供企业管理和协同化商务解决方案的软件及相关服务，在中国市场享有良好的声誉。原告享有服务器端软件 ECC6.0（IDES 版本）和客户端软件 GUI720 的著作权，客户端软件连接服务器端软件之后，可以运行包括物料管理（MM）、人力资源管理（HR）等多项涉及标准化企业管理业务的功能模块。为帮助企业准确理解和正确应用上述软件，原告以功能模块为单元，开发了 SAP 软件系列培训课程，并针对每一模块的功能和特点编写了软件培训教材，专门用于软件培训课程。涉案培训教材分别针对物料管理和人力资源管理模块，共计 16 本。

被告朗泽企业管理咨询（上海）有限公司（以下简称"朗泽公司"）成立于 2010 年 12 月 29 日，是一家主要从事 SAP 软件各项功能模块培训的公司。被告在其官方网站上宣传推广自己开设的包括涉案物料管理和人力资源管理两项模块在内的十余项功能模块的培训课程，并使用原告的计算机软件和培训教材进行培训。截至 2014 年 6 月原告公证取证时，被告官方网站显示，被告在上海、北京、成都、广州、深圳、大连校区十余项功能模块的培训总计毕业学员 978 名，被告在网站上公布的培训费价格最低为 26 800 元。而根据原告与其培训合作机构的授权协议，原告可以从每一学员的培训费中收取 40% 的特许权使用费。案件审理中，被告对其网站上披露的上述数据不予认可，也未按法院要求提供其培训学员的数量、收取的培训费等实际经营情况的证据。

原告 SAP 股份公司诉至法院，认为被告朗泽公司侵犯了其涉案计算机软件以及培训教材的著作权，且被告的恶意侵权行为严重影响了原告及其授权培训机构的正常经营，请求判令被告停止侵权并赔偿经济损失及合理开支共计人民币 501万元。

审　判

上海知识产权法院经审理认为，被告朗泽公司的行为侵害了原告 SAP 股份公司对涉案计算机软件和培训教材享有的著作权，依法应当承担停止侵权、赔偿损失的民事责任。本案中，虽然原告的实际损失和被告的违法所得均难以确定，但现有证据已经可以证明原告因侵权所受到的损失超过了相关法律规定的法定赔偿数额的上限 50 万元，故综合全案的证据情况，根据被告的培训费价格、侵权行为的性质、主观状态、侵权情节及持续时间，参考原告向合作机构收取特许权使用费的比例等，在法定赔偿最高限额之上酌情合理确定赔偿数额，判决被告停止侵害原告涉案计算机软件和培训教材著作权的行为，并赔偿原告包括合理开支在内的经济损失共计人民币 118 万元。

一审判决后，双方当事人均未提起上诉，一审判决已生效。

评　析

如何坚持全面赔偿原则，积极探索加大赔偿力度的具体实现方式，合理确定侵权损害赔偿数额和制止侵权的合理开支，一直是知识产权审判中需要解决的难题。本案判决的意义在于，在侵权赔偿责任确定中切实贯彻全面赔偿原则，在有证据可以证明著作权人因侵权所受到的损失已超过法定赔偿最高限额 50 万元的情况下，综合全案的证据情况，在法定赔偿最高限额之上酌情合理确定赔偿数额，判决被告应赔偿原告经济损失及合理费用共计人民币 118 万元，加大了对权利人的保护力度。

一、全面赔偿原则是知识产权侵权损害赔偿中应当遵循的基本原则

在知识产权侵权损害赔偿案件的审判中，当依法确定了侵权人的侵权责任

后，需要遵循一定的赔偿原则确定侵权损害赔偿数额。我国现行知识产权法中均没有明确规定侵权损害的赔偿原则，从相关法律关于损害赔偿数额计算的规定看，主要分为三种方式：一是按照权利人的实际损失计算；二是按照侵权人的违法所得计算；三是适用法定赔偿金。我国相关知识产权法中均规定了法定赔偿金的最高限额，但法定赔偿本质上是对损害赔偿的一种推定，是在权利人的实际损失或者侵权人的违法所得不能确定时，由法院根据查明的案件事实，考虑相关因素后酌情确定的一种赔偿数额，其实质仍是要填补权利人的实际损失。因此，无论以上述三种方式中的何种方式计算赔偿数额，均应遵循全面赔偿的原则。本案正是法院在侵权损害赔偿中依法贯彻全面赔偿原则的典型案例。

二、法定最高限额以上合理确定赔偿额在具体案件中的适用

由于法定赔偿金有最高限额，在原告实际损失无法查清的情况下，部分侵权人在侵权收益远远超过该限额时，往往不提供其实际经营情况的证据，以期法定赔偿的适用使其保有非法利益。因此，司法实践中并不能对所有权利人损失或侵权人获利不能查明的案件一律适用法定赔偿确定赔偿数额。最高人民法院2009年在《最高人民法院关于当前经济形势下知识产权审判服务大局若干问题的意见》中亦明确提出，"对于难以证明侵权受损或侵权获利的具体数额，但有证据证明前述数额明显超过法定赔偿最高限额的，应当综合全案的证据情况，在法定最高限额以上合理确定赔偿额"。本案中，被告朗泽公司虽然不认可其官方网站上披露的毕业学员数据，但并未提供证据证明其实际经营情况，故该网站上披露的数据可以作为被告经营情况的依据，但上述披露的数据系被告10余项功能模块培训班毕业学员的数据，而本案中原告主张权利的系涉案两款软件和两项功能模块的培训教材，故上述数据不能全部作为损失赔偿计算的依据。虽然原告的实际损失和被告的违法所得均难以确定，但鉴于现有证据已经可以证明原告因侵权所受到的损失超过了我国《著作权法》规定的法定赔偿数额的限额50万元，故法院综合全案的证据情况，根据被告的培训费价格、侵权行为的性质、主观状态、侵权情节及持续时间，参考原告向合作机构收取特许权使用费的比例等，在法定赔偿最高限额之上酌情合理确定赔偿数额。同时，对原告主张的合理开支中为制止被告侵权所发生的必要、合理支出予以支持。本案判决显示了法院对权利人合法权利的保护力度，也体现了法院不断加强知识产权司法保护的态度和决心。

案例索引

一审：上海知识产权法院（2015）沪知民初字第 191 号民事判决书
合议庭成员：吴盈喆、刘静、范静波

手机游戏的作品属性及其权利归属

——杭州派娱科技有限公司诉上海幻萌网络科技有限公司 计算机软件著作权权属纠纷案

凌宗亮

案　情

2013 年 11 月起，被告上海幻萌网络科技有限公司（以下简称"幻萌公司"）组成《战舰少女》手机游戏开发团队。第三人陆某负责客户端程序开发。2014 年 9 月 18 日，幻萌公司对《战舰少女》手机游戏进行了计算机软件著作权登记。2015 年 2 月 28 日，幻萌公司与第三人签订《合作合同》，约定：《战舰少女》手机游戏的客户端源代码所有权归第三人陆某所有。未经幻萌公司同意，不得将此代码出售或毁损。后第三人陆某将上述源代码赠予原告杭州派娱科技有限公司（以下简称"派娱公司"）。派娱公司认为，其已经受赠取得涉案游戏计算机软件程序的著作权，故提起诉讼，请求法院确认涉案游戏计算机软件程序的著作权归原告所有。被告则认为，客户端程序必须配合服务器端程序、用户界面、美术作品、音乐作品等一起才能运行，无法独立构成一个作品，故请求法院驳回原告的诉讼请求。

审　判

上海知识产权法院经审理认为，涉案游戏是集合不同作品要素形成的作品。涉案游戏包含的计算机软件中客户端程序的权属，并不等同于手机游戏整体的归属。涉案游戏的客户端程序虽然属于可以独立使用的作品，但客户端程序的著作权受到《合作合同》有关"不得出售或毁损"的限制。第三人向原告赠与的行为属于无权处分，在被告未追认且原告明知存在上述限制的情况下，无法受赠取得涉案游戏客户端程序的著作权，故判决驳回原告派娱公司的诉讼请求。一审宣判后，原告提起上诉，后撤回上诉。

评　析

一、涉案游戏的作品性质

从涉案游戏的制作过程来看，涉案手机游戏是通过计算机编程的方式将人物形象、音乐、特效等资源，按照事先设定的故事情节、界面设计等创作，由一系列有伴音或无伴音画面组成的作品。涉案游戏包含了不同的可能受到《著作权法》保护的元素。首先，计算机编程形成的计算机程序及相关文档可以作为计算机软件受到保护。其次，如果涉案游戏中涉及的故事情节、形象、图片、音乐等资源具有独创性，可以作为文字作品、美术作品、音乐作品等受到保护。最后，如果游戏运行后形成的一系列有伴音或无伴音的画面体现了一定的故事情节和设计，具有独创性，亦可以作为类似摄制电影方法创作的作品受到保护。因此，涉案游戏是集合不同作品要素形成的作品，并不能简单地将涉案游戏整体按照《著作权法》第3条规定的作品类型进行归类，而是要根据涉及的具体元素或内容进行判断。

二、客户端程序是否属于独立于涉案游戏单独使用的作品

受到《著作权法》保护的计算机程序应是能够由计算机等装置执行且能实现某种结果的代码化指令序列、符号化指令序列或者语句序列。本案中，涉案游戏的客户端程序系由第三人独立编写完成，可以由计算机、手机等装置执行且能实现某种结果的代码化指令序列。虽然涉案游戏的计算机软件程序包括服务器端和客户端程序两部分，客户端程序的运行需要与服务器端程序进行对接，但这仅意味客户端程序要实现事先设定的功能或结果需要服务器端程序的配合，并不影响客户端程序作为代码化指令序列的相对独立性。而且，《计算机软件保护条例》关于计算机程序的规定并不要求其必须独立实现某种功能。因此，涉案游戏客户端程序属于可以独立使用的作品。

三、客户端程序著作权的原始归属

客户端程序不属于法人作品。《著作权法》第 11 条第 3 款规定："由法人或者其他组织主持，代表法人或者其他组织意志创作，并由法人或者其他组织承担责任的作品，法人或者其他组织视为作者。"本案中，涉案游戏的客户端程序由第三人独立编写完成，并不体现法人或者其他组织的意志，故不属于法人作品。

客户端程序的著作权根据约定属于第三人所有。作品创作作为一种民事活动，应当遵循自愿的原则。对于作品的著作权归属，有约定的，应当优先按照约定。在被告没有证据证明上述《合作合同》系违背其意愿的情况下，涉案游戏客户端程序的归属应当依照《合作合同》的约定确定。

四、派娱公司受赠行为不构成善意取得

首先，本案第三人对客户端程序享有的著作权受到"不得出售或毁损"的限制。鉴于客户端程序是涉案游戏计算机软件程序的重要组成部分，虽然客户端程序可以分割使用，第三人亦享有客户端程序的著作权，但为了确保涉案游戏计算机程序整体的有序运行，确保涉案游戏的代码安全，在涉案游戏客户端程序约定归第三人所有的情况下，被告对第三人享有的客户端程序著作权进行限制，并无不当。第三人在行使客户端程序著作权时，应当遵守上述限制。

其次，赠与行为受到《合作合同》有关"不得出售或毁损"的限制。"不得出售或毁损"限制的目的在于防止客户端程序毁损或者权利人变更，影响涉案游戏的正常运行。赠与将导致客户端程序的著作权人发生变更，故赠与行为亦应受到《合作合同》有关"不得出售或毁损"的限制。

最后，原告主观上并非善意。原告与第三人签订客户端程序赠与协议前，知道第三人享有的客户端程序受到"不得出售或毁损"的限制。但原告并未进一步与被告沟通确认上述限制的范围，了解被告对第三人赠与客户端程序的意见，故原告主观上存在过错，并非善意，无法受赠取得涉案游戏客户端程序的著作权。

案例索引

一审：上海知识产权法院（2015）沪知民初字第 633 号民事判决书
合议庭成员：吴盈喆、凌宗亮、程黎

（四）其他

拦截软件屏蔽他人视频前广告的行为构成不正当竞争

——北京爱奇艺科技有限公司诉深圳聚网视科技有限公司不正当竞争纠纷上诉案

杨 韡

案 情

北京爱奇艺科技有限公司（以下简称"爱奇艺公司"）系国内知名视频网站爱奇艺的经营者。其商业模式主要为"广告＋免费视频"（用户观看一定时间的广告，爱奇艺公司向其提供免费视频播放）或者向用户收取一定费用使其成为会员用户，会员用户无须观看广告就可直接观看视频。爱奇艺公司通过视频前广告所收取的广告费或者通过会员用户收费获取收益，以支付视频版权、带宽、推广等支出并实现盈利。深圳聚网视科技有限公司（以下简称"聚网视公司"）开发运营的《VST全聚合》软件通过破解爱奇艺公司的验证算法，取得有效密钥后实现绕开片前广告，直接播放正片的目的。爱奇艺公司认为，《VST全聚合》软件聚合了包括爱奇艺在内的多家大型知名视频网站的视频内容，而聚网视公司却无须支付视频版权、带宽等营运费用，这种行为致使爱奇艺网站在用户中的受关注度下降，降低了广告主在爱奇艺公司处投放广告的曝光率，损害了爱奇艺公司的利益，故其依据《反不正当竞争法》第 2 条主张聚网视公司上述行为构成不正当竞争，要求赔偿经济损失和合理费用。

审判

一审法院基于爱奇艺公司和聚网视公司之间的竞争关系、爱奇艺公司对于其视频内容采取了加密措施，以及聚网视公司的《VST 全聚合》软件实现的绕开爱奇艺片前广告直接播放正片的事实认为：聚网视公司通过破解爱奇艺公司验证算法取得有效的播放密钥，获得视频正片的真实地址，从而绕开爱奇艺公司片前广告，实现无须观看片前广告即可直接播放正片，虽然未直接去除片前广告，但客观上实现了无须观看广告即可观看正片的目的，聚网视公司的行为直接干预并严重损害爱奇艺公司的经营，其在无须支付版权费用、带宽成本的前提下，使那些不愿意观看爱奇艺官网的片前广告又不愿意支付爱奇艺公司会员费的网络用户转而使用自己的软件，挤占了爱奇艺公司的市场份额，不正当地获取竞争优势，直接造成爱奇艺公司的广告费以及会员费收入的减少，违反了诚实信用原则和公认的商业道德，属于《反不正当竞争法》第 2 条规定的不正当竞争行为。据此，认定聚网视公司采用技术手段绕开片前广告，直接播放来源于爱奇艺公司视频的行为构成不正当竞争，并判决聚网视公司赔偿爱奇艺公司经济损失和合理费用 36 000 元。

二审法院认为，爱奇艺公司依托"广告＋免费视频"或者收取会员费的经营模式，谋求商业利益的行为属于受法律保护的经营行为。聚网视公司凭借技术手段绕开广告直接播放爱奇艺公司视频，使其用户在无须付出时间成本和费用成本的情况下，观看爱奇艺公司的视频，这将导致部分爱奇艺公司用户转而成为聚网视公司的用户且会导致爱奇艺公司广告点击量的下降。聚网视公司让其用户观看爱奇艺网站视频时，但其并未支付版权费等营运成本，相应的成本皆由爱奇艺公司承担。爱奇艺公司在支付成本的同时，还面临用户数量减少和广告点击量下降导致的商业利益的损失。作为技术实施方的聚网视公司是应当知道实施该技术会出现自己得利他人受损的后果，仍实施该技术，违背了诚实信用原则和公认的商业道德，损害了爱奇艺公司合法的经营活动。对原审法院认定聚网视公司采用技术手段绕开片前广告、直接播放来源于爱奇艺公司视频的行为构成不正当竞争的判决，予以维持。

评析

本案爱奇艺公司依据《反不正当竞争法》第 2 条一般条款主张聚网视公司在

提供来源于爱奇艺公司视频内容时屏蔽视频前广告的行为构成不正当竞争，因此，对于上述行为是否构成不正当竞争行为需考量下列因素。

一、该行为在其他法律、法规中是否有特别的规定

适用《反不正当竞争法》第 2 条的前提是该行为不仅在《反不正当竞争法》中没有具体规定，而且在其他法律、法规中也没有具体规定。有观点认为，《著作权法》第 48 条明确规定未经著作权人或者与著作权有关的权利人许可，故意避开或者破坏权利人为其作品、录音录像制品等采取的保护著作权或者与著作权有关的权利的技术措施的行为为侵权行为。聚网视公司通过破坏爱奇艺公司采取的对其视频加密的技术手段，向其用户提供来源于爱奇艺公司视频内容时屏蔽视频前广告的服务，因此，爱奇艺公司可以依据上述《著作权法》的规定维护自己的合法权益，不应适用《反不正当竞争法》第 2 条予以规制。著作权保护技术措施是指用于防止、限制未经权利人许可通过信息网络向公众提供作品、表演、录音录像制品的有效技术、装置或者部件。本案中，聚网视公司通过破解爱奇艺公司验证算法取得有效的播放密钥，获得视频正片的真实地址，从而绕开爱奇艺公司片前广告，实现了无须观看片前广告即可直接播放正片的行为，是破坏了爱奇艺公司对其视频所设置的技术保护措施。如果爱奇艺公司是针对破坏技术措施行为提起侵权诉讼，其可以根据现行《著作权法》和《信息网络传播权保护条例》获得救济。但本案中，爱奇艺公司并没有针对破坏技术措施行为行使诉权，其在本案中主张保护的是其依托"广告 + 免费视频"或者通过收取会员费的商业模式谋取商业利益的经营活动，破坏技术措施只是聚网视公司侵害爱奇艺公司经营活动的手段，取得的是绕开爱奇艺公司片前广告直接播放正片的结果，损害的是爱奇艺公司依托上述经营活动所产生的商业利益，包括广告收益和会员费收益。而《著作权法》技术保护措施所保护的对象本身是该法明确赋予著作权人的专有权利，如复制权、信息网络传播权等，因此，破坏技术措施所涉救济范围也仅涵盖著作权专有权利范围，并不能延伸到依托商业模式所产生的商业利益，因此，爱奇艺公司主张聚网视公司提供来源于爱奇艺公司视频内容时屏蔽视频前广告的行为并非《著作权法》予以特别规定的行为，因此，本案符合《反不正当竞争法》第 2 条适用条件。

二、通过破解技术措施实现跳过广告直接播放视频的行为是否构成不正当竞争

爱奇艺公司向一般用户提供"广告 + 免费视频"以及向会员用户收取会员费用后提供无广告的视频播放的商业模式，并不违反《反不正当竞争法》的基本原则和法律禁止性的规定，其采用上述商业模式谋求商业利益的经营行为，应受到《反不正当竞争法》的保护。聚网视公司通过爬虫技术并实施破解爱奇艺公司加密技术取得爱奇艺公司的播放密钥，获得爱奇艺公司正片的真实地址，直接播放正片，其虽未积极实施屏蔽广告行为，但却达到跳过爱奇艺公司广告的效果，聚网视公司作为涉案软件的开发运营者是知晓其所谓的技术会跳过爱奇艺公司片前广告的，但仍积极追求该结果，其目的是在不支付版权、带宽等必要成本的前提下，通过搭便车行为，利用网络用户不愿支付时间成本又不愿支付金钱对价的消费心理，使爱奇艺公司用户成为聚网视用户。在影响爱奇艺公司广告收益和会员费收入的情况下，谋取自身竞争优势。因此，聚网视公司的行为违背了诚实信用原则和公认的商业道德，损害了爱奇艺公司的合法权益，应为《反不正当竞争法》第 2 条规制的不正当竞争行为。

案例索引

一审：上海市杨浦区人民法院（2015）杨民三（知）初字第 1 号民事判决书

合议庭成员：郑旭珏 、黄洋、吴奎丽

二审：上海知识产权法院（2015）沪知民终字第 728 号民事判决书

合议庭成员：陈惠珍、杨馪、范静波

如何区分特许经营合同纠纷中的
虚假宣传与欺诈

——张某诉上海瑞酷路投资管理公司特许经营
合同纠纷上诉案

范静波

案 情

2014 年 1 月，张某与上海瑞酷路投资管理公司（以下简称"瑞酷路公司"）签订特许经营合同，约定瑞酷路公司授权张某在指定区域使用"RIKURO + 瑞可爷爷"等商标，张某仅能在被授权区域开设蛋糕店，张某一次性支付瑞酷路公司开业启动金、代理保证金、货物采购保证金等费用共计 375 万元。瑞酷路公司保证其对授权品牌体系拥有完整的知识产权。合同签订后，张某依约支付了合同约定的款项，并实际开设了 3 家加盟店。

2013 年 10 月底，国内多家媒体报道瑞酷路公司所经营的"瑞可爷爷"品牌蛋糕存在虚假宣传的情况，主要内容如下：目前各地经营的"瑞可爷爷"并非来自我国台湾地区，同时品牌"山寨"了日本的烘焙品牌 RIKURO。上海市工商局曾对此进行调查。瑞酷路公司并未实际取得涉案商标的商标专用权，并承认其广告宣传存有不实之处。

张某诉称，其在签订涉案合同后，当地市场即传言"瑞可爷爷"是"山寨"品牌，品牌声誉严重受损，且瑞酷路公司并不享有涉案商标的专用权，其签订特许经营合同的目的已经不能实现，瑞酷路公司签订合同时存在欺诈行为，诉请法院撤销合同，瑞酷路公司返还其各种费用合计 375 万元，赔偿损失 130 万元。瑞酷路公司辩称：瑞酷路公司在品牌宣传方面确有一些不实之处，2013 年 10 月，相关媒体关于瑞酷路公司的负面报道已经铺天盖地，张某作为加盟商需投资几百万元，其在投资前必然会对项目进行考察，对于相关的负面报道不可能不知情，张某认为生意好才与瑞酷路公司签订合同，张某并未受欺诈。

审　判

一审法院认为，瑞酷路公司的虚假宣传行为经媒体报道后传播范围会不断扩大，对加盟商造成的不良影响也会逐渐扩大。在相关报道发布后不到 2 个月，张某、瑞酷路公司即签订特许经营合同，为避免因瑞酷路公司之前的虚假宣传可能对张某产生误导，瑞酷路公司应当向张某如实披露品牌渊源等信息。瑞酷路公司并未举证证明张某在签订涉案合同前已经知晓上述媒体的报道，亦无证据证明张某在签约前已经了解瑞酷路公司品牌渊源的真实情况。瑞酷路公司主张张某在签订合同前已知晓被告负面信息的主张不能成立，其行为构成欺诈，判决撤销张某与瑞酷路公司签订的特许经营合同，瑞酷路公司支付张某 337 万余元，张某从瑞酷路公司取得的 3 家门店设备返还给瑞酷路公司。

一审判决后，瑞酷路公司提起上诉，二审法院维持原判，驳回上诉。

评　析

近年来，我国特许经营行业发展迅速，但特许经营项目良莠不齐，导致特许经营纠纷频发。一些特许人在经营活动中虚构、夸大其经营项目和资源，被特许人以特许人在对外宣传中实施虚假宣传行为为由，主张特许人的行为构成欺诈，并要求撤销合同。事实上，虚假宣传与欺诈在法律上是两个不同的概念，不应以特许人存在虚假宣传行为而径行认定特许人的行为构成欺诈。

一、虚假宣传与欺诈的关系

虚假宣传行为与欺诈行为的相似之处在于，行为人一方对某一事实进行了虚假陈述，意图误导他人作出错误的意思表示。但是，虚假宣传行为与欺诈行为在构成要件和法律性质上均有所不同。

1. 两者的构成要件不同

我国《反不正当竞争法》第 9 条规定，经营者不得利用广告和其他方法，对商品的质量、制作成分、性能、用途、生产者、有效期限、产地等作引人误解的虚假宣传。根据该法条表述，虚假宣传行为的构成要件有两个：一是宣传内容虚假，二是产生误解的效果。虚假宣传行为构成的实质要件是"引人误解"，即宣传行为是否可能导致相关公众产生引人误解。关于欺诈行为的构成要件，通说认为，欺诈行为应当包含四个构成要件：一是行为人实施了欺诈行为，二是具有欺诈故意，三是被欺诈方作出了错误的意思表示，四是错误的意思表示与欺诈行为之间具有因果关系。

2. 两者的法律性质不同

虚假宣传是竞争法意义上的概念，提起虚假宣传之诉的主体通常应与虚假宣传行为实施者具有竞争关系。"欺诈"在民法上可以在两个领域存在，一是在法律行为（合同）领域，二是在侵权行为领域。同一欺诈行为，既可能成为撤销合同的事由，也可能符合侵权行为法上侵犯自由权的构成要件。

特许经营合同纠纷中，涉及虚假宣传行为是否构成欺诈一般有两种情形：第一，特许人直接对其品牌、经营资源和有关情况向被特许人进行虚假陈述；第二，特许人对外进行虚假宣传，但向被特许人隐瞒了其对外进行虚假宣传的行为。对于第一种行为，如果被特许人作出错误意思表示而签订特许经营合同，构成欺诈无疑。对于第二种行为，被特许人是否构成欺诈，仍需根据欺诈的构成要件进行审查。对于特许人在合同签订前对外实施的虚假宣传行为，如果有证据表明被特许人已经知道特许人对外进行了虚假宣传，仍然与之签订合同，说明其并没有作出错误的意思表示，特许人的行为并不构成欺诈。这种情形在实践中并不鲜见，一些被特许人明知特许人对经营项目进行虚假宣传，但由于该项目经营状况良好，被特许人为追求利益仍愿意参与特许经营活动，在经营状况不好时，又以特许人存在欺诈行为为由主张撤销合同，对此不应再予以支持。

二、特许经营合同中虚假宣传行为是否构成欺诈的考量要素

特许人向被特许人隐瞒其对外进行虚假宣传的行为，是否构成欺诈，应结合特许经营合同的特殊性进行考虑。

1. 被特许人是否作出了错误的意思表示应当考虑特许经营合同主体的特殊性

特许经营合同不同于一般的商事合同，特许人掌握着品牌、经营资源等所有与特许经营活动相关的信息，被特许人在信息获取、风险判断等方面处于明显的弱势地位。因此，在特许人隐瞒其虚假宣传行为时，对于被特许人是否产生了错误的认识可以作有利于被特许人的解释。但同时，特许经营合同仍是一种商事合同，被特许人参与特许经营活动目的是为了盈利，其应对所参与经营项目和商业风险有必要的了解和认识。在是否产生错误的认识上作有利于被特许人的判断，并不意味其判断标准可以等同于一般的消费合同，将被特许人视为一般消费者。

在被特许人是否作出错误意思表示的判断上，应当低于一般的商事合同认定标准，而高于普通的消费合同认定标准。

在具体判断中，还应结合个案中被特许人的实际情况进行判断。在特许经营合同纠纷中，被特许人是自然人的比例很高。对于自然人而言，其商业经验、风险认识程度通常低于企业，其产生错误认识的可能性更高。例如，本案中，双方在签订合同前，特许人对外实施了虚假宣传并被媒体广泛报道，但参与特许经营项目的被特许人是自然人，且没有证据证明其之前参与过市场经营活动，其商业经验、风险认识是有限的，特许人向被特许人隐瞒其对外虚假宣传的情况，可以认定其构成欺诈。但如果被特许人是企业，其风险控制意识较强，在签订合同前会进行相应的尽职调查，其应当知晓特许人的虚假宣传行为被媒体广泛报道的情况。

2. 虚假宣传的内容是否足以影响被特许人签订合同

实施欺诈行为的当事人所虚构或者隐瞒的信息必须是构成缔约基础的信息，如果其隐瞒对签订合同不具有实质影响的信息，不宜认定为构成欺诈。虚假宣传的内容是广泛的，可能对相关公众产生误导效果的宣传内容均有可能构成虚假宣传。在特许经营活动中，涉及特许经营活动的信息众多，《商业特许经营管理条例》第22条规定特许人应当向被特许人提供的信息有11类，包括特许人的基本情况、有关知识产权的情况、特许经营费用的收取情况等。这些信息既有核心信息，也有一般信息。核心信息是直接关系到被特许人是否签订合同，以及合同目的能否实现的信息，一般包括特许人的资质和经营状况、特许人的知识产权状况、特许经营模式和经营资源等。特许人向被特许人隐瞒其对核心信息进行虚假宣传的行为，足以影响被特许人是否签订涉案合同，而对一般信息的虚假宣传，则并不当然导致被特许人作出错误的意思表示。

在本案中，特许人对其品牌来源、品牌形象以及商标的实际注册情况的核心信息进行虚假宣传，这些虚假宣传行为一旦被媒体报道或被有关部门查处，必将对整个特许经营项目产生较大打击，这是决定被特许人是否签订特许经营合同的重要因素。因此，本案中特许人向被特许人隐瞒上述虚假宣传行为，应当认定为构成欺诈。

案例索引

一审：上海市浦东新区人民法院（2014）浦民三（知）初字第673号民事判决书

合议庭成员：倪红霞、邵勋、李加平

二审：上海知识产权法院（2015）沪知民终字第117号民事判决书

合议庭成员：何渊、范静波、刘静

以无形资产作为经营资源是特许经营合同的本质特征

——黄某诉上海驰煜电子科技有限公司特许经营合同纠纷上诉案

曾　旭

案　情

原告黄某诉称：2014 年 6 月 15 日其到被告处考察，因被告驰煜公司宣称其产品具有商标、专利、自有加工厂和美国技术等，遂与被告签订《产品代理合同》。后原告向被告支付加盟费人民币 16.8 万元、货款 27 342 元。合同履行中，原告发现被告的产品型号不全、无专利、无合格证、无检测报告、质量危害人身安全，且对上述问题采取回避、拒不承认的态度，故认为，被告的行为属于欺诈，以合法形式掩盖非法目的，应予撤销。请求判令：撤销原告与被告签订的《产品代理合同》；被告返还原告加盟费 16.8 万元、货款 27 342 元并支付利息损失。

被告驰煜公司辩称：①签订的产品代理合同是双方的真实意思表示，被告无欺诈行为。②涉案合同并非特许经营合同。原告仅依照合同取得"流星轮"牌滑行器在合同约定的区域内独家代理经营资格，对原告的经营模式没有约束，收取的费用为原告取得独家代理资格的对价，其实质是代理费，该费用在后期原告履行合同过程中，会通过一定的优惠政策予以返还。故原告的诉讼请求于法无据，不应得到支持。

审　判

一审法院经审理认为，原、被告签订的系争合同名称为《产品代理合同》，合同条款中也明确原告为被告在特定区域的代理商、双方为代理销售关系，并未明确约定被告根据该合同可获得原告支付的特许经营费用。从合同内容来看，该合同兼具买卖合同和委托合同的内容，双方因该合同而起的纠纷应为买卖合同与委托合同纠纷。另外，原告提供的证据并不足以证明被告在签订合同时对商标、专利、自有加工厂、使用美国技术进行过承诺，也未提供证据证明被告对其产品的质量作了不实陈述，故对原告主张相应欺诈行为不予采信。对于原告主张被告谎称有 Q4 型号产品的行为，被告报价单中虽然标明了 Q4 型产品的进价及折扣，但原告作为一个具有完全民事行为能力的商事主体，应在合同签订过程中尽谨慎、合理的注意义务。原告签约是综合考虑各项情势后所作出的真实意思表示，故签约行为与欺诈行为并无法律上的因果关系，判决驳回原告的全部诉讼请求。

宣判后，黄某不服，向二审法院提起上诉。

二审法院经审理认为，双方虽在合同中约定被上诉人向上诉人提供经营指导方案，但并不要求上诉人进行经营必须遵循合同约定的统一经营模式，上诉人支付的 16.8 万元系取得区域独家代理商资格的对价，该代理费有别于特许经营合同中的特许经营费，一审法院就合同性质的认定并无不当，予以确认。另外，尽管涉案合同中并未提及专利、自有加工厂、美国技术等，但被上诉人在宣传册上印有"美国技术""专利技术"等字样，并在电视访谈类节目中的宣传板上显示有"美国技术国际专利行业唯一"等字样，且被上诉人也未能举证证明其享有美国技术和国际专利，故被上诉人在招商过程中有关"美国技术""专利技术""国际专利"宣传等均与事实不符。被上诉人不实宣传使上诉人对代理产品的商机和前景产生不正确和超乎预期的认识，故认定被上诉人前述宣传行为构成欺诈，对上诉人依法行使合同撤销权予以支持。

评　析

一、销售代理合同与特许经营合同的区分

本案涉及对特许经营合同与销售代理合同的区分与认定，两者在商业模式上有相似性，但在法律特征上存在区别。特许经营是特许人将商标、商号、专利、经营诀窍等无形资产的使用许可和经营指导等作为组合提供给其他经营者，并由此获得加盟商支付的相关费用。销售代理是代理商基于合同就附有某一制造商商

标的特定商品进行持续性地买入再卖出，或者受委托代为经销某产品，因此同时兼具买卖合同与委托合同关系。

相比于特许经营合同，普通的销售代理合同的约束力较弱，自由度较高。二者间的差异主要体现在三个方面：①经营活动的主体要求不同。在特许经营活动中，被特许人不能以特许人的名义进行经营，其经营结果、风险与法律责任通常也由被特许人自行承担；相反，在销售代理活动中，代理人以委托人的名义为委托人开展经营活动，代理人基本上是不承担这些经营结果、风险与法律责任等法律后果的。②许可内容不同。特许经营合同是将商标、商号、专利、经营诀窍等无形资产作为经营资源许可给他人使用，许可的内容是核心品牌与技术等无形资产组成的经营资源；而销售代理合同是将特定产品或全部产品委托给他人销售经营，许可的内容往往是具体的有形财产。③营利渠道不同。被特许人通过经营无形财产资源获取收益；而销售代理人通过委托人名义销售经营获得代理佣金或差价利益。

《商业特许经营管理条例》第3条规定，商业特许经营是指拥有注册商标、企业标志、专利、专有技术等经营资源的企业，以合同形式将其拥有的经营资源许可其他经营者使用，被特许人按照合同约定在统一的经营模式下开展经营，并向特许人支付特许经营费用的经营活动。因此，商业特许经营具备以下的三个基本特征：一是特许人将经营权限许可给被特许人，包括注册商标、企业标志、专利、专有技术等无形资产组成的经营资源，这正是特许经营的本质特征；二是被特许人按照固定且统一经营模式开展经营活动；三是特许人收取特许经营费用。

本案中，双方虽在合同中约定被告向原告提供经营指导方案，但并不要求原告进行经营必须遵循合同约定的统一经营模式，即无须与被告保持经营体系的统一性和产品价格等的一致性，原告支付的16.8万元系取得区域独家代理商资格的对价，其中包括原告的区域性代理商权益、被告产品研发的资金投入和广告费用投入等，该代理费有别于特许经营合同中的特许经营费，且无论是合同还是收据所载明原告支付的款项类别均为"代理费"，因此综合以上分析，本案是典型的区域代理合同。

二、因欺诈导致合同撤销的认定及商事主体应尽的义务

根据《合同法》规定，一方以欺诈的手段，使对方在违背真实意思的情况下订立的合同，受损害方有权请求人民法院撤销该合同。根据最高人民法院《关于贯彻执行〈中华人民共和国民法通则〉若干问题的意见（试行）》第68条规定，欺诈是指故意隐瞒真实情况或者故意告知对方虚假的情况，欺骗对方，诱使

对方作出错误的意思表示而与之订立合同。

据此，欺诈应当符合以下四个构成要件：欺诈人有欺诈的故意；存在欺诈另一方的行为；受欺诈方因受欺诈而陷于错误判断；受欺诈方基于错误判断而为意思表示。

本案中，被告在滑行器招商过程中所作的有关"美国技术""专利技术""国际专利""注册商标"等宣传失实，主观意图是为了使其产品在招商过程中更具吸引力，而不实宣传会大大提升代理商对产品质量和销售量的预期，被告的这一行为与原告决定签约与否是有因果关系的。故原告以因受欺诈作出错误判断而为意思表示来主张撤销合同的条件成立。

另外，《民法通则》第11条规定，18周岁以上的公民是成年人，具有完全民事行为能力，可以独立进行民事活动，是完全民事行为能力人。商事活动作为民事活动的一种特殊类型，商事活动的主体不仅需要有商事行为能力，而且应承担的注意义务高于一般民事主体。例如《公司法》《合伙企业法》《个人独资企业法》都对股东、合伙人、投资人有较高责任与义务的规定，因为这些人拥有决定公司、合伙企业、个人独资企业进行何种商事活动的权力，也知晓和掌握公司企业的大量内部信息，这些人代表公司企业与他人建立商事关系时处于相对优势的地位，所以理应承担更多的注意义务。

结合本案，一审法院认为原告作为一个具有完全民事行为能力的商事主体，在签约前应该尽到谨慎、合理的审查注意义务，故签约行为与被告的欺诈行为无法律上的因果关系。二审法院改判的理由在于，虽然商事主体有别于普通消费者的注意义务，但对其注意义务不能过于苛刻，特别是本案中涉及美国技术、国际专利等，尽管原告可以对被告是否有注册商标和专利进行查询，但对于普通老百姓来说，其很难查到美国技术、国际专利方面的情况，而这些情况都是为被告招商加码的因素。所以对商事主体注意义务应达到何种程度的认定，应结合商事主体活动时的具体情况予以分析。

案例索引

一审：上海市闵行区人民法院（2014）闵民三（知）初字第1514号民事判决书

合议庭成员：杨亦兵、苏琳琳、黄讚美

二审：上海知识产权法院（2015）沪知民终字第181号民事判决书

合议庭成员：何渊、刘静、范静波

擅自公开未生效的行政决定是否构成商业诋毁

——海盐亚威工业物资有限公司诉上海巧速美实业有限公司商业诋毁上诉案

范静波

案　情

原告海盐亚威工业物资有限公司（以下简称"亚威公司"）与被告上海巧速美实业有限公司（以下简称"巧速美公司"）均生产、销售挡水板、挡水门等产品，两者系同业竞争关系。

亚威公司是防汛挡水板（专利号：ZL201320291681.2）的专利权人。2014年6月，巧速美公司的关联公司达铁铺公司向国家知识产权局专利复审委员会（以下简称"专利复审委员会"）就该专利提出无效宣告请求。2015年4月，专利复审委员会作出第25651号《无效宣告请求审查决定书》（以下简称《审查决定书》），宣告专利权全部无效。亚威公司不服，于2015年7月向北京知识产权法院提起行政诉讼，达铁铺公司作为第三人参加诉讼，目前该案尚未审结。

2015年5月20日，巧速美公司在其网站上发布涉案《审查决定书》的封面及第1~2页，所附标题为"侵权仿冒公司"，并配有如下文字："海盐亚威工业物资有限公司的防汛挡板（专利号：ZL201320291681.2）于2015年4月3日被国家知识产权局无效宣告，已被取消其专利权。"在亚威公司提起本案诉讼之后，巧速美公司仅对上述内容的标题进行了更改。

亚威公司认为巧速美公司在网站上所发布的信息系散布虚伪事实，对其商誉造成严重影响，其行为构成商业诋毁。

审 判

一审法院经审理认为，涉案的《审查决定书》只是处理该项专利纠纷的阶段性意见，属于未确定、未定论的事实或结论。巧速美公司的行为贬低了竞争对手亚威公司，削弱了亚威公司的市场竞争能力，使自身获得市场竞争优势的目的得以实现，具有不正当性，其行为构成商业诋毁。

巧速美公司不服一审判决，提起上诉，二审法院判决驳回上诉，维持原判。

评 析

本案中涉及的主要法律问题是，经营者在其网站上发布未生效《审查决定书》的行为是否构成商业诋毁。我国《反不正当竞争法》第 14 条规定："经营者不得捏造、散布虚伪事实，损害竞争对手的商业信誉、商品声誉。"结合《反不正当竞争法》的立法目的以及商业诋毁具体构成要件，对于本案中涉及的这一问题，可以从以下几个方面进行考察。

一、经营者在其网站上发布行政机关的决定书是否系商业性的言论

通常而言，某一言论是否属于商业性的言论，是《反不正当竞争法》规制该言论的前提。如果该言论不属于商业性言论，则其不具有市场竞争的属性，不应属于竞争法规制的范畴。在大多数情形下，某一言论是否属于商业性言论基于一般认知并不难判断，典型的商业言论即商业广告。在司法实践中，一些经营者在其网站、宣传手册上刊登涉及竞争对手的行政决定书、司法文书，其行为性质较为特殊，能否认定为是一种商业性言论，值得探讨。

行政决定书、司法文书是由行政机关或人民法院作出，其内容具有公共属性，任何公民均有权通过适当的途径予以了解。通常情况下，行政决定书、司法文书由作出相应文书的行政机关或法院予以公布，也可由有关的公共媒体进行公布。上述机构发布行政决定书、司法文书，目的是让当事人和公民知晓相关的行政决定或判决，也是行政公开、司法公开的必然要求，这种信息发布显然不属于一种商业性言论。但经营者在其网站、宣传册中发布涉及竞争对手的行政决定书、司法文书，且通常情况下这些文书对其竞争对手不利，其主要目的显然不是传达公共信息，而是为了降低竞争对手商誉，提升自己的竞争优势。

因此，经营者在其网站、宣传册中发布涉及竞争对手的行政决定书、司法文

书，表面上是对公共信息的传达，但其实质上是对行政决定书、司法文书的商业性使用，已经将对公共信息传达转化为一种商业性言论，应纳入《反不正当竞争法》规制的范畴。

二、司法未决事实是否可以纳入商业诋毁立法中的"虚伪事实"

从认知的角度，事实的属性可以分为经证明为真实的事实、经证明为虚假的事实和真伪不明的事实。《反不正当竞争法》第14条规定的经营者不得捏造、散布"虚伪事实"，但在一些涉及商业诋毁纠纷的案件中，行为人并没有无中生有捏造一些完全虚假的事实，也达到了损害他人商誉的目的。从行为效果看，传播真伪不明的事实与传播虚伪事实并没有实质性的差异。如果严格依据文义适用法律，在结果上似乎有违一般的公平正义，此时需要在法律适用过程中对相关概念的含义进行实质性分析，重新检视立法者使用"虚伪事实"表述的意图，判断立法者是否有意将传播"真伪不明事实"的行为排除在商业诋毁行为之外。

经营者实施商业诋毁的目的通常在于，通过诋毁行为以损害他人的商誉，降低其竞争力，从而直接或间接提升自己的市场优势。商业诋毁立法的目的就是要规制经营者通过不正当的评价而损害他人商誉的行为。如果经营者依据真实的事实对其他经营者进行客观、公允的评价，即使这种评价会给其他经营者的竞争力带来负面影响，但由于所依据的事实是真实的，他人本就不具有可保护的商誉，自然也谈不上诋毁。但经营者在传播真伪属性不明的事实时，此时其他经营者可能仍具有法律上可保护的商誉，因此传播真伪属性不明的事实也会产生损害其他经营者商誉的可能性，造成与传播虚假事实同样的法律后果。可见，立法使用"虚伪事实"的概念只是要排除真实的事实，而非真伪不明的事实。从法律适用的效果来看，如果将传播"真伪不明的事实"排除在商业诋毁行为之外，则会导致更多的经营者利用规则漏洞来损害他人商誉，其结果也与《反不正当竞争法》维护市场公平竞争的目的相悖。

三、经营者在其网站上发布未生效的行政决定是否会损害他人商誉

经营者发表的言论会损害他人的商誉是商业诋毁行为的构成要件，经营者在其网站上发布未生效的行政决定是否构成商业诋毁，还要结合个案情况具体判断。

本案中，被告在其网站上发布未生效《审查决定书》的封面和第1~2页，对该决定书中有关当事人不服可向相关法院起诉的内容并未发布。被告还在《审查决定书》上方配有"海盐亚威工业物资有限公司的防汛挡板（专利号：

ZL201320291681.2）于 2015 年 4 月 3 日被国家知识产权局无效宣告，已被取消其专利权"的文字。原告与被告系同业竞争关系，两者所销售的产品均包括挡水门产品，以该类产品相关公众的一般认知而言，在阅读上述信息后，会误认为专利复审委员会所作的《审查决定书》系对专利效力的最终决定，并可能对原告的技术创新能力产生负面印象。

从主观过错上考虑，原告与被告具有同业竞争关系，《审查决定书》中所涉专利的无效宣告是由被告的关联公司所提起，即使被告有权发布相关信息，亦应遵循诚实信用原则和公认的商业道德，不得损害他人的商业信誉。本案中，被告在其网站发布涉案信息在主观上具有一定的过错，主要理由如下：第一，被告明知其在网站发布的《审查决定书》尚未生效，不仅未向相关公众作应有的说明，反而未将《审查决定书》中有关当事人可以向法院起诉的内容进行发布，且所配的文字亦明显欠妥。第二，原告已经就《审查决定书》向相关法院提起诉讼，被告此时应已明确知晓该决定书中所涉事实已经进入行政诉讼的阶段，其亦未向相关公众作出说明，仍将《审查决定书》和所配文字放置在网站上。综合被告的上述行为，可以认定被告在主观上具有误导相关公众，损害被上诉人商誉的意图。

案例索引

一审：上海市徐汇区人民法院（2015）徐民三（知）初字第 980 号民事判决书

合议庭成员：李晓平、胡艳、韩国钦

二审：上海知识产权法院（2016）沪 73 民终 153 号民事判决书

合议庭成员：何渊、范静波、凌宗亮

侵害商业秘密纠纷行为保全应
把握三个利益平衡

——美国礼来公司诉 W 侵害商业秘密纠纷案

范静波

案　情

申请人美国礼来公司称：W 原系美国礼来公司的员工，从事药物研发工作。2015 年，W 将美国礼来公司大量机密文件转存至其私人存储设备，且在本案主张的 28 个文件为商业秘密。W 与美国礼来公司签署了有关保密协议，其将相关机密文件转存至其私人存储设备，已构成侵害商业秘密行为。上述文件目前处于随时可能被外泄的风险境地，故美国礼来公司请求法院禁止 W 披露、使用或允许他人使用以上 28 个机密文件，并为此提供了 50 万元人民币的担保。

被申请人 W 辩称：被申请人承认曾将涉案文件转存至私人存储设备，涉案的 28 个文件除了第 10 号文件不具有秘密性和价值性以外，其余文件均构成商业秘密。被申请人使用非公司来源的存储设备虽与公司有关规定不符，但并不构成侵权。

审　判

法院认为，申请人已经就其在本案中所主张的商业秘密具有秘密性、保密性和价值性提供了初步证据，被申请人对涉案文件属于商业秘密基本不持异议，并承认了其存在将涉案文件转存至私人设备的行为，综合考虑申请人的胜诉可能性、判决是否存在难以执行的情形、被申请人的利益和公共利益保障等因素，裁定禁止被申请人 W 不得披露、使用或允许他人使用申请人在本案中主张的商业秘密。

评　析

一、商业秘密行为保全的考量因素

申请行为保全的主要目的是避免权利人遭受其他不可弥补的损失，有必要立即制止被申请人正在实施或可能实施的行为，或者采取一定补救措施。由于行为保全对被申请人所造成的影响远大于财产保全，尤其在商业秘密案件中，被告往往是劳动者个人，责令被告停止某项行为可能会影响劳动者的生存和发展，加之商业秘密本身性质具有特殊性，在是否准许商业秘密行为保全上，既要考虑制度的及时性和便捷性，又要防止行为保全申请被滥用，在具体的判断上，应当根据个案情况，综合考虑各种因素，平衡当事人之间的利益以及公共利益。

二、商业秘密行为保全需进行利益平衡的考量

首先，申请人的胜诉可能性与是否存在难以弥补损害之间的平衡。

申请人的胜诉可能性通常是行为保全考量的首要因素，鉴于行为保全申请对被申请人可能造成较大影响，如果申请人胜诉可能性不高，准许行为保全可能会使双方利益失衡，并会纵容权利人滥用行为保全。有观点认为，商业秘密不具有清晰的权利外观，原告所主张的信息能否满足商业秘密的构成要件需要法院进行实质审查，因此对于商业秘密侵权案件不应准许行为保全。从胜诉可能性的角度，商业秘密能否成立在未经实体审查之前确实很难判断，但商业秘密在性质上具有特殊性，即如果权利人所主张的商业秘密一旦被公众所知悉，则无论其主张的信息是否构成商业秘密，均不再具有商业价值，权利人因此面临难以弥补的损失，即使将来的诉请被法院支持，亦难以执行或不具有执行的意义。因此，在商业秘密侵权案件的行为保全中，如果权利人提供了有关商业秘密价值性、秘密性和保密性方面的初步证据，且该商业秘密在诉讼前尚未被公开，仍有必要准许相应的行为保全申请，当然还需要结合其他因素综合考虑。本案中，被申请人 W 尽管对第 10 号文件是否构成商业秘密持有异议，但申请人提供了保密协议、采取物理保密措施以及价值性等方面的初步证据，从利益平衡的角度，法院认为责令被申请人不得披露、使用或者允许他人使用该文件，对于保证判决的最终执行

仍具有重要意义。

其次，权利人利益与被控侵权人利益的平衡。

在侵害商业秘密纠纷中，原、被告具有雇佣关系的案件占据了相当高的比例。离职员工再就业或创业后，通常对其在原单位工作中所获取的知识、经验和技能不可避免地需要运用，而这些知识、经验和技能与原单位的商业秘密之间可能会密切交织在一起。因此，有关的行为保全可能会对劳动者的劳动权产生重要的影响，必须审慎地进行利益平衡。显然，由于劳动权关系公民的生存和尊严，相较作为财产权益的商业秘密而言，其权利位阶应当更高，在两者发生冲突时，司法政策上应当给予劳动者倾斜保护。另外，劳动权和商业秘密作为法定的权利或利益，均应得到法律的保护。从长远来看，劳动者福利保障与待遇提升的基础在于经营者竞争力的提升，如果过于弱化商业秘密的保护，将影响和制约企业的竞争力，在根本上损害整个劳动力群体的利益。在个案裁判中，应在保护劳动者合法权益的基础上，遵循利益衡量的比例原则，对商业秘密进行合理的保护。本案中，被申请人确认其是否使用涉案文件不影响其正常工作。因此，对被申请人采取行为保全措施，并不会损害其基本的劳动权利。并且，申请人为本案提供了相应的财产担保，对于被申请人的利益也有一定的保障。

最后，私人利益和公共利益之间的平衡。

我国立法虽未对商业秘密的限制作出明确规定，但商业秘密的保护与其他类型的知识产权一样，是在私人利益和公共利益之间的平衡。本案申请人所主张保护的文件虽属于药品，与公众的健康有关，但涉案信息均为研发过程中的阶段性成果，是否披露这些文件与公众健康并无直接联系，如果将与公众健康有关行业的所有信息均纳入公共利益的范畴，将会不适当地损害权利人的利益，并将打击相关行业的投资和创新。

案例索引

一审：上海知识产权法院（2015）沪知民初字第758号民事判决书
合议庭成员：何渊、范静波、凌宗亮